白川部達夫著

江戸地廻り経済と地域市場

吉川弘文館

目次

付論

Ⅲ　明治前期の諸営業と地域市場

序章　江戸地廻り経済と地域市場

近世の市場構造は三都体制と称されている。江戸は将軍の居城・惣城下町として、諸大名を集め一〇〇万人におよぶ消費都市となった。これにたいし京都は高級工芸品の生産都市、大坂は周辺農村と結んで大衆加工品の生産技術を掌握して、江戸へ消費物資を廻送した。江戸の周辺の関東農村は、はじめ生産力が低位で、加工技術も発達していなかったので、蔬菜・食料・燃料などの供給能力しかなかった。しかし一八世紀中葉より、大坂周辺農村・瀬戸内海地方の商品生産の発展にともない大坂の問屋をとおさない商品流通が展開しはじめると、大坂問屋の集荷力が衰え、江戸の物価が高騰した。これにたいし幕府は、大坂問屋に株仲間を認めて、集荷を独占させるとともに、江戸周辺農村に商品生産を奨励しつつ、河岸問屋株の設定などをつうじて掌握する政策をとった。また江戸の問屋も関東農村からの加工品の集荷に力をいれたため、江戸と関東農村を結ぶ商品流通が発展をはじめた。これが江戸地廻り経済である。江戸地廻り経済の展開は、農村を急速に商品経済に巻き込むとともに、江戸を中心とする都市問屋商人の株仲間による市場編成、商品生産の利潤の吸着をともないながら進められたので、一八世紀末には激しい農村荒廃を生み出したが、一九世紀に入ると次第に回復へと向かった。それとともに関東内で地域市場が発展をはじめ、江戸市場と江戸の問屋商人に直結していた商品流通が地域市場へ向かうようになった。

本書は、以上の江戸地廻り経済と地域市場の展開について検討した論文よりなっている。収録した論文は、一編をのぞいて一九九〇年代前半に発表したものである。この間、近世・近代移行期の流通・経済史研究は大きく変貌しようとしている。それはマニュファクチュア論、寄生地主制論および局地的市場論、豪農論、近代化論、在来産業論といった問題提起と論争がおこなわれて、研究が進展していくという、これまでのような変化ではなかった。むしろ各人が個別実証研究を深めつつ、その前提になっている市場（いちば）と問屋の独占・特権、特産物・分業、あるいは問屋制家内工業などの諸概念を問い直すなかで、移行期のあり方をとらえ直すというかたちで進んできた。いわば静かな研究史の変革であった。(1) したがってこれらの動向を要約することは容易ではないが、概括的にいうならば資本主義移行期における商人資本の役割の見直しという方向性を共有するものだったといえる。その背景には、世界システム論の提起による資本主義への移行における産業・商業両資本の関係把握の客観化や、(2) アジア地域の近代化をめぐるヨーロッパ中心の歴史観にたいする批判的検討があったと考えられる。(3) 本書におさめられた諸論文も、こうした時代の雰囲気のなかで執筆され、多かれ少なかれその影響を受けている。ただ研究史が明確なかたちをとって凝集してきたのは近年のことで、収録された論文には、発表年代がはやいものほど不十分なものがある。そこで本書をまとめるにあたって、これらに学びながら、この間の研究史上の問題について、簡単に補足しておくことにしたい。

江戸地廻り経済論は、畿内先進地域にくらべて関東農村の後進性・停滞性を強調する見方にたいして、江戸と関東を結ぶ商品流通の発展を指摘して提起されたことがはじまりであった。(4) この時期、関東各地の産業や流通、さらには地域研究などに研究の進展がみられ多くの成果がえられた。

その後、研究に新しい段階を画したのは、一九七〇年代のいわゆる農村荒廃論の提起である。(5) ここでは小商品生産の担い手としての豪農の評価とかかわりながら、北関東農村などに顕著にみられた近世後期の農村荒廃現象と小商品生産の展開を、同時にとらえる視点が提起された。農村荒廃論では、一八世紀中葉頃から江戸問屋の市場編成の進展のなかで、農民的商品生産が系列化され、その特産地形成の成果は、江戸問屋・豪農の前期資本に吸収されて、農村荒廃が出現したとする。後進地域の小商品生産の展開と豪農形成の矛盾を論理的に把握する方法が示されたといえるであろう。しかし農村荒廃論では、一九世紀以降の農村復興と新たな小商品生産の発展局面についても、江戸問屋や豪農の前期資本としての性格の強さが強調された。この点は、豪農・半プロ論が、一九世紀に入って、日本型ブルジョアジーとしての豪農経営が、幕藩制的市場の限界に当面し、領主権力と結んで、高利貸し的側面をあらわにし、半プロ化した民衆と矛盾を強めると指摘したことと共通の理解に立っていた。(6) これらについては、自由民権運動までを見通した豪農の位置や幕藩制的市場の解体が説明できないという批判が提起され、(7) 農村荒廃論の克服の努力も、これにそっておこなわれた。しかしその中心は主として、豪農経営の分析を深める方向でおこなわれたので、(8) 江戸問屋の支配からはなれていく、地域市場のあり方を評価しつつも、立ち入った検討はなされないまま、一九八〇年代に入ると農村荒廃論への関心はうすれていった。

一九八〇年代末から一九九〇年代前半にかけて、近代・近世移行期の在来産業の近代化や流通・市場のあり方にたいする関心が高まり、それらの成果が一九九〇年代後半にまとめられていった。これについては維新変革期における商人的対応論が一つの契機になっていると考えられる。ここでは外圧に対抗して工業化を達成した民族的力量として、生糸売込商やこの活動を資金融資や為替流通面でささえた都市問屋仲間商人など、商人資本の積極的役割を評価する反面、商人的対応が民衆的対応（小生産者型発展）を従属したため民主化を犠牲にした工業化がおこなわれたとされている。(9) これにたいして商人資本が地域の工業化に資本を投じたことの重要性が指摘され、問屋制家内工業における問屋の生産者農民への吸着という側面だけでなく、農民経営の補完機能、在地産業の編成と全国市場への展開にはたす積極的役割を強調する主張があらわれた。(10)ここでは問屋制家内工業は、マニファクチュアから機械制大工場への展開と対立的にとらえられるのではなく、同時並行的な工業化にたいする農民的対応としてとらえられている。この場合、地域における商人的対応と民衆的対応がかならずしも背理しないことになろう。いっぽう近世では、遠隔地交易を前期的商業資本の活動とみなす傾向を批判して、移行期の地域市場を結んで急速に台頭した新興海運勢力の活動に着目し、そこに近代的全国市場への胎動をみようとする見解が提起され、天保期以降の地域市場の展開が注目された。(11)また近世・近代の流通市場について、特権・非特権の対抗という通俗的な枠組みを具体的に再検討して、両者がけっして固定されているのではなく、複雑なからみあいをもちながら、流通市場の構造を変化させ幕藩制的市場構造から近代的市場構造へ移行したこと指摘する主張もあらわれた。(12)さらに近世の市場について、問屋仲間の集荷が単純に特権と前貸しでささえられているのではなく、全国市場に結ぶ価格形成機能をはたすことで維持されていることが指摘された。(13)ここでは商人資本の市場形成における積極的役割を冷静に分析して、その上で、市場構造の変化と移行をみつめていく方向で問題が立てられているといってよいであろう。

これら新しい研究の進展のなかで、一九世紀における地域市場の展開が全国市場の変質の論点としてあらためて注目されるようになった。たとえば地域市場の成熟を、農民的商品経済の展開がただちに村落共同体を解体させていくのではなく、村落共同体がそのような商品経済の担い手を守ってゆくような段階を措定する必要があるとして、そこに地域市場の質の変化をみようとする提言があらわれている。(14)これは移行期の村と地域社会の検討のなかで村落共同体の役割を重視する主張と響きあっているといえる。(15)この点については、本書では共同体的性格が移行期の地域市場論について重要な要素であることは承認しつつ、村ではもはや解決できなくなった市場経済の動きが、移行期の地域市場論の基底にあることを重視している。世直しの展開は、こうした新しい動向に農民が深く巻き込まれていたことに基礎をおいていると考えるからである。(16)

いずれにせよ移行期の地域市場の内容については、立ち入った検討はなく、今後の研究の展開がまたれる状況である。本書はそのための基礎作業の一つになればと考えてまとめたものである。

本書の構成は、

Ⅰ　江戸地廻り経済の展開と地方城下町

Ⅱ　幕末維新期の豪農商と地域市場

Ⅲ　明治前期の諸営業と地域市場

として、これにかかわる論文を配置した。分析の対象となったのは常陸国土浦町・龍ヶ崎町・真壁町周辺の三つの地域で、近世では真岡木綿の生産地域として、後進地域とされる常陸国では、関東の生産力の高い地域に匹敵する生産力があったと評価されている。(17)Ⅰでは常陸国土浦町を中心として、一八世紀中葉の江戸地廻り経済の展開を掌握しようとした幕府の河岸吟味政策の意味、江戸問屋商人により導入された江戸積み造り醤油問屋の発展とその行き詰まりを検討した。Ⅱでは常陸国龍ヶ崎町周辺を中心として、幕末維新期の干鰯・〆粕商人の経営を分析して、現金販売を中心とする直売買市場の展開を指摘した。また豪農の名目金貸付活動を分析して、商工業者にたいする短期金融市場として機能した側面を指摘した。これにより前期的・前貸し資本とされる商人資本の性格が、幕末維新期には地域市場の発展にともない大きく変化していたことが明らかとなろう。Ⅲは常陸国真壁町周辺を中心に、近世地域市場の到達点として在郷町周辺農村の諸営業の展開と松方デフレによる構造変化を分析した。

本書に収録した諸論文は、そのときどきの関心から執筆されており、かならずしも統一されてはいないし、対象とした地域も同一ではない。しかし一八世紀中葉から一九世紀における江戸地廻り経済と地域市場の展開の見落とせない部分にふれていると考えている。

注

（1）この点について、はじまりつつあった移行期経済史の動きをとらえた論文集に高村直助他『商人と流通』（山川出版会、一九九二年）がある。ここでの高村直助「編集を終えて（一）」の評言は、新しい動きを的確にとらえて印象的である。高村は「資本制から封建制への移行」をめぐり「マニュファクチュアや在郷商人の研究」が盛んにおこなわれながら、移行期研究が挫折したのはなぜかと問い、「研究者達が『真の』『あるべき』資本主義の萌芽を移行期に追い求め、実証に『裏切られ』て『挫折』していったから」であったとする。そしてふたたび研究が活発化しはじめたのは、世界各地の工業化の挫折の事例が明らかになるにともない、「日本の工業化を単に政府の強力な経済政策だけで説明することには限界があり、工業化の前段階ないしはその一過程である『移行期』を再評価することの必要が、多くの研究者に認識される」ようになってきたからであると指摘する。その上で、「かつての研究者達が、理念型的シェーマを史料の中に追い求めて『挫折』したロマンチストであったとすれば、ここでの若手研究者達は醒めたリアリストであり、史料の語る事実についての評価をめぐっては、しなやかな思考を繰り広げているということである」とのべている。それだけに一九九〇年代後半に、それぞれの研究がまとまってくるまで、全貌はつかみにくかったのである。

（2）I・ウォーラーステイン著、川北稔訳『近代世界システム―大西洋革命の時代』（名古屋大学出版会、一九九七年）。

（3）たとえば黒田明伸『中華帝国の構造と世界経済』（名古屋大学出版会、一九九四年）の序などが参考となる。

（4）津田秀夫『封建経済政策の展開と市場構造』（御茶の水書房、一九六一年、一九七七年新版による）伊藤好一『江戸地廻り経済の展開』（柏書房、一九六六年）が主として提起したもので、これと深い関連をもちながら、江戸問屋側からみた林玲子『江戸問屋仲間の研究』（御茶の水書房、一九六七年）らの研究がこの時期に進展した。後の長谷川伸三のまとめにしたがえば、江戸地廻り経済の共通する理解として「①江戸市場と結びついた商品生産地帯、②幕府の首都市場圏育成政策の対象とされた地域、③国内市場形成の前提として形成される広域市場圏」という認識があったという（同『近世農村構造の史的分析』、柏書房、一九八一年）。本書との関係で②首都圏市場と③国内市場形成の前提の関係についてふれておくことにしたい。伊藤は首都圏市場を絶対王政の特産地編成の仕方と理解して、一九世紀頃より、関東の「在方商人」は「問屋機構から離脱した首都圏市場の流通機構を確立するために運動する」が「幕府は旧来の江戸の問屋機構を棄て切れず、その矛盾の中に首都圏市場設定の構想は結局、関東領国の強化に終わった」とする（同著、結語）。伊藤が強調した「在方商人」による一九世紀以降の江戸問屋からの離脱傾向の意味は、ここでは首都圏市場の形成に帰結する方向として、幕府の絶対主義化と矛盾しなかったとされる。幕府が旧来の問屋機構をなんらかの形式で廃棄して、「在方商人」の編成に成功すれば、首都圏市場の展開の道が開けると理解できる。首都圏市場論が現在、どういう意味をもちうるかという議論はとりあえずおくとして、江戸地廻り経済の一九世紀以降の江戸問屋からの離脱傾向が、予定調和的に絶対王政的な市場編成を要請する動きとなるものだろうかという素朴な疑問がおきる。「在方商人」や地域市場が展開しはじめ、江戸問屋の統制から離脱する傾向が進むことの意味を問い直す必要があろう。

（5）　長倉保「関東農村の荒廃と豪農の問題」（『茨城県史研究』一六号一九七〇年、後に同『幕藩体制解体の史的研究』吉川弘文館、一九九七年所収）。本論文は、木戸田四郎「維新期の豪農層」（『茨城県史研究』一〇・一一号、一九六八年）の批判として、公表されたものである。荒廃論の発想は、煎本増夫「関東の在郷商人」（『歴史学研究』二七五号、一九六三年）などにある程度認めることができる。煎本は、付記で天保以降幕末維新期にかけて、関東農村の生産力の上昇がいちじるしく、文政改革前とくらべて「ガラリと変っているような気がする。何となく活気がでてきているような感じがするのである。」とのべている。長倉の荒廃論の問題点は、この天保期以降の発展のおさえ方であったといえる。

（6）　佐々木潤之介『幕末社会論』（塙書房、一九六九年）、二八六〜九五頁。後に同『幕末社会の展開』（岩波書店、一九九三年）では、一九世紀以降の豪農と市場の展開について、宝暦・天明期につづく第二期として、「石高制経済に基礎づけられない経済的関係・体制」の発展を強調しているが、その内容は、『幕末社会論』の段階を大きく出るものではなかったようにみられる。

（7） 大石嘉一郎「明治維新と階級闘争」（『歴史学研究』三三九号、一九六八年）。石井寛治『日本経済史』第2版（東京大学出版会、一九九一年）六八頁。石井は同書で、一九世紀の展開を局地的市場圏への発展としてとらえようとしている。本書では、地域市場の発展を局地的市場圏として説明する立場から距離をおいている。

（8） 長野ひろ子『幕藩制国家の経済構造』（吉川弘文館、一九八七年）。長谷川伸三『近世農村構造の史的分析』（前掲）。なお本書には、江戸地廻り経済の展開について詳細な研究史の整理があり、八〇年代までの一つのまとめとなっている。近年では、渡辺尚志『近世の豪農と村落共同体』（東京大学出版会、一九九四年）が、江戸地廻り経済論では、在方商人の経営が十分検討されていないと批判して、江戸へ進出した在方商人の町屋経営を分析している。江戸と在方商人の関係がたんに、商品の出荷にとどまらない複雑なものであったことが明らかになるが、彼らの在村での経営と地域市場については、なお研究の蓄積が必要であろう。

（9） 石井寛治「維新変革の基礎過程」（『歴史学研究』一九八六年度歴史学研究会大会報告、五六〇号）。

（10） 谷本雅之「近代日本における〝在来的〟経済発展と〝工業化〟」（『歴史評論』五三九号、一九九五年、後に武田晴人他編『展望日本史』18、東京堂出版、二〇〇〇年に収録）、および同著『日本における在来的経済発展と織物業』（名古屋大学出版会、一九九八年）。

（11） 斉藤善之『内海船と幕藩制市場の解体』（柏書房、一九九四年）。

（12） 中西聡『近世・近代日本の市場構造』（東京大学出版会、一九九八年）。

（13） 原直史『日本近世の地域と流通』（山川出版、一九九六年）。

（14） 原直史『日本近世の地域と流通』（前掲）八～一一頁。原の主張は、渡辺尚志注（15）を展開させたものであるが、やや行き過ぎているように感じる。

（15） 丹羽邦男『土地問題の起源』（平凡社、一九八九年）、渡辺尚志「幕末維新期村落論への視角」（『きんせい』一四号、一九九二年、後に同『近世村落の特質と展開』校倉書房、一九九八年所収）。渡辺の分析は、移行期の村落共同体の役割を指摘したもので高く評価している。しかし「幕末維新期の村落共同体は変質・解体の局面に入りつつも、いまだ直接生産者の経営の維持・発展を多方面から助けるという積極的機能を保持し続けていた」（同書、一六四頁）といったときに、直接生産者の経営の維持・発展を助ける側面ばかりでなく、「変質・解体」の局面に入った基本的要因、起動力を説明しなければ十分ではないだろう。その点は当然、経済過程として説明されねばならないが、そこで「村落共同体」の役割の強調に終わっているため、展望がみえにくくなっているのではなかろうか。本書との関係で、渡辺と同様な視点をもつ大塚英二『日本近世農村金融史の研究』（校倉書房、一九九六年）についてふれておく。大塚の村融通制を追究した仕事は貴重であるが、村における共同体的融通（金融）にたいして、高利貸し金融が強化されることで、村が解体して世直しの矛盾が創出されるという把握では十分とは思われない（三一四〜三一三頁）。共同体的融通の論理には共感できる面があるが、その対局の高利貸し金融の性格がかわらないまま、強化されたというのでは、大塚が批判している佐々木潤之介『幕末社会論』（前掲注6）の立場とあまりかわらないのである。こうした議論の行き詰まりを乗り越えるためには、大石嘉一郎（前掲注7）が指摘したように、幕末維新期の経済過程を小ブルジョア経済の展開のなかに、今一度置き直してみる必要があるのではなかろうか。

(16) 拙稿「世直しの社会意識」（岩田浩太郎編『民衆運動史』2、青木書店、一九九九年）。

(17) 長谷川伸三『近世農村構造の史的分析』（前掲）三〜一〇頁。

Ⅰ　江戸地廻り経済の展開と地方城下町

第一章　明和・安永期の関東河岸吟味と土浦

はじめに

一八世紀後半、江戸地廻り経済の発展のなかで、幕府は関東の商品流通の展開を掌握するために、河岸の再吟味政策を推進した。この結果、河岸問屋株が広範に設定され、運上金の増徴が実現した。これにともない河岸の側では、利根川筋を中心に、河岸組合仲間が結成され、幕府の権力を後ろだてに問屋を中心とする河岸支配の再編成がおこなわれた。(1)

幕府の河岸吟味は明和八年（一七七一）よりはじまり、翌年まで一一河岸が吟味を受けたが、本格的に展開されるのは安永二年（一七七三）末より三年までの間で、明和期の河岸の再吟味もふくめて、関東一円の一五八河岸が吟味を受けたことが知られている。(2)

明和・安永期の河岸吟味は、株仲間の公認と運上金の徴収を特徴とする、いわゆる田沼時代の幕府の経済政策の一環であった。宝暦期の河岸吟味が幕領に限られていたのにたいし、明和・安永期では大名・旗本など個別領主の支配領域にかかわらず吟味がおこなわれ、幕府の直接的な河岸支配体制が形成されるなど、この時期の幕府の政策にみられた幕藩領主制をこえた公儀による一元的な統合への傾斜が認められた。(3)

こうした幕府の河岸吟味の具体的経過については、従来、明和八年の下総佐原河岸の例が報告されているだけで、十分検討されることがなかった。(4) 本稿では、安永二・三年の常陸国土浦河岸の河岸吟味を紹介しながら、その実態を明らかにしたい。

土浦は霞ヶ浦にそそぐ桜川の河口の低湿地に開かれた城下町である。天正一八年（一八五〇）、結城秀康の所領となり、以後、松平・西尾・朽木・土屋・松平と譜代大名の城地となった。貞享四年（一六八七）に土屋政直がふたたび入封したが、同氏は以後明治維新にいたるまで土浦を居城として、九万五〇〇〇石（関東領分六万六〇〇〇石）を領有し、城下経営にも力をつくした。(5) 土浦城下の人口は享保一〇年（一七二五）二二八六人、天明六年（一七八六）三九八八人で、はじめは農民と伝馬勤めのものが中心で商人が少なかったのが、元禄・享保期頃より、ようやく商業が盛んになっていったといわれる。(6) 町は中城町と東崎町とにわかれ、中城町には中城・田宿・大町、東崎町には本町・中町・田町・横町・七軒町・川口新田町など各町があった。中城町には多くの商人が住み土浦商業の中心をなし、東崎町は農民が多く、安永期では商人は中城の二〇分一ほどだったとされている。

一　土浦河岸と問屋

近世初期の土浦の河岸の状況について知る史料はない。一般に、関東の河岸は年貢米の江戸廻送のために整備されていったといわれる。土浦もその例外ではなかったであろう。管見では延宝九年（一六八一）の船問屋の願書が、河岸の状況を知ることができる、もっとも古い史料である。(7)

（端裏書）「舟積願」

口上書を以御訴訟申上候事

一御当地御城米船積之儀、東崎町年寄共八人ニ西尾丹後守様御代より被仰付只今ニ至迄、先規之通被仰付難有奉存候、就夫船持中間八人ニて高瀬船拾六艘所持仕候か、当御代ニ罷成御船数多出来、町船不断つなき置候ニ付、九年以前六艘へらし、拾艘ニて四年以前迄こき送り仕候へ共、拾艘ニても御米積たり不申候間、八田権太夫様え旨趣委細申上、四年以前より四艘ニ仕候事

一四年以前新船仕立申時分拝借奉願候所、大分之御金拝借被仰付難有奉存候、則新船仕立こき送り仕候ハヽ、三四年之内、御上納相極り可申と存候所ニ、其砌又、御船弐艘出来、只今五艘を以御積送り被遊候故、町船ニ被仰付候御米少分之儀ニ御座候、当分之通ニ被仰付候ハヽ、六七ヶ年[redacted]（近年ハ）上納相極り申間鋪ト存候、六七年過候（左様御座へハ上納分）ては舟共候ふるく罷成、御米積申儀罷成間敷ト存候拝借

一（拝借仕候）仕候御金ハ新船四艘仕立申入目ニ不残いたし、其以後御米[redacted]積申時分之万入目金大分ニ掛ヶ申候て、すへ〳〵御米積申儀不罷成候へハ、船持共大分之損毛ニ罷成候間、御慈悲ニ四艘之船共売申様ニ被仰付可被下候、毎度之御厚恩共致忘却自由講（ママ）鋪御訴訟難申上、只今迄延引仕候へとも[redacted]（存之外）罷成候故、乍恐御訴訟申上候、偏ニ如了簡奉願候、以上

延宝九年酉ノ五月

太田甚五兵衛
同　八郎兵衛
中島清兵衛
同　次郎左衛門
同　六之助

山口平十郎
大塚甚左衛門
内田久右衛門

御奉行様

やや難解な部分もあるが、内容を整理するとつぎのようになろう。

①土浦藩では、西尾氏時代（元和四年～慶安二年（一六一八～四九））東崎町年寄八人に年貢米の江戸廻米を命じ、この頃まで、仲間八人で高瀬船一六艘を所持して、廻米業務を勤めてきた。

②しかし領主土屋氏の代になって、領主手船が多くなって、町船は次第に廻米には使用されなくなった。そこで九年前には廻米用の町船を一〇艘に減らしたが、それでも船があまるので、四年前さらに四艘とした。

③四年前、多額の拝借金をえて新船四艘を仕立てたが、領主手船が二艘増えて五艘で廻米をするようになったので町船への割り当てがすくなくなり、拝借金返済のめどが立たなくなった。そこで、四艘の船を売り払うことを認めてほしい。

これによれば、西尾氏土浦藩時代より、藩の命令で東崎町年寄八名が年貢米の江戸廻米にあたったことが、船問屋のおこりであったという。近世前期では、東北より房総半島廻りで江戸にいたる東廻り航路は、黒潮や風向きの関係で通行がむずかしく、多大の日数を要した。このため最初は、那珂湊から陸路、霞ヶ浦・北浦に達し、川船で常陸川（後の利根川下流）をさかのぼり、その上流で右岸に陸揚げして江戸川から江戸へ廻送する内川廻しルートが盛んに利用された。[8]この結果、寛永期には、水戸藩や東北諸藩による霞ヶ浦・北浦経由の江戸廻米が相当の規模になった。たとえば磐城平藩の内藤氏の場合、寛永後半にはこのルートで年間四万俵の廻米をおこなっていたと推定されている。[9]

西尾氏が東崎町年寄に廻米業務を命じたのは、こうした動向のなかであった。

しかし寛文九年（一六六九）土屋氏が土浦に入封（第一次入封）すると、藩は領主手船を重視するようになり、町年寄が仲間で所持していた廻送用の高瀬船への藩米の割り当ては激減してしまった。このため仲間は新船四艘の売り払いを願ったのである。延宝期では、町船は藩米の割り当てがないと「不断つなき置」といった状況であった。藩米以外に、これにかわる大きな物資の流通が認められなかったため、藩米の割り当てを削減された場合、他の商人荷物の廻送に転用することがむずかしかった事情がうかがわれる。当然、新船造営のために藩から借用した資金の返済の目処が立たなくなり、新船の売り払いを願わざるをえなかったのである。

延宝九年の願いがどのように処理されたか、藩のその後の廻米政策の展開については、知ることはできない。しかしこの年の願書にみえる東崎町年寄の系譜をひくものを中心に、問屋営業がつづけられたことは間違いなく、元禄・宝永期になると問屋仲間による議定が作成されるようになった。元禄期の議定証文についてはまだ所在を確認できないが、宝永六年の議定証文はつぎのようなものであった。(10)

覚

一砂場（錫ノ誤カ）　売手五歩
一干鰯　売手四歩
一粉糠　売手四歩
一塩砥　売手四歩
一莚類　売手四歩
一油酒　売手三歩

一材木　売手弐歩五厘
一莨菪　売手弐歩五厘
一米　売手壱両ニ付弐升
但雑穀は壱両ニ付三升宛

通り荷物並囲蔵鋪庭賃覚

一蒲莚　百枚ニ付　庭賃拾六文
但蔵敷壱ヶ月ニ拾六文宛
一藁莚　百枚ニ付　庭賃拾弐文
但蔵敷壱ヶ月ニ拾弐文宛
一館茶　壱本ニ付　庭賃拾弐文
但蔵敷壱ヶ月ニ拾弐文宛
一藍荷　壱本ニ付　庭賃拾弐文
但蔵敷壱ヶ月ニ拾弐文宛
一籠荷　壱駄ニ付　庭賃拾弐文
但蔵敷壱ヶ月ニ拾弐文宛
一繰綿　壱本ニ付　庭賃拾弐文
但蔵敷壱ヶ月ニ拾弐文宛
一油　壱樽ニ付　庭賃六文宛

一櫃荷　　但蔵敷壱ヶ月ニ八文宛
　　　　壱固ニ付　　　　　庭賃六文宛
一酒　　但蔵敷壱ヶ月ニ六文宛
　　　　壱樽ニ付　　　　　庭賃六文宛
一釜荷　　但蔵敷壱ヶ月ニ八文宛
　　　　壱固ニ付　　　　　庭賃六文宛
一商人俵　　但蔵敷壱ヶ月ニ六文宛
　　　　壱俵ニ付　　　　　庭賃六文宛
一莨菪　　但蔵敷壱ヶ月ニ六文宛
　　　　壱固ニ付　　　　　庭賃五文宛
一椀荷　　但蔵敷壱ヶ月ニ六文宛
　　　　壱固ニ付　　　　　庭賃四文宛
一御城米　　但蔵敷壱ヶ月ニ五文宛
　　　　一俵ニ付　　　　　庭賃四文宛
一干鰯　　但蔵敷壱ヶ月ニ四文宛
　　　　一俵ニ付　　　　　庭賃四文宛
一俵茶　　但蔵敷壱ヶ月ニ五文宛
　　　　一俵ニ付　　　　　庭賃四文宛

但蔵敷壱ヶ月ニ四文宛　庭賃四文宛
一竹原塩　一俵ニ付
但蔵敷壱ヶ月ニ四文宛　庭賃三文宛
一粉糠　壱俵ニ付
但蔵敷壱ヶ月ニ四文宛　庭賃三文宛
一醬油　壱樽ニ付
但蔵敷壱ヶ月ニ三文宛　庭賃三文宛
一五寸角弐間木一本ニ付
但かこい壱ヶ月ニ三文宛　庭賃弐文宛
一小固物　壱固ニ付
但蔵敷壱ヶ月ニ三文宛　庭賃弐文宛
一中買干鰯　一俵ニ付
但蔵敷壱ヶ月ニ弐文宛　庭賃弐文宛
一斉田塩　一俵ニ付
但蔵敷壱ヶ月三文宛　庭賃弐文宛
一寸方　壱挺ニ付
但かこい壱ヶ月ニ弐文宛
一真木五本結　千束ニ付　庭賃弐百文宛

一前々従　御公儀様被　仰出候通、判形無之候て、一銭も売懸ヶ仕間鋪候事

一当地ニて諸色買被申候商人衆・百姓衆之手前馬ハ格別、其外ハ当地之馬ニて附送り可申候、駄賃之儀ハ問屋方より吟味致附送り可申候事

一在郷売懸之儀は定之日限相済不申候ハヽ、是又問屋中間え張紙ヲ致、其上売懸之方より其者ニ人ヲ添相改可申候事

一当地中買売懸之儀、正月より盆前、七月より大晦日迄相済不申候ハヽ、問屋中間え張紙ニいたし売買留可申候

附り様子ニより二季前々ニも改可申候事

右之通、以相談相究申上ハ、中間之内、相違無之様ニ相守可申候、若猥成儀有之候ハヽ、中間より相改問屋商売揚可申候、如此証文取替し申上ハ、一言之儀申間鋪候、以上

宝永六年

己丑二月日

山口弥左衛門　㊞
内田久右衛門　㊞
中島勘左衛門　㊞
中島清　兵　衛　㊞
川口長左衛門　㊞

この問屋仲間議定証文に署名したものは五名で、延宝九年（一六八一）の八名より、三名減じている。署名者では内田久右衛門・中島清兵衛は同九年の願書に名がみえている。さらに山口・中島の姓もすでに同年の願書にみえるから、川口長左衛門以外のものは、おそらく同九年の仲間の系譜をひくものであろう。川口長左衛門については、この議定証文に捺された印に土浦中城町とあるので、中城町から新たに参加したものであった。以上のように宝永六年

（一七〇九）の問屋仲間は、延宝九年の東崎町年寄仲間を継承しつつ、再編成されたものであったことがわかる。

つぎに議定証文の内容についてみると、証文は売手の規定、庭銭・蔵敷料の規定、陸送と決算の規定からなっている。売手は議定証文では、通り荷物などに対置されているもので、砂糖（砂錫）・干鰯・粉糠・塩・砥・莚・油・酒・材木・タバコ（莨菪）・米・雑穀があげられている。利根川の河口の銚子港では、四軒の廻船問屋が東北よりの商人積荷の一切の世話をおこない、希望があれば仲買をよんで、競りにかけて積荷を売りさばき、その手数料をとり、値段が合わなければ、さらに江戸に廻送する業務をおこなっていた。(11)ここでの売手とはこうした手数料であったと思われる。

通り荷物は土浦を通過する荷物で、庭銭は陸揚げ、積み替えのさいの問屋の手数料、蔵敷は倉庫保管料にあたる。商品は米雑穀・真木・材木・莚類は土浦あるいはその周辺で生産されたものが移出されているとみられるが、他の産物はこの段階では、ほとんど他の地域から、土浦をつうじて移入されたものであったと思われる。土浦周辺の農村では戦国期から木綿の生産が進んでいたが、それでも地域全体としては、繰綿を上方から購入しており、(12)土浦をつうじて他へ移出する量が多額にのぼったとは考えられない。また後に、土浦の重要輸出産物となった醬油も、その生産の開始は、享保一〇年（一七二五）前後といわれており、この段階では、移入された商品であった。(13)移入品のなかでは、干鰯・粉糠などの金肥や竹原塩や斉田塩などの瀬戸内海産の塩がすでに流通していることなどが注目される。全体に土浦周辺農村の生産力の発展にともなう需要の拡大が、こうした商品の移入の背景にあったとみることができる。それが、在郷売懸けについての決算を問屋仲間として確認する必要を生み出してもいるのである。

このように考えると延宝期の東崎町年寄仲間から、元禄・宝永期の問屋仲間への再編成の基軸は、藩米廻送という領主的商品流通上の要請から出発した仲間が、農民的商品流通の発展のなかで、河岸問屋仲間としてみずからを形成する過程であったという見通しをもつことができるであろう。

宝永期には河岸問屋仲間の存在が確認できるのであるが、土浦河岸がさらに整備されるのは、享保期になって、川口新田が開発されてからである。享保一二年、藩は川口通り普請と新田築き立てを計画した。土浦は桜川の河口に立地していた。このためこの頃まで、河口周辺は浅い沼地が広がり、川船の通行に不便で、水害の原因にもなった。そこで川口通り普請により、水路を整備して、水害に備えるとともに、川船の通行の便宜をはかろうとしたのである。これに平行しておこなわれたのが川口と大町の両新田の築き立てであった。大町は土浦町の西、江戸の方面へ町を拡張したもので、川口は桜川の北岸を水路にそって、霞ヶ浦方面へ開かれた河岸であった。これによって土浦の河岸機能は川口新田町に集中するようになった。安永二年(一七七三)の河岸吟味では土浦の河岸の名称を尋ねた奉行に、惣代は「川口〳〵と申来り」と答えている。こうしたなかで、問屋仲間は元文四年(一七三九)には、株仲間の結成を願い出たが、藩はこれを認めなかったといわれている。

二 河岸吟味と土浦町

土浦の河岸吟味は、(14)安永二年(一七七三)一一月九日付けの幕府勘定奉行石谷備後守清昌(15)の差紙が土浦に同月一三日に到着したことからはじまる。差紙は土浦の東崎町・中城町とともに茨城郡小川村・下吉影村、鹿島郡紅葉村、行方郡潮来村・延方村・青柳村・船子村、新治郡柏崎村などにあてられており、これら霞ヶ浦・北浦周辺の諸河岸がつぎつぎと吟味を受けたことがわかる。

差紙を受けた東崎・中城両町では、その指示にしたがって船問屋・船持惣代などが出府することになった。その構成は、中城町では船問屋長左衛門・船問屋船持庄三郎・船持惣代重蔵・年寄治助、東崎町では船問屋年寄兼帯清兵衛・船問屋源之助・船持惣代四郎兵衛というものであった。惣代が江戸へ出ると、土浦藩の上屋敷から呼び出しがあり事情聴取を受けた。この時点から、藩・船問屋・船持（町）の三者の吟味にたいする対応のちがいがあらわれ、吟味に複雑な影響をあたえたが、この問題は後でふれることとして、ここでは吟味の内容とそこにあらわれた当時の河岸の状況についてみておこう。

吟味は一二月三日になって、小川町の石谷備後守の屋敷で開始された。直接担当したのは御勘定佐藤友五郎（重矩）で[16]、吟味が進むと勘定組頭辻佐源次（守美）[17]が出座して指揮をとることがあった。まず中城・東崎両町の関係者が白州へよばれ、人定質問があった後、いったん東崎町は腰掛けへ帰され、中城町の吟味から開始された。吟味では、中城町を中心とした河岸の状況について、質問がおこなわれ、つづいて運上金上納に応じるよう督促がおこなわれたが、河岸の状況についての質問項目をあげると

①「中城町石高何ほと有之哉」
②「土浦河岸之義ハ利根川筋ニ候哉、きぬ川筋ニ候哉」
③「其方共何ヶ年ほと問屋商売致し候哉」
④「土浦河岸之義ハ何河岸と唱候哉」
⑤「荷物壱ヶ年ニ何ほと請払致し候哉」
⑥「運賃江戸表迄何ほどニて積送り候哉」
⑦「真木運賃ハ何ほどニて候哉」
⑧「何ヲ以問屋之益キニ致候哉」

⑨「外ニ荷主より蔵敷口銭取候哉」
⑩「地頭之運上等ニても差出候哉」
⑪「土浦ハ城下之事ニ候得ハ、定て繁唱之土地ニ可有之候、売買荷物等沢山可有之旨御尋」
⑫「地頭之廻米其方共計積候哉」
⑬「地頭之廻米壱ヶ年ニ何ほと相廻候哉」
⑭「江戸表より何荷物入込候哉」

となっている。東崎町についても、同様な質問がおこなわれ、それぞれ返答がなされたが、返答が残っているのは、中城町分の記録だけである。下総佐原河岸の吟味の場合、荷物数量の取り調べもおこなわれたようであるが、なにより古来よりの河岸と認めるかどうかが、問題となった。幕府では、現実には運上金確保と流通統制のために新規の河岸を容認していたが、吟味では古来の河岸であるかどうか、証拠を出させて厳重に取り調べるという矛盾した対応をおこなったといわれる。土浦の場合、河岸の現状把握が中心で、河岸の認定については、まったく問題にされていない。これは土浦がすでに、元禄三年（一六九〇）の幕府の関東河岸吟味に河岸としてあげられており、古来の河岸であることに問題がなかったためであろう[18]。

質問については中城町の惣代たちがそれぞれ返答しているが、つぎにこれによって当時の河岸の状況についてみておこう。

まず河岸問屋は中城町では七、八〇年前より営業しており（③）、河岸は川口と称し両町一体の河岸である（④）と返答した。つづいて荷物の請払いは、全体は不明であるが問屋庄三郎の場合、米雑穀薪材木ともに一万四五〇〇駄程度である（⑤）。江戸までの運賃は夏は一〇〇俵に一両二分二朱、冬は一両三分二朱で俵の容量により一分ほど増すこともある(⑥)。また薪の場合、薪相場で金一〇両に三両二分より四両二分程度(⑦)であるなどと答えている。問屋の利益については、船持より一艘あたり小舟は銭五〇〇文、大船は一分より二分程度、茶代をとっているぐらいで、問屋だけでは渡世にならず、百姓の合間に営業しているとし(⑧)、蔵敷・口銭はとらず(⑨)、運上も出していない(⑩)。土浦は「在々浅キ所ニて」格別の荷物もなく、町方も大名の通行が多いため困窮している、と運上賦課を警戒して慎重に答えた(⑪)。また藩米の廻送については、各自船持が自由に願い出て運送し(⑫)、総量はわからない(⑬)。江戸より入り込む荷物は小間物・塩・酒などがすこしで、町方商人が直積みしている(⑭)などと返答している。

以上が、この日の河岸の状況の吟味にたいする惣代の返答であるが、翌年三月二日の吟味では、中城町で取り扱っている荷物は米穀二〇〇〇俵、醤油八〇〇〇樽ほどであることがのべられている。これらの数量は、運上金の賦課を考慮して、相当に控え目に見積られている。たとえば、醤油の場合、中城町の大国屋勘兵衛は安永二年に江戸の本店に一万七三四八樽を送っていることが確認でき[19]、これだけでも惣代の申告の倍にのぼることが明らかである。さらに惣代で、中心的役割をはたしている伊勢屋庄三郎は、同元年に一万五七〇〇樽の醤油を生産しており[20]、このほとんどが江戸へ送られたと思われるから、吟味で惣代が答えた八〇〇〇樽というのは実態からかけ離れたものであった。また土浦藩の江戸廻米は同三年では、二万四〇〇〇俵(九六〇〇石)で、伊勢屋庄三郎と東崎町の船問屋内田源之助が運送を請け負っている[21]。内田源之助は船問屋といっても庄三郎に屋敷を貸して船問屋を経営させていたというから、事実上、庄三郎一人が請け負っていた。したがって惣代の庄三郎は、藩の江戸廻米量の概略を知っていたはずであるが、藩の内情を言及することはさけている。

いっぽう土浦の特徴として、河岸問屋支配が弱く、吟味役人が「猥り成ル土地」と感想をのべるような商人の直積みが自由におこなわれていたことが注目される。土浦の河岸は「在々浅キ所ニて」というように、後背地の広い河岸ではなかった。土浦にそそぐ桜川には平行して小貝・鬼怒川が流れていた。ことに鬼怒川は霞ヶ浦よりかなり上流で利根川に合流しているため、江戸へ物資を廻送する場合、利根川の遡航距離を短縮する上で有利であった。このため桜川付の村でも旗本領などは、年貢米を小貝川を川越して鬼怒川の宗道河岸から廻送することが多かった。また霞ヶ浦北部には、高浜・小川などの河岸があったので、水戸藩や常陸北部の荷物は、土浦までわざわざ陸送する必要はなかった。こうした点から、土浦の河岸の成長は限られていたのである。

一二月三日の吟味では、河岸の状況の質問が終了すると、吟味役より、今度上州より願い人があり、関東船問屋を決めることになったので、運上を差し出すようにと申し渡しがあった。惣代が見捨ててくれるよう願い出ると、吟味役は運上を納めなければ領主荷物をのぞいて、津出しを禁止する。強いて運上を納めて商売せよというわけではないので、問屋商売の望みがない旨書付を出すようにとせまった。惣代側は町が困窮している事情や、藩から運上を課された事実がないことなどを申し立て、運上免除を願ったが、受け入れられなかった。そこで、惣代は一存では決められないと日延べを願い出て、やっと許された。土浦に帰った惣代は、免除願を出すことで一致し、百姓・商人惣代を加えて出府した。

第二回目の吟味は、翌年正月二七日におこなわれた。吟味役は事前に提出されていた運上の免除願について、形式的な質問をおこなった後、運上を受けるように督促した。惣代が免除を願っても聞き入れられず、いったん腰掛けへ返された上で、勘定組頭辻佐源次が同席して吟味となった。辻は運上が関東一同のことで、土浦だけ免除が認められることはありえない、もし強いて願えば津出しを禁止するとせまった。惣代は船問屋に運上を申し付けると、これまで船持ちが直積みをおこなっていたのができなくなり難儀するので、ぜひやめてほしいと訴えた。しかし吟味役は運上を船問屋に申し付ける上は、船持の直積みは認められないと、運上の代償に船問屋の河岸独占を認めるのが吟味の方針であることを申し渡し、何度でも日延べは許すが、免除はありえないと願いを拒否した。惣代はふたたび日延べを願うこととなり、この日の吟味は終了した。

第三回目の吟味は二月二一日におこなわれた。二回目の吟味によって、運上免除がむずかしいことがはっきりすると、藩の指示もあって、中城町惣代は運上の所請（町請）を願う方針にして、三回目の吟味にのぞむことにした。しかし東崎町では、五軒の船問屋が問屋請を願い、吟味ではこの調整が問題となった。吟味役は、「世上一体ニ問屋猥りニ相成」ったので、問屋を定めて運上を命じることにしたと、幕府の方針にそって、問屋請をすすめたい意向を示した。船持惣代が元文四年（一七三九）に藩が船問屋の株立ての願いを却下した事実があり、船問屋仲間は株仲間でなく、運上の上納は行事を定めておこなうので、みだりになることはないと主張すると、吟味役は「地頭之捌ニハ相構不申候、公儀ニて此度改候」と公儀を楯に問屋請をせまった。しかし惣代が了承しないので、腰掛けへ下げられ、ふたたび勘定組頭の辻佐源次が出座して吟味が再開された。辻は土浦河岸の状況を一通り質問した後、所請の場合の運上と、中城町と行動をともにしていた船問屋・船持惣代庄三郎に所請でよいかどうかを尋ねた。中城町は永二貫文で請けたいと答え、庄三郎は所請で異存がないが、別に運上永五〇〇文を出したいと答えた。これにたいし吟味役は町には運上が少ないと「殊之外御呵」るとともに、庄三郎には古来よりの営業の証拠があるかどうかを尋ね、おおかた願いは認められるだろうが、東崎町と一同にならないのは不審なので、なお取り調べると申し渡した。勘定所では問屋請をのぞましいとしながら、吟味を円滑に進めるため、所請の願いにも理解を示したのである。

三月二日、石谷備後守の屋敷において辻佐源次の掛かりで第四回目の吟味がおこなわれた。辻は永三貫文の運上で中城町の願いどおり所請とする方針を伝え、東崎町を説得するよう命じた。口書を作成して、読み聞かせられるさいには、勘定奉行の石谷備後守が同席して、その主旨に相違がなければ、このとおり運上を申し付けると直に仰せ渡しがあった。勘定所の方針が所請に固まったため、東崎町の問屋請の願いは認められないことになった。四月二日、最後の吟味では、東崎町と船問屋のそれぞれに運上額を申告させ、増永を命じた上で、口書を提出させられた。これによって土浦の吟味は終了し、霞ヶ浦・北浦一帯の吟味が終わるのをまって一二月二六日、両町はあらためて幕府の勘定奉行所あてに正式に請書を提出したが、その内容はつぎのようであった。

差上申御請書之事

一東崎町勘左衛門儀は永五百文、源之介・清兵衛・弥左衛門儀は永百五拾文ツヽ、同所川口新田四郎兵衛儀は永五百文、都合永壱貫四百五拾文

一右同町荷物請払所請ニて、永弐百五拾文相納可申候

一中城町庄三郎儀は永五百文、長左衛門儀は永百五拾文、都合永六百五拾文

一右同町荷物請払所請ニて、永三貫文相納可申候

但、右川岸之儀は伊奈半左衛門様御運上相納可申候

右之通、当午年より年々無滞御運上相納、船問屋仲間ハ不及申、船持・名主・百姓共ニ仕来之通相守り、一統申合猥成儀無之様ニ取計、勿論御運上相納候ニ付、口銭・庭銭・運賃等相増候儀ハ仕間敷候、此度御吟味之上、一統御運上相納候上は、以来私共之外、船頭船持ハ不及申上、新規ニても家業仕候儀は難相成候旨被仰渡、一同ニ承知奉畏候、若相背候ハヽ、御科可被仰付候、仍て御請証文差上申処、如件

土屋能登守領分

安永三年午　常州新治郡土浦東崎町

十二月廿六日

船問屋　勘左衛門
同　源之介
同　弥左衛門
同　清兵衛
同所　川口新田
船問屋　四郎兵衛
右五人惣代
藤兵衛　判
名主甚左衛門代兼
年寄　長左衛門　印
百姓商人惣代
角兵衛　印
同領同郡同町土浦中城町
船問屋　庄三郎
同　長左衛門
右両人惣代
百姓商人惣代
又七　印

御奉行所様

名主善兵衛代兼

伝兵衛 印

年寄 八兵衛

請書では、所請として中城・東崎町に運上が命じられるとともに、船問屋も個別に名前があげられ運上が課されることになっている。吟味では、中城町などの願いを受けて、所請を許すことが強調されたが、実際は所請と問屋請を折衷したものとなった。幕府・町（船持）・船問屋相互の利害が調整された結果が、この請書に反映されたといってよいであろう。運上は、町と問屋を合わせて中城町が永三貫六五〇文、東崎町が永一貫七〇〇文となった。東崎町の運上は、合計額で中城町の半分で、所請分では中城町が永三貫文にたいし、永二五〇文にすぎなかった。東崎町は商人が中城町にくらべて、二〇分一ほどであったことや所請に両町を一致させるための勘定所の配慮の結果であった。

いっぽう運上額について他の河岸と比較すると、北浦・霞が浦周辺では、鹿島郡塔が崎河岸が最大の永四貫文で土浦中城町がこれにつぎ、鹿島郡鉾田河岸が永三貫文、新治郡高浜河岸永二貫六〇〇文で、以下永一貫文以下がつづいている。[22]また鬼怒川・小貝川・思川・巴波川・渡良瀬川筋の六九河岸中で、中城町の永三貫六五〇文以上を負担しているのは、六河岸にすぎなかった。[23]利根川でも、二軒の問屋のうち一軒だけで、年間に商人荷物三万駄余を扱い関東[24]有数の河岸であった下総境河岸が永二貫五〇〇文の運上であったから、[25]土浦の運上額は河岸の営業規模に比較して高額であった。吟味では土浦を繁盛の地として、町方人口などを取り調べており、運上額は河岸の営業だけでなく町の状況も考慮されて決定されたとみられる。また運上金は幕府の関東郡代伊奈半左衛門に納めることになっている。[26]一般には最寄りの代官が徴収したが、最寄りの場合、伊奈が徴収にあたることもあった。

最後に後書では、運上を出すという理由で、口銭・庭銭・運賃の値上げをしないこと、その代償として新規の船頭・船持・問屋など家業は認めないことが定められている。これによって株立てを受けた河岸や問屋はその特権を保障されたのである。

三　河岸吟味と藩・町・船問屋

幕府の河岸吟味をめぐっては、当初より土浦藩・町（船持）・船問屋の間に対応のちがいがあった。

土浦藩は、吟味の差紙によって惣代が江戸へ出府すると、これを上屋敷に呼びつけて事情を聞き、対応を指示した。惣代が運上の免除を願いたい意向を示すと、藩もこれを支持している。藩の役人は運上を請け負うことによって利益を受けるものも出るであろうが、「御城下御郭輪も同前之河岸より運上差出候てハ、此上如何ニ候間、何分早速御請致間敷」と答えよと、命じている。またどうしても引き受けよと命じられたら、日延べを願い、とにかく引き受けないようにすれば、「此方ニても又々致方」もあると指示した。当時の土浦藩主土屋篤直は、宝暦一〇年（一七六〇）幕府の奏者番となり、明和六年（一七六九）に寺社奉行兼任、安永二年（一七七五）にはさきに幕府の評定所が火災にあったため、藩邸を仮の評定所とした功によって報償を受けるという幕閣の有力者であったから[27]、藩役人は別に勘定所に働きかける方法もあると期待していたのであろう。二回目の吟味の前日、同三年正月二六日には、藩は免除願の惣代に、江戸留守居役を使者としてそえて、勘定奉行石谷備後守の役宅へ派遣した。翌日の吟味でも惣代は、川口河岸は「御城内御堀続ニて、御くるわも同前」で、藩米を江戸の屋敷に送るために領主の出費で開かれたものであると、免除を願った。しかし吟味役は吟味は関東一同であるとして、この点を考慮する態度はまったく示さなかった。このため藩は、二月二一日になって、運上免除から所請へと方針を転じていくことになった。

しかし勘定所が所請とはいいながら、実際には問屋請を折衷した形式で、吟味を終了させようとしていることが明らかになると、幕府の河岸吟味政策と藩の立場を整合させる必要が生じた。そこで藩では最後の吟味が終了した後に、関係者に命じてつぎのような請書を出させている。

差上申一札之事

一常州新治郡土浦町川口より荷積運送仕候ニ付、為冥加　公儀え御運上指上候儀、両町一同所受之儀御請申上並問屋名目之者清兵衛・勘左衛門・弥左衛門・長左衛門・源之助・庄三郎・四郎兵衛他所より之荷物引請候ニ付、別段ニ御運上差上申候筈、口書印形仕候ニ付、被仰渡候は、一体右御運上之儀、地所え掛り合候儀ニ無御座候、全運送取締りニ付、御運上指上候義ニ御座候間、万端是迄仕来之外、新法之儀決て仕間敷候事

一公儀御運上之儀、此上被仰渡相済候ハヽ、年々無遅滞年番之者世話仕取立可差出事、勿論年々年番代候儀、名前書付差出可申事

一口銭之儀、是迄一向取立不申候間、只今迄之通相心得御領分町在之儀ハ、是迄之通ニ仕、口銭・庭銭等取立申間敷事

但、為茶代是迄致受納候旨、此上迚も過分之義無之、是迄之通可仕事

一問屋名目之者、是迄仕来之通相心得、新規問屋名目取立申候義ハ勿論、万端仕来之通之外、不相成候事

一只今迄売買荷物一己〳〵之送状を以、勝手次第船積致候者、是迄之通相心得可申候、たとへ問屋名目之者ニても両町地面は勿論之儀、近在ニても新規ニ河岸取立候義、決て仕間敷事、諸事仕来之通可相守事

一土浦御役所え之船役銭、是迄之通相心得可申候事

一地面え付候儀は不及申、総て不依何事、土浦御役所え相伺御指図次第可仕事

一川通両側地面之儀、享保十弐年河岸場御取立之節、御定之通相心得可申事

右之条々両町一統申談急度可相守旨被仰渡一同承知奉畏候、異変仕右之儀ニ付、出入ヶ間敷儀仕候ハヽ、如何様之曲事ニも可被仰付候、為其両町名主・年寄・惣百姓・町人・問屋名目之者、並船持共御請連印一札差上申所、仍如件

安永三午年五月十八日

中城町

船持惣代

平右衛門印

林兵衛印

船問屋名目

長左衛門印

庄三郎印

百姓惣代

庄左衛門印

瀬兵衛印

町人惣代

伝兵衛印

弥兵衛印

東崎町

船持惣代
半　六印
伝兵衛印
船問屋名目
清兵衛印
弥左衛門印
源之助印
勘左衛門印
四郎兵衛印
百姓惣代
八郎兵衛印
平右衛門印
町人惣代
角兵衛印
三左衛門印
中城町
町年寄
治　助印

八兵衛印
吉右衛門印
東崎町
町年寄
甚五兵衛印
長左衛門印
中城町名主
入江善兵衛印
東崎町名主
大塚甚左衛門印

土浦
御役所

請書の内容は①問屋請の理解、②公儀運上の遅滞ない上納、③従来どおり口銭徴収などの禁止、④新規問屋の禁止、⑤従来どおり直積み許可と新規河岸取立禁止、⑥船役銭の従来どおりの納入、⑦藩の「差図」権の確認、⑧川口河岸の開設のさいの定の遵守、などであるが、なんといっても中心は①の問屋請の理解にあった。ここで藩は、船問屋が幕府より運上を命じられたのは、運上が「地所」にかかわってのことでなく、「運送」取り締りのためであったと説明する。船問屋は他所よりの荷物を扱っているので、運上を引き請けることになったというのである。そして⑦では、「地面」のことはいうにおよばず、なにごとも藩へ伺いを出し、その「差図」にしたがうよう命じている。①と⑦をみた場合、藩が危惧している点が明らかであろう。藩は船問屋や河岸が幕府の運上を請け負うことによって、みずからの支配・統制からはなれていくことを恐れたのだといってよい。

勘定所が公儀の権能を一方的にふりかざして、河岸吟味を強行するとき、土浦藩は当然のこととして、個別大名としてのみずからの領地支配の意味を問い直さざるをえない。藩がことさら「地所」「地面」にこだわるのは、その領主権を確認しようとする衝動にかられてのことであろうと思われる。請書の第一条に、公儀運上の遅滞なき上納を命じる条文を掲げず、問屋請の意味を説明するというのも、公儀法度の遵守を第一条にする当時の習慣からは異例にみえ、土浦藩の当惑の深さが読み取れるようである。請書は問屋請の意味を土浦藩の立場で、巧みに読み替えて、船問屋を「問屋名目」のものとしか認めず、その実効性を極力否定しようとしているといってよい。

土浦藩は、この請書を関係者からとった同日、問屋請を願った船問屋名目のものを呼び出し、藩の指示にしたがわなかったとして、急度叱りの処分を申し渡した。これについても請書が残っているが、この後に「右被仰渡候趣は、内々江戸表ニて、辻左源次様えも御伺被成候上ニて被仰渡候由」とあり、幕府の勘定組頭の内諾をとった上で、処分をおこなったことがうかがえる。ところがこの請書の内容は、関係者全員から提出させたものとはことなって、問屋請についての藩の説明がまったくなく、ただ藩の指示にしたがわなかったことで、処分を受けた事実が記されているだけであった。おそらく藩が幕府の勘定組頭から了解をとったのは船問屋処分のことだけで、問屋請について藩の理解と処置を伝えることはさけたのではなかろうか。

いっぽう町方は、中城町の船持らを中心に、ほぼ藩と歩調を合わせた行動をとった。船持惣代らは、藩の指示を楯にとるとともに、従来、藩にも運上を納めなかったことや、運上により町が困窮すること、また問屋請の場合、口銭・蔵敷・庭銭などがかかる上、問屋に送り状をまかせると、江戸積み出し荷物の発送が、問屋の都合で前後し、相場の影響を受ける商品などは支障が生じると主張した。また問屋請をもとめた東崎町を中心とする船問屋にたいしては、惣町一体の河岸であることを主張した。中城町を中心に、惣町や船持が所請を願った背後には、当時繁栄していた醬油問屋などの影響があったと思われるが、この点については、ここでは明らかにできない。

藩や町の運上免除や所請の方針にたいし、船問屋は吟味の過程で、つねに河岸問屋株の認定をもとめて、藩や町の主張と背理する言動をとった。船問屋は元禄・宝永期の問屋仲間の議定を証拠として、問屋は五軒で、近年は不法になって茶代をとるだけであるが、かっては口銭・庭銭・蔵敷などを徴収していたと主張し、問屋請の論拠としようとした。宝永六年（一七〇九）の問屋仲間議定証文は、このさいの証拠物の一つであったと思われる。船問屋の主張にたいし、町方は元文四年（一七三九）に船問屋が株仲間の結成を願い却下された記録があるとして、船問屋仲間は株仲間として認められた実績はないと指摘した。

船問屋は結局、運上を請け負いながら、河岸の独占を阻止されるが、この背景には、彼ら自身の経営の弱さがあった。運上を請け負ったのは七名であるが、このうち、実際に船問屋を経営していたのは東崎町勘左衛門・川口新田四郎兵衛・中城町庄三郎の三名で、他の四名は休株のあつかいを受けていた。また営業者のうち、宝永六年の議定にみえるのは、東崎町勘左衛門のみで、中城町庄三郎は享保期に土浦に来住したもので、仲間の東崎町源之助の川口の屋敷で営業していた。仲間株を譲り受けるか、借りて開業したものと思われる。川口の四郎兵衛については不明であるが、川口新田が享保一二年に開かれたことを考えると、宝永期よりの問屋とみることはむずかしい。宝永期の問屋仲間のほとんどは休業していたのである。このうち、問屋請を願ったものは、東崎町勘左衛門・清兵衛・源之助・弥左衛門と中城町長左衛門で、実際に問屋を経営していたのは東崎町勘左衛門だけであった。

中城町では六月八日、同町の船問屋長左衛門が東崎町の船問屋と問屋請を願ったのは惣町の利益に反した行為であるとして、詫書をとった。詫書には、吟味をめぐる惣町と船問屋の対立を町役人がどのようにとらえていたかが、よく示されている。

差上申一札之事

御運上一件ニ付逐一被仰聞候次第左之通

一去冬中御運上願ニ付、私儀東崎町四人之者へ与シ候てハ、中城一体へ差障ニ相成、殊ニ大勢より悪ミを得、為ニも不相成候ニ付、中城へ同心可仕旨、被仰聞候事

一当春中御運上御免之願、外様御並も御座候ニ付、不相済候ニ付ては、五人之者計御請仕候てハ、惣町へ差障御座候間、大勢ニハ難替候得は、四人之者ハ格別之儀、私儀ハ中城分所請之列え加り相願可申候、尤一統之列え入候ニ付、問屋商売え決て差障無之候ニ付、達て惣請之列え入可申候、夫共極意所請相済不申候節は、東崎計え問屋ヲ立候儀は不相成候ニ付、私株も専一ニ願候て可遣旨被仰聞候事

一此度一件ニ付、江戸往来度々仕候へ共、各様えハ届も不仕、東崎四人之者えのみ与シ、何事も各様えは相隠し伺等不仕、御役人ヲないかしろニ仕候事

一元禄・宝永之五人之者自分勝手ヲ以、仲間定之書付ヲ致証拠と、問屋株之儀申募候処、右書付御旨被仰付も無之、町御役人御名印等も無之候得ハ、無証拠ニて候旨、先達てより被仰聞候処、不相用、既 公儀ニても御取上無之事

一先祖より慥成証拠有之問屋株ニ相違無之迚も惣町差障有之候ハヽ、私株ハ潰し候て成共、中城一体ニ相成可申儀可為本意処、其儀も不相弁、夫共此度私株潰し候得は暮方無之、困窮仕候と申儀ニも候ハヽ、是以乍心得違中募間敷儀ニも無之処、株失候ても別て困窮ニも不相成、既当時は問屋商売不仕暮居候、其上一同ニ所請ニ相成候ても、私一分之商売えハ差障無之儀ヲ不相弁候事

一一同ニ相成候ハヽ、入用何程ニても惣割ニいたし大儀ニ無之様可致旨被仰聞候事

一中城町ニ乍居東崎町と同心仕候儀は佐源治様ニも御不審ニ被思召候通不埒至極之事
右は去年中より再応利害被仰聞候処、不相用候段不埒至極ニ被思召、各様御下知ニ相背候ニ付てハ　御上え被仰上、所払ニも可被成候処、以御用捨御呵一通ニ被成下難有仕合奉存候、全一分之欲ニ偏り心得違不調法、誤入一言之可申様無御座候、然上は以後東崎町へ与シ候儀は勿論、凡て心得違仕間鋪、何事も任御差図可申候、此上相背候ハヽ、何様之儀被仰付候共御恨不申上候、為後日一札差上申処、仍如件

中城町問屋名目
長左衛門印

安永三年午五月

入江善兵衛殿
奥井吉右衛門殿
中村治助殿
栗山八兵衛殿

右、長左衛門申上候通、少も相違無御座候、此上被仰聞候儀、急度為相守可申候、右之趣私共迄承知奉畏候ニ付、印形仕上申候、以上

五人組
八郎兵衛印
平　七印
平兵衛同

長兵衛同
平右衛門同
重　蔵同
他出無印　市郎兵衛
同　断　庄　三　郎

まず吟味にあたって、中城町役人が「中城一体」「惣町」の立場から、長左衛門に共同歩調をとることを説諭したのに、長左衛門がこれにしたがわなかったことがのべられ、つづいて、船問屋の提出した元禄・宝永の仲間議定が町役人の連印もなく、公儀でもとりあげられなかったことが確認された。その上で、町役人は惣町と個別商人の株の関係を先祖よりのたしかな問屋株でも、惣町の差障りがあれば潰しても中城一体となるのが「本意」である。暮しが立たないのであればともかく、株を失っても暮しが立つ上、現在は問屋商売はおこなっておらず、所請となっても商売にさしつかえがないことをわきまえないと叱責している。そして吟味の入用割を惣割として長左衛門にも割合うこと、幕府の吟味役も同人の行動を不審としたことを確認し、長左衛門の「一分之欲」の行動は本来ならば藩に願って所払いにするところであるが、御叱りで用捨する旨が申し渡されていることがわかる。

　町役人のいう正しい株のありようとは、惣町の差障りにならず、暮し方が成り立つことが前提であり、「一分之欲」がほしいままに実現される世界とはことなっていた。これにたいし長左衛門は自ら経営していないにもかかわらず、河岸問屋株を取得しようとして惣町の利益も省みなかった。しかしこの時期の幕府が展開した株仲間や専売政策は、その経営実績にかかわりなく、あらゆる収益の可能性のある事業に独占を認め、運上を徴収しようとしたものであり、このためには惣町の利益などは顧慮するものではなかった。勘定奉行の石谷備後守などは「御益」を奉公とのみ考える収斂の臣の代表であったとする植崎九八郎の上書はこの点を鋭くついている。(28) 長左衛門の行動も、こうした田沼時代の潮流のなかで、評価されるべきものであろう。

おわりに

江戸地廻り経済の発展のなかで、関東の諸河川では新河岸や新道が各所に出現し、従来の河岸と激しい競争を展開した。幕府はこうしたなかで、関東一円に河岸吟味をおこない河岸問屋株を認定して、商品流通の再編成と運上金の徴収を実現しようとした。

幕府の河岸吟味にたいし、土浦では、最初、運上御免を願い、藩も河岸が城続きで「くるわ同前」という認識からこれを後押しした。しかしこれが認められないと中城町を中心に所請を願った。土浦は、藩によって河岸問屋株が認められず、商人が荷物を直積みしていたので、商人船持や惣町としては問屋株が公認されることに抵抗があったのである。いっぽう東崎町は船問屋を中心に問屋請を願い、吟味についての両町の立場の相違が表面化してしまった。幕府勘定所の吟味の方針は、基本的には船問屋株の設定による河岸統制にあったので、吟味役は問屋請を強要する場面もあったが、最終的には大多数の商人が住居する中城町の主張が認められ所請が認可された。藩が勘定所とどのような交渉をおこなったか、細部を明らかにできないのは残念であるが、留守居役を派遣しておこなった申し入れなどが考慮されたのであろう。しかし所請は認められたものの、船問屋にも運上請負が命じられ、所請と問屋請が併用されることとなった。藩では勘定所組頭の内諾をえて、藩の命にしたがわず問屋請を最後まで願った東崎町を中心にする船問屋を急度叱りの処分にしたが、これとは別に、船問屋をふくむ関係者全員から請書をとり、船問屋を船問屋名目のものとしてしか認めず、従来どおり荷物の直積みを確認した。また幕府の「運送」取り締りにたいし、「地所」「地面」の支配を強調して、公儀による一元的流通支配の強化の実効性を否定しようとした。中城町では、東崎町の船問屋に荷担し、問屋請を願ったものから詫書をとったが、ここでも惣町の利益が強調され、幕府がとっていた株仲間認可や専売制の論理と相対する局面があらわれた。

従来の河岸吟味の研究では、新河岸の乱立になやむ河岸問屋が、幕府の統制政策に統合されていく側面が強調されることが多かった。河岸の特性を考えたとき、こうした分析視角は当然、承認できるものであった。しかしこの場合、問題は商品流通史や水運史に限定され、広がりを欠いたものになりやすかったことも否定できない。関東河岸吟味が、従来この時期の経済政策としては意外なほど、とりあげられることがなかったのも、おそらくこのことと無関係ではないだろう。本章ではこの点をいくらか埋め合わせることを試みたものである。土浦の事例は、絶対主義的で一元的な流通統制をめざす幕府の政策と、これにたいする個別領主や地域社会の抵抗という転換期幕藩制の構造的矛盾が、河岸吟味の場合にもみられたことを示しているのであるが、これがどの程度、一般化できるかは今後の課題である。そこでここでは、問題を再検討するにあたって重要と思われる視点をいくつかあげて終わりたい。

まず幕府の流通統制政策との関連についてみると、安永二年（一七七三）四月、幕府は前年の大坂での綿屋仲間・三所綿市問屋・綿買次積問屋の株立をうけて、摂津・河内両国の在方綿花・綿布商を一五〇〇株の仲買仲間として株仲間に編成しようと計画した。これにたいしては平野郷を中心とする在方商人の抵抗が広範におこり、株立は難航した。こうしたなかで、大坂町奉行所は一〇月になって大坂周辺村むらに綿屋仲間への加入を命じた。畿内綿業の中心であった平野郷を加えることがねらいの一つであったといわれるが、平野郷は領主で当時京都所司代を勤めていた土井大炊頭などの支援をえて反対運動をつづけ、翌年二月頃には、これを廃止に追いやっている。[29] 勘定奉行の石谷備後守は、こうした大坂での在方株立の動向を承知しつつ、関東河岸吟味の指揮をとっていたと考えられ、両者の関連をどのように把握するかという問題がある。

つぎに幕藩関係では、安永二年一一月九日付けの土浦への勘定奉行の差紙には、茨城郡小川村・下吉影村、鹿島郡紅葉村、行方郡青柳村などの水戸藩領の村むらがふくまれていたが、運上を請けたのがはっきりしているのは霞ヶ浦の小川河岸のみで、那珂湊より北浦へいたる巴川通船の下吉影村・紅葉村・青柳村などの河岸は運上を請けた確証をみいだすことができない事実がある。(30) 幕府の関東一円の統制にたいし、独自の領域経済の形成をめざした水戸藩が、これにあたってどのような対応をとったか興味深いところである。水戸藩は、幕初より関東一円にたいする幕府の川船役所の支配からはずれており、独自の川船統制をおこなっていた。これにたいし天明期の後半になると幕府川船役所が統制を試み、藩と対立したことが明らかになっている。(31) また大坂平野郷を領した土井氏は古河藩主であったが、同藩の場合、武蔵の飯積・本郷両村は川付で河岸吟味の触流があったが、吟味には出なかったという。(32) しかし古河を中心に多くの河岸は吟味を受けた。藩では、吟味直後に、荷物の船積みを相対から順番積みに切り替え、古河の船問屋を中心とする統制を強化しようとした。(33) また古河の河岸問屋は行徳・東葛飾領のものの古河の直積みを禁止するように幕府に願い出ている。(34) 古河藩の所領の中心は、古河以北の下野の思川・巴波川周辺に位置しており、古河の河岸問屋を基軸に領内流通の統制をおこないやすい条件があったので、藩では幕府の河岸吟味にしたがうかたちで、統制を強化しようとしたのであろう。土浦とはまたことなった対応だったといえる。

最後に、その後の関東の河川交通の統制と民衆運動の関連では、幕府は宝暦・天明期に河岸吟味と並行して、農間船稼ぎの統制のため川船改めの強化を進めていたが、天明五年（一七八五）、関東ならびに伊豆・駿河の川筋稼ぎ船について極印改めを徹底しようとし、農民の抵抗で失敗した事実がある。これまでも幕府は江戸へ乗り入れる川船に極印を打ち年貢を徴収していたが、今回は川船役所の役人を村むらに派遣し、それまで耕作船として見逃されていた小船まで対象にふくめようとしたものであった。しかしこれにたいしては、農民が農事に用いる船で年々「田畝」より年貢を納めているので、別に船の税を納めるいわれはないと強硬に反対し、騒動におよぶ気配があったので、ほどなく廃止されたといわれる。(35) 河岸吟味との関連は明瞭なのでふれないが、幕府が「運送」取り締りとして一元的な統制をおよぼそうとするとき、土浦で「地所」の論理があらわれたように、農民の間でも「田畝」の論理があらわれたことは興味深い。「地所」や「田畝」の論理とは、いわば封建的土地所有の論理であり、それまで幕府・諸藩・民衆が共有していたはずのものであったが、宝暦・天明期の幕府の経済政策はあらゆる場面でこうした論理と摩擦を生じることなしには、すまなくなっていたのである。

注

（1） 明和・安永の河岸吟味については、川名登「関東における河岸問屋株の成立」（『地方史研究』六二・三合併号、一九六三年、後に同『近世日本水運史の研究』雄山閣、一九八四年に所収。）がもっとも包括的で研究水準を示す成果となっている。このほかに、商品流通を重視した観点から、丹治健蔵『関東河川水運史の研究』（法政大学出版局、一九八四年）におさめられた諸論文、歴史地理学の視点からは奥田久『内陸水路の歴史地理学的研究』（大明堂、一九七七年）などが参考となる。また難波信雄「近世中期鬼怒川―利根川水系の商品流通」（『歴史』三〇・一号、一九六五年、後に東北史学会編『東北水運史の研究』、一九六六年所収）は川名の見解にたいし、明和・安永期に河岸の成立をみるのは間違いで、再編成とみるべきと主張し、横山昭男『近世河川水運史の研究』（吉川弘文館、一九八〇年）もこれに賛意を示しているが、これは河岸の成立と河岸問屋株の成立を混同した批判で、同論文を冷静に読むなら明和・安永期の河岸吟味が河岸体制の再編成政策であることは明確に指摘されていると考えられる。

（2） 川名登「関東における河岸問屋株の成立」（前掲）。

（3） 明和・安永期の河岸吟味を位置づけるために、田沼政権をどのように把握するかという問題がある。これはかなり評価のわかれるところで、山田忠雄「天明期幕政の新段階」（『講座日本近世史』5、有斐閣、一九八八年）は、田沼政権の成立はその幕閣人事の独占が完了した天明元年（一七八一）以降として、これ以前は、松平武元・松平輝高政権とみる。この観点からは当然、明和・安永期の河岸吟味は松平武元の施策であり、勘定奉行石谷清昌も田沼派とはとらえられない。いっぽう竹内誠『体系・日本の歴史』10（小学館、一九八九年）は田沼意次が御側御用取次のまま評定所出座を認められた宝暦八年（一七五八）からを事実上の田沼政権とみた上で、勘定奉行の石谷や安藤惟要を田沼政権の経済政策の本来の担い手として、その行政手腕を高く評価し、従来、田沼政権をささえたといわれる後任勘定奉行の松本秀持・赤井忠晶を解体期の田沼政治の政策担当者と把握している。いっぽう政治史的把握とは別に、中井信彦『転換期幕藩制の研究』（塙書房、一九七一年）は年貢収奪が最高潮に達する反面、米価低落が深刻となり、幕藩制社会の再生産構造の矛盾が露呈し、新たな対応がせまられた宝暦五年（一七五五）頃よりの時期を転換期幕藩制ととらえて、表面上の政策担当者の変遷にこだわらず、構造的に検討している。こうした見解にとりたてて、意見をのべる立場ではないが、本章でいう田沼時代とは宝暦後期以降、幕府がとった経済政策に共通する志向を田沼意次に代表させているにすぎない。

（4）川名登「関東における河岸問屋株の成立」（前掲）。佐原河岸の場合、代官が村請にでも命じるように計らうので、運上を願うように勧めたが、村は負担を嫌い、問屋を引き受けるものもなかった。そこで勘定所には運上免除を願うが、勘定所は問屋株設定なしには河岸を認めない方針で、村ではいやがる船持二名を説得してようやく問屋の形式を整えて、公認河岸の特権を認められた。事例としては、いたって消極的なもので、吟味をめぐる幕府・個別領主、地域内部での対立などははっきりしない。もっとも同論文では、吟味と地域の対応については、一定の見通しを示している。

（5）『土浦市史』（土浦市、一九七五年）参照。

（6）長島尉信「おだまき」（『筑波町史史料集』三篇）、一二四頁。

（7）内田家文書。（土浦市立博物館所管）。

（8）川名登『近世日本水運史の研究』（前掲）、第一章参照。ちなみに利根川の江戸湾より銚子への流路の付け替えの完成は、承応三年（一六五四）であったといわれる。また河村瑞賢の東廻り航路の整備の後、ややたった延宝期でも房総半島廻りの航路はきわめて危険で、津軽藩の廻船の場合、津軽から江戸まで五六日かかり、このうち、三六日は日待をし、その上、破船寸前になったといわれる。

(9) 明治大学内藤家文書研究会編『譜代藩の研究』(八木書店、一九七二年)、九四頁。

(10) 菅谷家文書(土浦市立博物館所管)。菅谷家は安永期の河岸吟味で、中城町の問屋兼舟持惣代を勤めた伊勢屋庄三郎家である。同家は、享保一〇年代に土浦に来住したもので、船問屋を開業したさい東崎町の問屋より、仲間株を継承したようで、その引継文書として渡されたか、吟味の証拠物として同家の手に残されたものと思われる。

(11) 川名登『近世日本水運史の研究』(前掲)、第一章二節参照。

(12) 林玲子『江戸問屋仲間の研究』(御茶の水書房、一九六七年)第一章一節参照。木綿織物はこの地域の特産品の一つで、土浦に集荷されたと思われるが、史料にはあらわれてこない。元禄期には土浦の市で集荷されたが、規格もまちまちで統一を欠いていたといわれる状態で、移出が目立って多額になったとは思われない(澤登寛聡「家綱政権の織物統制と木綿改判制度の成立」『法政史論』一〇号、一九八三年)。

(13) 林玲子「江戸醬油問屋の成立過程」(『流通経済大学創立二十周年記念論文集』、一九八五年)。

(14) 安永の河岸吟味については、とくに注しない限り内田家文書の「御運上江戸土浦附留帳」によった。同帳の類本が『土浦市史編集資料』二三篇に所収されているが、記載が途中までで後半がかなりかけているので、本章では、吟味の最終段階まで記載されている内田家本によった。内田家は東崎町の年寄・船問屋を勤め、延宝九年(一六八一)の願書にもすでに名前がみえる。

(15)『新訂寛政重修諸家譜』一四巻、二三八頁。宝暦九年(一七五九)勘定奉行になり、安永八年(一七七八)までこの職にあった。この間、宝暦一二年(一七六二)より明和七年(一七七〇)まで長崎奉行を兼務し、この期の株仲間公認、長崎貿易の振興、兵庫西宮の上知など幕府の経済政策のほとんどに関与し、その推進に大きな役割をはたした。

(16)『新訂寛政重修諸家譜』二一巻、一七三頁。

(17)『新訂寛政重修諸家譜』二三巻、二九九頁。

(18) 川名登「関東における河岸問屋株の成立」(前掲)。
(19) 林玲子「江戸醬油問屋の成立過程」(前掲)。
(20) 菅谷家文書。
(21) 菅谷家文書。
(22) 『茨城県史』近世社会経済編Ⅱ、三一二～三頁。
(23) 奥田久『内陸水路の歴史地理学的研究』(前掲)、九二頁。
(24) 難波信雄「近世中期鬼怒川―利根川水系の商品流通」(前掲)、二表。
(25) 川名登『近世日本水運史の研究』(前掲)、二一三頁。なお二二二頁で境河岸が安永の河岸吟味のさい請払い荷物数書上で問屋二人で一年に商人荷物二〇万駄、真木・葉から四〇万駄をあつかっていると書き上げたとしているが、難波の河岸問屋の大福帳の分析からあまりにもかけ離れているし(同前掲論文)、安永三年(一七七四)の吟味で最大で群をぬく永一二貫文の運上を請けた上野倉賀野河岸が年間五万二〇〇〇駄としているところをみると(丹治健蔵『関東河川水運史の研究』前掲、二一頁)、問題がある。
(25) 川名登『近世日本水運史』(前掲二一三頁)。
(26) 『新訂寛政重修諸家譜』二巻、一九一～九二頁。
(28) 植崎九八郎「牋策雑収」(『日本経済大典』二〇巻、六二一頁。
(29) 中井信彦『転換期幕藩制の研究』(前掲)、一一八～二四頁。
(30) 『茨城県史』近世社会経済編Ⅱ、三一二～三頁。霞ヶ浦・北浦一帯の請書が収録されているが、これには巴川関連の河岸はみあたらない。水戸藩は宝永改革以来、那珂湊・涸沼より運河を開削して、紅葉村付近で巴川につなげ、江戸への通船を開くことに領内の経済開発の期待をかけていた。この以前、寛延三年(一七五〇)にも藩政改革の一環として開削が試みられたが失敗した(『水戸市史』中巻二、一〇一～〇二頁)。
(31) 水戸藩の水運事情については、渡辺英夫「利根川舟運における水戸藩の川船」(渡辺信夫編『近世日本の都市と交通』

河出書房新社、一九九二年）参照。

(32)『古河市史』資料近世編（町方・村方）、三四二頁。

(33) 同前、四八四～八九頁。

(34) 同前、五〇八～一〇頁。

(35) 丹治健蔵『関東河川水運史の研究』（前掲）、二四九～五一頁。

追記 調査にあたって土浦市立図書館（調査当時は内田家文書は図書館の所管であり、執筆時には市立博物館に移管されていた）・市立博物館の皆様にお世話になった。記してお礼申し上げる次第である。

第二章　江戸地廻り経済の展開と土浦醤油問屋

はじめに

醤油は一八世紀の初頭では、大坂から江戸へ送られる生活必需品のなかでも、酒・油などとならんで、もっとも重要な産物の一つであった。享保一一年（一七二六）の幕府の調査では、江戸への入津量は一三万二八二九樽で、そのほとんどが、大坂よりの下り荷であったと推定されている。(1) いっぽう文政四年（一八二一）江戸の十組醤油酢問屋行事の書上では、江戸の入津量は一二五万樽で、このうち一二三万樽が関東の地廻り物によって占められていた。(2) 一九世紀前半までに、江戸で急速な醤油市場の拡大がみられたこと、この需要に刺激されて江戸地廻り地域で醤油醸造業が活発に展開し、ついには下り物を江戸市場から駆逐するにいたったことが明らかである。この点で、醤油は江戸地廻り経済の発展を象徴する産物であった。

関東の醤油醸造地としては、銚子・野田が代表的産地として、よく知られているが、常陸土浦は、一八世紀末まではこれらにならぶ有力な産地の一つであった。『新編常陸国誌』によれば、「土浦ニコレヲ製スルモノ多シ、当時江戸府下ニテ多ク用フ（中略）土浦ニテ大黒屋ト云者ノ製スルヲ上品トス、印ニハ亀甲ノ内ニ大ノ字ヲカク、故ニ亀甲大ト称ス、江戸ニテモ上品トセリ（中略）下総ノ銚子佐原ヨリモ出レドモ、土浦ノ亀甲大ニ及ブモノナシ」とあるように、[(3)]その製品は、江戸で高い評価をえていた。関東醤油の製造には、常陸の大豆・小麦がもっとも適しており、銚子・野田でも土浦周辺の農村から原料としてこれらを購入していた。銚子では不作でどうしても手に入らないときのみ、利根川周辺の農村から買い入れるというほど重要視された。[(4)]この点で土浦の醤油醸造業は、原料の集散地として有利な地位にめぐまれていたのである。

銚子のヤマサ醤油文書のなかで、一八世紀中葉の状況をのべた覚書に「往昔は㋚・㊅、其外は格別の事も無之」といわれたように、土浦大国屋の江戸での醤油販売は、ヤマサにならび、別格として位置づけられていた。[(5)]大国屋・国分家は伊勢の射和の町年寄を勤める豪商で、江戸で呉服店を経営していたが、四代目勘兵衛が筑波山へ参詣の帰り、土浦が醤油醸造に適した地であることを知って、出店を開いたといわれる。[(6)]近世後期の農政学者長島尉信の著書『おだまき』[(7)]には、享保一〇年に

土浦にて大国やしやうゆに始、しやうゆ一樽七升五合、入代三百六十文

とある。また大国屋に残る店卸目録帳では、同一一年に江戸で金三分余の「醤油売出シ」の記事があり、[(8)]同一〇年前後に、大国屋の土浦での醤油醸造が開始されたことがわかる。銚子などにくらべると、始業の年代は新しいものであるが、土浦は一八世紀後半には関東有数の醤油醸造地に成長した。その後、他の産地が発展して、その地位が相対的に低下した幕末にいたっても、品質では高い評価を受けつづけたのである。

近世の醸造業については、畿内を中心とする酒造業の研究がはやくからおこなわれていたが、醤油については播磨の竜野醤油や関東の銚子の醤油醸造の研究が開始された程度で、研究の蓄積は十分ではない。[(9)]とくに関東の地廻り醤油が、上方よりの下り醤油を圧倒していく時期に、関東各地に叢生した醤油醸造業の実態についてはほとんど知るところがないといってもよい状態である。本章では、この点をふまえ土浦で大国屋につづく、有力な江戸積み造り醤油

問屋であった伊勢屋の経営を検討する。(10)

土浦では宝暦一一年（一七六一）に醬油の江戸回漕にあたって、船中でこれを抜き取り、脇売りするものがいるという風聞が出たことから、造り醬油仲間が取り締りを議定するにいたったが、これを契機に、明和二年（一七六五）正式に造り醬油問屋仲間が結成され、やがて藩に冥加銀を出すようになった。天明五年（一七八五）に造り醬油屋仲間の仕込高は全体で、一一一五石で、最大が大国屋の二二五石、つぎが色川三郎兵衛・小津屋小右衛門の一七五石、これにつぐのが伊勢屋庄三郎一四〇石で、以下一〇〇石以下五軒がつづいている。この史料は、冥加銀徴収の基準として差し出されたもので、実際とはかなりことなっており、他の産地と比較できるものではないが、醬油屋仲間で伊勢屋が有力な地位にいたことは指摘できよう。(11)

一　伊勢屋の諸商売と造り醬油経営

略系図によれば伊勢屋の初代、庄三郎は常陸龍ヶ崎より、土浦に来住して、延享二年（一七四五）に死んだとある。(12)屋号から伊勢商人の系譜をもつと思われるが、初代の項に「古来旧記焼失、龍ヶ崎住在之伝不知、待後考」とあり、系図の作成された文政期には、もはやその出自などを示す史料は伝わっていなかった。同家文書には、龍ヶ崎町内と思われる町名の記載された享保一〇年（一七二五）六月の永代売り証文が「竜ヶ崎屋敷証文入り五通」と上書きした封書とともに残っており、(13)これが龍ヶ崎在住時代の証拠となっているのみである。いっぽう、同一二年正月二五日の屋敷の永代売り証文には、土浦中城町の町役人が裏書しており、つづく一五年一二月の田地の永代売り証文では、庄三郎の肩書に「本町」とあって、この頃には、伊勢屋庄三郎は土浦に居を構えるようになったらしいことがうかがわれる。土浦藩では、同一〇年新大市を開設し、一二年には桜川の流路を整備して川口新田を作り、これを河岸とした。また同時に、田宿町を開いて商人の来住を積極的に勧める政策をとっていた。大国屋が田宿に屋敷をえて醬油を醸造するのが享保一〇年頃であったように、(14) 伊勢屋庄三郎もこの頃、土浦の活況にひかれて来住したのであろう。

土浦で本町とは東崎町本町のことで、伊勢屋は最初、東崎町に店を開いたようである。当初より相当の資本をもって来住したのか、活発に屋敷地や田地を集積している。経営も順調であったらしく、元文三年(一七三八)正月には、藩主のお目見えを許されている。このさいの差添えは東崎町役人であり、東崎町住居の裏付けとなるであろう。その後、享保一七年の帳簿の後に、元文五年二月一八日に「中条へ本宅引移申候」とあり、この年、中城町に移ったことがわかる。元文期の町絵図では、伊勢屋は中城町の中央にあり、背後には堀割が入って、物資の運送に便利になっていた。(15) 屋敷については

(端裏書)
「中城町」

覚

一高拾四石五升七合	田方
一高壱斗六升七合	屋敷 畑方
一表口八間八寸	
表行三拾六間	居屋敷

但、土蔵四ヶ所

醬油大桶三拾八、其外小桶・中桶諸道具有之

右は伊勢屋庄三郎所持之分、上納金相済不申候内は、無御届私ニ為売申間敷候、為其一札差上申候、以上

宝暦九年
卯十二月

中城町
年寄　八郎兵衛㊞
同　吉右衛門㊞
同　治郎兵衛㊞
名主入江善兵衛㊞

黒川幸左衛門様
丸山良助様
橋本久五郎様

とあり、間口が八間八寸で、中城町では名主の入江善兵衛につぐ規模をもっていたことがわかる。また醬油醸造もこの屋敷でおこなっていたようで、四つの土蔵と三八の仕込桶があり、宝暦期にはすでに相当規模の醬油醸造をおこなっていたことがうかがえる。伊勢屋は初代と宝暦八年（一七五八）に死去した二代目庄三郎により、基礎が固められ、三代目庄三郎勝延の代になると、これをもとに大きく発展した。しかしその後、五代目庄兵衛・六代目庄三郎など当主の早世がつづき、家業は次第に停滞した。化政期以降はそれまで集積した田地経営に力をそそぎ、商売からは手を引いていったが、幕末期でも中城町の有力町人であることには、かわりはなかった。

伊勢屋では年によって表題・内容に差はあるが、歳々附留帳という帳簿を作成しており、これにより経営の一端をうかがうことができる。(16)第一冊の明和五年（一七六八）正月吉日の記載のある帳簿は宝暦一一、二年より天明三年（一七八三）までの各年度の商売ごとの決算額を記録したものである。また第二冊は明和六年よりの店卸帳をまとめたもので、以後明治期まで、同形式の数冊の帳簿が残されている。これらによれば伊勢屋は造り醬油経営のほかに、干鰯・粕、酒、味噌などの販売、船問屋などを経営していた。また藩米の引き受けに深くかかわっており、米穀商としての側面もあった。以下、この点について、簡単に概観しておきたい。

安永二、三年（一七七三、四）に実施された幕府の関東河岸吟味には、伊勢屋庄三郎は中城町の船問屋・船持惣代として、勘定奉行所の取り調べに答えている。[17] 伊勢屋は休業していた東崎町の船問屋の屋敷を借りて営業していた。伊勢屋がいつから河岸問屋を経営していたか不明であるが、享保一七年（一七三二）の帳簿の裏書には、「土浦本町河岸」とあって、関連をうかがわせている。安永期の吟味では、伊勢屋は米雑穀薪材木ともに年間一万四五〇〇駄をあつかったといい、「荷物引請候村々、小田・北条・あくと辺ニて御座候、干鰯類も少々引請申候」と桜川の中流、筑波山の麓の村むらぐらいまでを営業の対象としていた。[18] また安永三年には二万四〇〇〇俵（九六〇〇石）の藩米の江戸廻送を請け負っている。歳々附留帳には、第一冊目に明和三年より安永元年までの船利分の項があるだけで、細部は不明であるが、明和三年に五両余、四年三一両余、五年七両余と利潤を計上した後、損失に転じて安永元年以降は記載が消えている。損失は、最大が明和七年の一六両余で、他の年は三両余～七両余であった。

干鰯・粕の販売については、河岸問屋営業と密接に結びついていた。粕には一部醤油の絞り粕がふくまれるとともに、干鰯・粕の農民への販売・前貸しをつうじて、大豆・小麦などの醬油の製造原料の調達ができる有利さがあった。干鰯・粕いずれについても、年間取扱規模を示す記録はなく、詳細は不明である。附留帳では明和八年の店卸に干鰯一二俵とあるのが最初で、安永二年には、干鰯二俵・一分余、粕三俵・一両二分と粕もあらわれる。その後、同九年のように干鰯が三〇両という年もあるが、だいたいはわずかな金額で推移している。店卸は、正月か二月付けでおこなわれるが、この時期には干鰯・粕の在庫は問題にするほどの量ではなかった。[19] 醬油粕については、醤油の仕込量によるが、明和四年に一〇〇〇俵となり、以後、天明三年まで一〇〇〇俵前後であった。店卸では明和六年に七六二俵と、この年の生産量一〇三四俵の七三％が記録されているが、その評価額は二三両三分余で、これも経営全体の比重からみると小さいものであった。

酒は、明和三年で前売り・小売合わせて六一二駄を販売したのが最初の記録で、以後、増加して七年には一一〇九駄となり、天明三年まで、一〇〇〇駄以上を販売している。しかし利分があったのは、最初の明和三年の三両余だけで、販売規模の順調な拡大にかかわらず、一〇～三〇両程度の欠損を出している。伊勢屋の帳簿では、明和七年度（一七七〇）の販売総額は、翌年二月にとりまとめられるが、同月には、これとともに店卸帳が作成された。そこで同八年の店卸をみると、酒八三駄が元値段五二両余に見積られている。これを基準に、総販売金額を試算すると、六九四両余となる。この年の借入金を含めた店卸総額は一三四八両余であるので、同家の経営に重要な比重を占めていたことは想像できるが、細部については、明らかにできない。

味噌は醬油と同じ原料を使用するので、造り醬油屋では、これを生産するのが普通であった。しかし大量生産でなければ品質が安定しない醬油とはことなって、味噌の場合、各家庭で簡単につくることができるため、近世の農村などでは各家で仕込んでおり、商品として大量に生産・流通することはなかった。伊勢屋でも、天明元年に最大の一三二八貫余を販売した程度にとどまった。また利分も、一両前後の利分と欠損を繰り返しているだけにすぎなかった。

伊勢屋の経営の中心は、醬油醸造と藩米の引き受けにあったが、この点については、表1に店卸帳による正味有金（期末総資産額）、醬油仕込有物金、蔵米金の推移を示した。醬油醸造業については、記録が残っているのは宝暦末年からである。醬油仕込有物金とは在庫の仕込諸味の評価額で店卸帳の冒頭にあげられている。明和五年、四八〇両余を最初として、ほぼ順調に増加して、天明期の八〇〇両台が最盛期となっている。これと並行して期末総資産額も増加するが、これがさらに飛躍するのは、蔵米あつかいが拡大してからである。蔵米あつかいのために、伊勢屋の期末

表1　醤油仕込有物金・蔵物金・正味有金の推移

店卸年度	醤油仕込有物金	蔵物金	正味有金
明和5年度	480両		717両.1.分朱
同 6	600		717. 3
同 7	750		761. 1
同 8	650		784. 1
安永元	300		622. 1
（この間記載なし）			
安永7	580	305両.2分	1143. 1
同 8	600	408. 1	1312. 2
同 9	800	853. 2	1424. 2
天明元	630	416. 2	1810.
同 2	500	1598. 2	2335.
同 3	800	1796. 1	3044. 2
同 4	800	2674. 3	4249. 0. 2
同 5	800	2976. 2	4388.
同 6	800	3367. 2	5524. 3
同 7	580	3913. 2	6502. 1. 2
同 8	700	3952. 3	5956. 2
寛政元	840	3956. 1	5865. 3
同 2	670	3959. 2	5626. 2
同 3	570	4063. 5	5560. 1
同 4	600	470	2600. 3

店卸年度	醤油仕込有物金	蔵物金	正味有金
寛政5	470両	0両.0両	1754両.2分朱
同 6	500	74	1685. 3
同 7	480	174	1672. 2
同 8	540	100大豆	1539. 2
同 9	600	57	1240. 2
同 10	500	143	1015
同 11	607	204	765. 2. 2
同 12	611	246. 2	220
（この間記載なし）			
享和2	552	69. 3	1138. 2. 2
同 3	700	14. 2	1207. 2
文化元	900	14	1212. 3
同 2	700	16. 1	1144. 2
同 3	730	24. 1	974. 3
同 4	601	0	644. 3
（この間記載なし）			
文化10	252	0	90. 2
同 11	265	0	102. 1. 2
（この間記載なし）			
文化13	225	0	147. 1

出典　各年度の歳々附留帳（菅谷家文書）。

総資産額は六〇〇〇両台にまで達するが、やがて蔵米あつかいが行き詰まると、期末総資産額も停滞していった。これと並行して醬油仕込有金も減少し、享和二年（一八〇二）には経営が破綻した。[20]その後、文化期前半には醬油醸造業はふたたび回復の動きをみせたが、後半には衰退していった。文化元年（一八〇四）の帳簿では、伊勢屋の土浦藩への貸し付けの一部だけで三九一三両余にのぼり、これにたいし年間一〇〇俵余の藩米の下げ渡しを受けていた。これ自体利子分にも相当しない額であるが、その支給もとどこおりがちで、藩への貸し付けが大きな負担になったことがうかがえる。

二　宝暦・天明期の醬油醸造

伊勢屋が醬油醸造を開始した年代・事情については不明である。伊勢屋では、銚子今宮村の治右衛門を人主にして元文二年（一七三七）に紀州有田郡広村の宇兵衛を、同六年には銚子の今宮村の市兵衛を雇っており、はやくから銚子となんらかの関係があったことがわかる。紀州の広村は、醬油のもっとも古い産地として知られる湯浅に近く、その出身者である浜口儀兵衛が銚子で醬油醸造をはじめたことがヤマサ醬油のおこりであった。儀兵衛はこれにより広屋の屋号を称している。ほかにも銚子には広村出身の造り醬油問屋が多く、彼らは広村に本店をおき、醸造にあたった。[21]元文期の奉公人が醬油の杜氏であった確証はないが、伊勢屋の醬油醸造が銚子との関係のなかで開始されたことは想像できる。

伊勢屋では、醬油商売については、毎年店卸のさいに仕込帳が作成され、決算がおこなわれたが、現在では、天明三年（一七八三）の仕込帳が一冊残るのみである。しかし歳々附留帳の第一冊目には、宝暦一二・三年（一七六二・三）

より天明三年までの生産樽数と利分が記載され、二冊目以降には仕込有物金が記録されている。また天保九年（一八二六）に伊勢屋の仕込帳を借り出して、みずからの醤油経営の参考とした色川三郎兵衛の『凶作年柄　醤油造家心得之事』[22]には、天明二年より寛政元年（一七八九）までの仕込・生産樽数・総販売金額などの記載があり、これらを合わせると、ある程度、伊勢屋の醤油経営の様相をうかがうことができる。表2にこれを示したが、ここではこれらから、伊勢屋の醤油生産について検討したい。

まず生産樽数からみると、宝暦一二・三年、伊勢屋の醤油出荷量は三六七〇樽であったが、その後順調に増加し、明和七年（一七七〇）には一万六〇四〇樽となった。この年の大国屋の土浦店の江戸本店への醤油出荷量は一万六五二七樽であったから、ほぼこれに匹敵する生産量に達したといえる。しかし伊勢屋には宝暦九年にはすでに醤油仕込用の大桶三八桶があり、後述するように、その生産能力は一万五、六〇〇〇樽程度あった。したがって宝暦・明和期の生産増加は、新たな発展というより宝暦八年（一七五八）の二代目庄三郎の死去と藩の給人米預かりの行き詰まりにともなう混乱からの回復とみるべきかも知れない。

大国屋の場合、宝暦一二年の二万四五二九樽が江戸送りの頂点で、その後、出荷量は一万六〇〇〇樽台に低迷し、かわって、醤油用の明樽商売へ経営の重点が移っていった[23]。伊勢屋では、大国屋の醤油醸造が停滞する明和期に混乱を克服して生産を回復したが、安永期にはやはり低迷している。つづいて天明期になると一万五〇〇〇樽台にまでなった。その後の生産樽数は不明だが、寛政期になると、仕込有物金は五〇〇～六〇〇両台となり文化期前半まで回復しなかったから、生産樽数も増加することはなかったとみてよいであろう。

天明期の「うりならし」（売上金額）は一〇〇〇両台で推移しており、生産が最盛期となった明和後期もほぼ同程度の規模であったことが推定される。いっぽう利分についてみると、明和七年までは、基本的に利益が計上されている

表2　宝暦・天明期の醤油醸造

年　度	仕込高(1)	揚諸味(2)	仕込有物金(3)	樽　数(4)	売りならし(5)	利　分(6)
宝暦 12・13年				3670樽		34両1分，銀 4匁7分
明和　元				6155		28両3分，7匁7
同　2				7247		46両1分，2匁8
同　3				9188		△ 5両，7匁6
同　4				14313		68両，6匁1
同　5				15848		60両，9匁8
同　6			480両	14551		51両1分，10匁5
同　7			600	16040		22両2分，11匁5
同　8			750	13800		△ 59両3分，10匁3
安永　元			650	15700		△131両1分，0匁5
同　2			300			
同　3〜6						
同　7				11486		△ 56両3分，1匁42
同　8			580	13512		△ 69両1分，8匁1
同　9			600	12502.5		△124両，1匁5
天明　元			800	12253		△184両2分，5匁2
同　2	225石	398石	630	8898.5	587両，銀 4匁2分	△139両2分，0匁2
同　3	639	541	500	13846	1049両1分，14匁1	150両，5匁7
同　4	541	572	800	15327.5	1284両	
同　5	659	581	800	15700	1324両，0匁5	
同　6	463	484.8	800	13344	1114両1分，11匁	
同　7	140	374	800	10040	1006両，5匁	
天明　8	588	496	580	12587	1290両3分　4匁5	
寛政　元	520	335	700	7400		

出典　(1)(2)(5)「凶作年柄　醤油造家心得之事」(色川家文書・土浦市立博物館蔵)。
(3)(6)　各年度の歳々附留帳（菅谷家文書）。
(4)　天明元年までは歳々附留帳（同上）、天明2年よりは「凶作年柄醤油造家心得之事」（同上）。なお両史料は天明2、3年分は重複しているが、数価は同じであった。

が、八年より天明二年までは欠損がつづき、年によっては一〇〇両以上の損金となることもめずらしくなかった。しかしみずからの家の記録と比較しながら、天明期の仕込帳を検討した色川三郎兵衛は、伊勢屋はこの時期、穀物商売を営んで巨額の利益をえており、醤油醸造だけを単独に評価できない。とくに伊勢屋の仕込帳は、穀物商として安値のときに仕入れた原料の大豆・小麦も、仕込時の値段で評価しているので、実際以上に原料価格が高く評価される傾向があり、帳簿上損金が出ているにすぎないと指摘している。[24]したがって伊勢屋の醤油商売の収支は、明和末年よりふるわなかったことは事実としても、この数字にあらわれたほどは悪くはなかったと考えられる。また天明三年は大飢饉のため、多くの造り醤油問屋が潰れたといわれるほどであったが、[25]伊勢屋は積極的に仕込をおこない大きな利潤をあげている。

つぎに天明三年の仕込帳によって、伊勢屋の醤油醸造について検討しよう。

伊勢屋では、三年は二月二五日からはじまって、一二月二八日まで大桶二四本に仕込をおこなった。表3にその概要を示した。醤油醸造の場合、酒とことなってとくに季節性はないが、この年は六月が五本と多く、七月が三本となり、八月を休んで、九、一〇月三本、一一月二本、一二月三本と後半に比重がかかっている。全体の仕込石高は六三九石（実数は六四〇石で、帳簿とはことなっているがここではこの数字としておく）であった。

ところで仕込帳の冒頭には、前年よりの仕込の継続状況が要約されている。醤油は、当時は仕込んでから普通で一年半から二年熟成させるので、この年は天明元年（一七八一）の仕込分二五九石、二年の仕込分二二五石、合わせて四八四石が残されていた。同元年の仕込分の仕込桶の番号は3・13・19・20・22～26・36であったが、三年の仕込状況を示した表3では、これらの桶に四月から順次新しい仕込がおこなわれており、36番をのぞいて一〇月までには出荷されたことがわかる。同二年の仕込分二二五石の仕込桶番号は不明で、桶数が一〇本であったことしかわからない

表3　天明3年（1783）の醤油仕込

仕込月日	桶番号	小麦	大豆	赤穂塩	仕込金額
2月.25日	21	14石	14石	50俵	36両,　銀13匁3分3厘
3.　5	28	〃	〃	〃	〃
3.　29	2	13.5	13.5	48	34両3分,　9匁
4.　10	③	〃	〃	〃	〃
5.　29	4	〃	〃	〃	〃
6.　4	5	〃	〃	〃	〃
6.　9	6	〃	〃	〃	〃
6.　17	⑬	〃	〃	〃	〃
6.　21	12	11	11	39	28両1分,　10匁3分3厘
6.　26	㉔	13.5	13.5	50	35両,　10匁
7.　2	㉕	〃	〃	〃	〃
7.　4	㉖	〃	〃	〃	〃
7.　12	15	11	11	39	28両1分,　10匁3分3厘
9.　3	⑳	13.5	13.5	50	35両,　10匁
9.　13	⑲	〃	〃	〃	〃
9.　26	7	〃	〃	〃	〃
10.　6	㉓	〃	〃	〃	〃
10.　16	37	〃	〃	〃	〃
10.　26	㉒	〃	〃	〃	〃
11.　7	8	〃	〃	〃	〃
11.　20	9	〃	〃	〃	〃
12.　8	10	〃	〃	〃	〃
12.　18	11	〃	〃	〃	〃
12.　28	1	〃	〃	〃	〃
小計		320	320	1166	831両,　1匁3分2厘

注　○は天明元年（1781）分の諸味が仕込まれていた桶。
出典　天明3年「仕込帳」（菅谷家文書）。

が、表3で使用された桶番号以外とみると14・16〜18・27・29〜35・38番の一四桶のうち一〇桶がこれに相当する。仕込桶は宝暦九年（一七八九）で二八桶あり、この時期もほぼ同数であったと思われるから、天明二年分をのぞけば残りは四桶であった。表2によれば、同三年につづいて、四年の仕込高は五四一石、五年は六五九石で、一万五〇〇〇樽台の醬油を生産しているが、この時期の伊勢屋はほぼ完全操業状態で、これ以上の生産拡大には新たな設備投資を必要とする状況であったとみられる。

仕込については寛政二年（一七九〇）の仕込法を表4にあげた。等級は大極上・大極中上・上㊎印にわけられている。関東の濃口醬油は大豆・小麦を同量として、塩と水で仕込んだ。大豆五斗、小麦五斗に塩五斗・水一石の仕込が極上品で、以下順次塩と水を増やしていった。[26] 伊勢屋の大極上は大豆五斗、小麦五斗にたいして水一石五升であった。しかし大極中上・上㊎印では一石一斗五升となり、やや水が多くなった。塩の量ははっきりわからないが、表3にある塩の俵を一俵五斗入りとして計算すると、[27] 大豆・小麦五斗にたいし、八斗八、九升を使用したとみられる。塩や水が一定量より多くなれば当然、質の低下はまぬがれない。大極中上では酒水・味醂が、上㊎印ではあめが、それぞれ添加されているのは、これを補うものであった。文化四年（一八〇七）の記録では、伊勢屋の生産した最高級の銘柄の醬油にもあめが添加されるようになった。この外に、天明四年には小麦が高騰したため、小麦に米を加えて醸造しており、製造経費をおさえる努力がはらわれている。

このようにして仕込んだ諸味は、前年までの分と合わせると、一一二三石となった。同三年にはこのうち、五四一石を揚げて醬油とし、残り五八二石、二三本の諸味は四年の勘定に廻された。五四一石の諸味から、醬油は一万三八四六樽が生産されたが、その種類は、表5のように、一五種類にのぼった。製品は四等級にわけられていたが、生産の中心となったのは、このうち、下の二等級で両者を合わせると出荷樽数・販売金額ともに約八〇％程度を占めた。

表4　寛政期の仕込法

名　柄	小麦	大豆	水	外
大極上	5斗	5斗	1.石05	
大極中上	〃	〃	1.　15	酒水6升4合　大桶1本　味醂1樽
上金印	〃	〃	1.　15	あめ3升3合3勺

出典　寛政2年正月「歳々附留帳」(菅谷家文書)。

表5　天明3年（1783）の醤油の出荷

名柄	出荷樽数(a)	値段(一両あたりの樽数)	金　額(b)	a%	b%
⬡ 天一	665樽	10樽	66両2分,	4.8%	6.4%
今泉	341	12	28両1分, 10匁	2.5	2.7
無印 八合 兼一	1601	12.5	128両,　4匁8分	11.6	12.2
◇ (玉) (万) 𠆢奇 [哥] 𠆢正	8960	13.5	663両2分, 12匁	64.7	63.2
𠆢正 𠆢田 𠆢キ	2279	14	162両3朱, 12匁1分	16.4	15.5
小計	13846	13.2	※1049両1分, 14匁1分	100	100

注　原史料の数価，各項目を実際に合計すると1048両1分3朱　銀28匁9分となる。
出典　天明3年「仕込帳」(菅谷家文書)。

製法・品質との比較では、表4でいう上金印が最大の出荷樽数となった三等級目にふくまれている。大国屋の場合、宝暦期に上印、いわゆる亀甲大の出荷樽数の比重が四〇％台まで低下し、次醤油の分印・その他がこれを上回った。この時期の大国屋の江戸出荷の拡大はこうした次醤油の出荷増大にささえられていたのである。しかし明和・安永期になると、大国屋では亀甲大の生産に比重を移し、安永九年（一七八〇）には出荷樽数の九二％までをこれで占めるようになった。明和・安永期には総出荷樽数は、宝暦期にくらべて低迷しているが、亀甲大の出荷樽数は絶対数の上でも、増加をつづけている。大国屋はこの時期、総出荷樽数を増やすという方向から、江戸で声望の高い亀甲大の生産に主力をおく、品質重視へ経営を転換していたとみられる。(28) これにたいし伊勢屋はむしろ庶民向けの製品に主力をおいていたのである。

最後に、収支決算についてみよう。天明三年の仕込のうち、大豆・小麦・塩の金額総計は八三一両と銀一匁三分二厘であった。これに前年からの仕込金額五〇〇両（原料費の外に、繰越の諸掛かり六六両余がふくまれている）を合わせると、一三三一両と銀一匁三分となる。このうち、この年中に揚げられて販売されたのは、五四一石分、五八〇両の諸味で、残りの五八二石分、七五一両と銀一匁三分は同四年の決算へ繰り越しとなっている。

いっぽう、この年の原料費以外の諸経費は、四〇五両二分と銀三匁九分であった。諸経費のうち、最大の比重を占めるのは、醤油樽の代金で、結立樽四四七一、本樽二四九六、帰り樽七九九五樽の合計一万四九六二樽で、二〇六両三分余となった。これにつづくのが、人件費で、給金三二両と飯米入用五〇両の合計八二両で、さらに生醤油を火入れするさいの薪代三〇両一分余などが大きな出費である。

この年の揚げ諸味の金額と諸経費を合計すると九八五両二分と銀三匁九分となり、ここからさらに翌年度繰越の諸掛かり四八両三分と銀一三匁五分を引いて、総支出を九三六両二分と銀五匁四分と算出している。これにたいし醤油仕切り金額合計一〇四九両一分と銀一四匁一分と、醬油粕代金三七両と銀一二匁とが収入となり、合計すると一〇八六両二分銀九匁一分が総収入ということになる。そこで総収入から総支出を差し引けば、一五〇両銀五匁七分の利分が算出されるが、このうち、六五両を仕込金の利足支払いにあてているので、実際には八五両余が純益となった。

仕込金の利足を仮に幕府の公定の年利一五％として、借用金額を算出すると四三三両余となり、伊勢屋は醬油生産費の四六％を借金でまかなっていたことになる。天明三年の伊勢屋の惣有金（総資産）は三八三六両余で、このうち、預かり（借入金）は一五〇一両余にのぼっていた。惣有金の三九％が預り金で、醬油仕込資金もここから出されたのである。天保期に醬油問屋を経営した色川三郎兵衛は、穀物商売との関連から伊勢屋の造り醬油経営の有利性に着目しているが、資本の側面からみるとかならずしも、そうとばかりもいえないようである。多額の借入金を投入しての生産拡大は、同三年のように、利子を支払った後も、投下資本にたいし九％という利益率が確保できるときはともかく、わずかな市場の変動でたちまち危険に陥りやすかったと思われる。色川三郎兵衛の評価した天明期の伊勢屋の積極経営は、こうした弱点を含み込んでおり、これが寛政期の停滞になってあらわれたのではなかろうか。

三　江戸積み醬油の販売

伊勢屋の歳々附留帳の店卸では、醬油については土浦店と江戸問屋への預かり分とにわけて期末の決算をおこなっている。その一例として、明和六年（一七六九）一月二七日の店卸のうち、江戸問屋預かり分について示すと、つぎのようである。

両ニ拾弐樽八かへ

一金五拾八両弐分ト
五匁
一金百弐拾七両壱分ト
八匁
一金百拾五両弐分ト
拾弐匁
一金三拾壱両壱分ト
九匁
四口
〆金三百三拾三両ト
四匁
是ハ江戸問屋衆中ニ預り置キ申候分也
内金百四拾三両也引
此分内金請取又ハ樽代預り有之候引申候也
四口差引

醤油有物、⌃谷印之類
七百五拾樽
両ニ拾三たる八かへ
同◇㊤㊎之印類
千七百五十八
両ニ拾五たる八かへ
同ト・大一⌃田正・之類
千八百廿八
両ニ拾たるかへ
同上⌃正印
三百拾四樽

残金百九拾両ト
　　四匁

この店卸は明和六年二月であるので、実際には、その前年である明和五年度中の取り引きの結果を示している。ここでは判明するだけで九種類の醬油を価格によって四等級にわけて集計している。その総額は醬油四六四二樽で金三三三両余となった。このうちから、内金を受け取った分と醬油を詰める空樽を購入した金額を差し引いて、残金一九〇両余が、江戸問屋衆への貸金として店卸に計上されているのである。

いっぽう土浦店の分は、この年は一四八四樽で、金額にすると一〇三両一分ト銀一匁であった。これは江戸積みのために、準備してある醬油で、土浦周辺での販売のためのものではなかった。店卸には、ときに土浦売りが土浦蔵物と区別されて記載されているが、その金額は最後まで数両分にすぎなかった。銚子のヤマサ醬油の場合、銚子近在のほか鹿島・川通り・利根川上流への地売りが一定数みられており、やがて江戸市場が停滞すると、これが経営の大きなささえとなった(29)。伊勢屋の場合、すくなくとも史料の残されている明和〜文化期では、土浦周辺への地売りはほとんどみられず、一貫して江戸積み醬油商売を基本としていたようである。土浦周辺にとくに有利な市場、たとえば在郷町などが発展しなかったことや、宝暦・天明期の農村荒廃のなかで、在村の需要が停滞していたことなども原因の一つであろう。

明和五年度の伊勢屋の醬油の生産樽数は一万五八四八樽で、店卸量は江戸問屋預かり分・土浦店分合わせて六一二六樽であるから、全体の三九％程度が店卸で把握できることになる。江戸の醬油荷受け問屋は、各地の造り醬油屋から送られた醬油を販売するが、仕切りは三・七・九・一二月の四度おこなったという。また三・九月には内金を渡し、口銭を八分とる習慣であった(30)。したがって、店卸にあらわれるのは一二月仕切りの前後分か、年度の後半期分ではなかったかと思われる。

伊勢屋がどのような江戸の荷受け醤油問屋と取り引きがあったか知る史料は少ないが、文化元年（一八〇四）の店卸にだけは、具体的に問屋別の取り引き量が記載されているので、これを表6に示した。この店卸の総計は七九五九樽、六二八両余となっており、最高の店卸量となっている。これに近いのは、天明六年（一七八六）二月の店卸で七三七四樽で、普通には多くとも四〇〇〇樽前後であった。取り引き問屋は九軒で文化期の江戸醤油酢問屋仲間に名前の確認できるものであった。取り引き量のもっとも多かったのは、大和屋三郎右衛門で二〇六一樽、つづいて田中屋伊助が一七六九樽で、両者で全体の四八％を占めた。田中屋は江戸の本両替町に店を構える商人で、伊勢屋は田中屋から同元年の店卸で五七六両余を借りたのをはじめとして、六年の店卸では最高の一一〇〇両を借りている。店卸ではこれは全額藩に上納したもので、伊勢屋の借りではないとしているが、醤油販売をつうじて両者に深い関係があったことをうかがわせている。この借りは天明末年に一度清算されるが、その後も一〇〇〜二〇〇両程度の借用はつづいていた。

他は一〇〇〇樽以下であるが、中条屋瀬兵衛・大国屋勘兵衛・千代倉屋次郎兵衛などには借り勘定となっている。中条屋は樽代、千代倉屋には塩代を借りている。大国屋は不明であるが、同店も明樽問屋を営み土浦の支店や他の醤油問屋に明樽を大量に販売していることから、樽代の未済分ともみられるが、大国屋とは土浦醤油仲間の関係なので、これ以外にも資本関係があったことも考えられる。塩や明樽は醤油の帰り荷として生産地に運ばれたが、江戸の荷受け醤油問屋が醸造元を把握して、安定的な商品の確保をはかるには有利な商品であったので、これを兼業するものが多かったのである。[31] 代金は醤油で決済されるが、中条屋以下三店に送られた醤油は二二六一樽で、全体の二八％におよび、無視できない量であった。しかし醤油値段では、㊎印については大国屋・千代倉屋などには、高値で販売して

⬡※	内金・借金・代金	貸し	借り
樽数　金額			
359樽 26両,12匁25 (1両＝13.8樽)	110両	49両, 14匁64	
	25両	3両2分, 8匁7	
	53両, 17匁89 (樽代借り)		3分
	214両3分, 8匁63 (借り)		147両 ,6匁96
	35両	14両, 3匁33	
	105両	32両, 4匁28	
	29両	3両3分	
	24両	12両2分,12匁21	
	68両1分, 5匁81 (塩代借り)		15両 ,9匁77
359 26両,12匁25			

おり、関係は一様ではなかったようである。

江戸の荷受け醤油問屋との関係は以上のようなものであるが、つぎに表7によって、店卸にあらわれた江戸出荷状況についてみてみよう。

まず店卸段階での江戸出荷の総樽数から検討すると、寛政期までは年により差はあるが、三、四〇〇〇樽前後のことが多かった。しかし寛政期になると二〇〇〇樽前後となった。寛政末から文化初年には一時回復するが、これは享和二年（一八〇二）の経営破綻をはさんでの数年間のことで、しかも文化二年からは借り勘定で預かり分の書き上げもしなくなり、一一年からは江戸売分なしとなっている。同期の出荷の拡大は、経営不振を挽回するための努力の結果ではあるものの、成果をみずに終わったのである。伊勢屋の醤油商売は天明期頃までが、最盛期であったとみることが

表6　文化元年（1804）正月，江戸問屋との仕切り状況

略称（屋号・名前）	企			
	樽数	金額	樽数	金額
大　三（大和屋三郎右衛門）	1413樽	100両3分, 10匁71 (1両＝14樽)	289樽	32両, 6匁67 (1両＝9樽)
茗　善（茗荷屋善五郎）	292	20両3分, 6匁43 （　〃　）	70	7両3分, 2匁26 （　〃　）
中　条（中条屋瀬兵衛）	551	39両1分, 6匁43 （　〃　）	147	16両1分, 5匁 （　〃　）
国　分（大国屋勘兵衛）	621	46両 （13.5樽）	196	21両3分, 1匁67 （　〃　）
板　与（板屋与兵衛）	497	35両2分 （14樽）	122	13両2分, 3匁33 （　〃　）
田中屋（田中屋伊助）	1499	107両, 4匁28 （　〃　）	270	30両 （　〃　）
坂　辺（坂部屋半左衛門）	359	25両2分, 8匁57 （　〃　）	65	7両, 13匁32 （9.3樽）
内　田（内田屋清右衛門）	398	29両1分, 12匁88 （13.6樽）	65	7両, 13匁33 （9.3樽）
千代倉（千代倉屋次郎兵衛）	701	58両, 11匁1 （12.1樽）	45	5両 （9樽）
小　計	6331	461両, 60匁4	1269	140両1分, 45匁58

注　※＝商標不明。　　出典　享和3年正月「歳々店卸帳」（菅谷家文書）。

できよう。

こうした点は、醤油の種類についても認めることができる。伊勢屋では、寛政期まで主として下級品の醤油を中心に、多くの種類の醤油を出荷していた。しかし寛政期になると出荷は高級品に移り、最後には二種類になっている。天明期までは、醤油価格は安値をつづけていたが、天明三年の飢饉を契機に、価格は上昇に転じ、寛政元年（一七八九）までこの基調がつづいた。この間、伊勢屋では下級品を中心とした積極的な仕込の拡大をおこない利益をあげたと思われる。とくに安値の時期に一両に一六、七樽まで値下がりした中心的商品が、天明期には一二樽まで値上がりしたので、利益は大きかったであろう。いっぽう寛政期には醤油値段はなお高値を維持しているが、これは出荷する商品構成が変化したことが大きく、利益に直接結びつくもので

※単位＝樽，（　）内は一両あたりの樽数。

|•・大一・〇 ∧田・∧正・正• 丸印・∧キ	巨・∧之・◇正 ∧亀・㋠	その他	合　計	大国屋の醤油 平 均 値 段
1828（15.8）			4642（13.9）	1両ニ 9.3樽
877（16）			3306（14.1）	9.2
1690（16.5）			4452（14.9）	9.5
	1163（17）		3653（15.0）	10.3
	610（16）		4057（14.5）	9.5
1094（17）			4007（15.9）	
883（17）	189（14.5）		5077（15.8）	
1607（17）	100（14.5）		4267（16.2）	8.3
513（17）	123（14.5）		3860（15.4）	
342（16.5）			2440（14.5）	
742（14.3）			2791（12.9）	
1942（12）			4515（11.9）	
3409（12.5）			7374（11.9）	
1477（12.5）			4685（11.8）	
1009（ 9.5）			3173（ 9）	
954（ 9.7）			4758（ 9.5）	
774（14）			2286（12.9）	
257（15.5）			1983（13.5）	
			1474（11）	
			3031（11）	
			3288（15.4）	
			2139（10.1）	
			2842（10.1）	
481（11）			1933（10.7）	
			4843（11.7）	
			933（12.6）	
		237（11.2）	4255（12.5）	
			4963（12.7）	
		222（15.5）	4378（14）	
		1628（ 9.8）	7959（12.7）	

立過程」（『流通経済大学創立二十周年記念論文集』1985年）5表より作成。

表7　店卸による江戸積み醤油の樽数・値段

年　度	店　卸 年月日	[illegible]・天一	上　　金	谷印・無一 兼一・亼キ	◇・(万)・(玉)・亼可 亼手・ヌ|
明和 5	明和 6.2.27		314 (10)	750 (12.8)	1750 (13.8)
6	7.2.17		110 (10)	581 (13)	1738 (14)
7	8.2. 7		85 (10)	808 (13.5)	1869 (14.5)
8	安永元.2.17		247 (11.5)	734 (14)	1509 (15)
安永元	2.2.22		74 (11)	773 (13.5)	2600 (14.5)
安永 7	安永 8.2.13	343 (10.5)		534 (15.7)	2036 (16.7)
8	9.1.28	401 (10.5)		730 (15.7)	2874 (16.7)
9	天明元.1.28	300 (10.5)		670 (15.7)	1590 (16.7)
天明元	2.1.28	533 (10.7)		476 (15.7)	2215 (16.7)
2	3.1.27	487 (10.7)		378 (15)	1233 (16)
3	4.1.24	363 (9)		311 (12.5)	1375 (13.5)
4	5.1.21	223 (8.5)		407 (11)	1943 (12)
5	6.2. 4	322 (8)		379 (11)	3264 (12)
6	7.1.22	186 (8)		422 (11)	2600 (12)
7	8.1.22	105 (8)			2059 (8.8)
8	寛政元.1.22	283 (9.2)			3521 (9.5)
寛政元	2.1.23	40 (8)		277 (12)	1195 (13.5)
2	3.1.28	346 (10)		595 (14)	785 (15)
3	4.1.26	473 (10)	634 (11)	100 (13)	267 (14)
4	5.1.23	1111 (10)	1788 (11.5)	132 (13.2)	
5	6.1.23	257 (10.8)	2774 (11)	257 (12)	
6	7.1.26		1839 (10)	300 (11)	
7	8.1.23		2170 (10)	672 (10.5)	
8	9.2. 4		1452 (10.7)		
9	10.1.23		4843 (12.7)		
10	11.1.23		933 (12.7)		
11	12.3. 2		4018 (13)		
12	享和元.1.29		4963 (12.7)		
享和 2	享和 3.1.28		4156 (13.9)		
享和 3	文化元.1.28		6331 (13.7)		

出典　各年度の「歳々附留帳」(菅谷家文書)。大国屋については林玲子「江戸醤油問屋の成

はなかった。この時期、伊勢屋では一両に一〇～一一樽という、従来の商品より高価なものに出荷の主力を移しており、これが醬油値段の平均価を高値にしている原因で、天明期とは簡単に比較することができない。しかも寛政期後半には、これについても次第に値下がりする傾向がみえ、順調ではなかったことがうかがえるのである。

伊勢屋の醬油価格について、他の造り醬油問屋と比較してどの程度の水準であったか確認するために、わかる限り、大国屋の平均値段を算出しておいた。これと比較すると、明和六年では大国屋では一両に九・二樽であったが、伊勢屋では一両に一三・九樽で、大国屋の醬油値段にくらべて相当に安値であったことがわかる。平均値段だけでなく、商品別にみてもこの年の伊勢屋の最高級品である上⾦印が一両に一〇樽とややこれに近かっただけで、大国屋の価格には大きく差をつけられている。この傾向は、両者が比較できる全時期についていえることであった。大国屋はこの年には、上醬油である亀甲大の出荷が全体の六五％を占め、これが平均値段を押し上げているとみられることや、江戸の荷受け問屋が土浦の支店で醬油を生産しているのが、大国屋の当時の実態であるため、仕切りが一般の造り醬油問屋にたいするより、有利になっていると思われるが、それにしても、伊勢屋の醬油が大国屋に比較して格段に下級品であったことは否定できないであろう。伊勢屋の醬油について、等級の評価はあくまで、同家内部での順位であって、江戸で評価の確立していた造り醬油問屋の製品とくらべると、全体に品質が劣るとの評価はまぬがれなかったのである。この意味では、伊勢屋は宝暦・天明期に江戸周辺の各地に成立した庶民向けの廉価な醬油を生産する江戸積み造り醬油問屋の一つということができよう。

おわりに

常陸土浦は、一八世紀末までは銚子・野田につづく、関東の有力な醬油生産地であった。土浦の醬油醸造は、享保一〇年（一七二五）江戸の問屋大国屋が出店を設けて醸造を開始したことにはじまるが、その主力商品である亀甲大が江戸で高く評価され、大国屋はヤマサ醬油とならんで江戸積み造り醬油問屋の代表とされるようになった。

こうした大国屋の成功に刺激されて、土浦ではその後、醬油醸造に進出するものが増加した。宝暦一一年（一七六一）に醬油の江戸積みにあたって、船中でこれを抜き取り、水を入れて不良品を問屋へ渡すものがあるという風聞が出たことから、仲間が取り締りを議定するにいたったが、これを契機に、明和二年（一七六五）正式に造り醬油問屋仲間が結成され、やがて仲間は藩に冥加銀を出すようになった。

土浦の造り醬油屋仲間で四位の仕込高であった伊勢屋は、享保後期に土浦に来住した商人で、宝暦期には有力な造り醬油問屋となっていた。同家はこのほかに、河岸問屋、干鰯・粕商売、藩と結びついた穀物商売を手広くおこなっており、醬油醸造のための原料確保などに有利に働いたが、藩財政の窮乏とともに、かえって同家の経営を圧迫し破綻の原因ともなった。

伊勢屋の醬油醸造は残された史料からでは、大きく三段階にわけることができる。第一段階は宝暦・安永期で生産樽数は順調に増加して、明和七年には一万六〇四〇樽となり大国屋の江戸出荷樽数に匹敵するようになった。ただし伊勢屋の仕込桶など生産設備は宝暦九年で、一万五、六〇〇〇樽を生産できる能力があり、この間の増加は、八年の二代目当主の死去とこれにともなう藩の給人米預かりの清算問題の混乱からの立ち直りとみるべきと思われる。宝暦・安永期では、醬油生産は順調に増加したが、その価格は低落気味で、決算ではことに安永期は欠損がつづいた。第二段階の天明期になると飢饉や原料の高騰にもかかわらず、天保期になって有力な醬油問屋の色川三郎兵衛が注目して仕込帳を研究するほど、積極的な仕込をおこなった。飢饉のため多くの造り醬油問屋が倒産したといわれる天明三年（一七八三）でも、伊勢屋は一五〇両余の利益をあげていた。伊勢屋の醸造した醬油は、大国屋とはことなってすべての銘柄にわたって安値の商品で、大国屋が明和・安永期には評価の高い亀甲大に生産の主力を移していったのとは対照的に安価な庶民向け生産が中心であった。この点で、この時期江戸の周辺に成立した新興の醬油醸造地の問屋と同様な生産をおこなっていたといえる。いっぽう天明期の生産拡大の状況を資本関係からみると、天明三年の仕込帳では、収益一五〇両余のうち、六五両を醬油仕込のための借金の利息支払いにあてており、仕込資金の相当部分が借入金にたよっていたことがわかる。天明期のように飢饉や災害のために原料価格が高騰して、醬油生産が減少し、江戸の醬油価格が高値を維持しているときは、伊勢屋のように原料生産地に近く、藩権力と結んで有利に原料を確保できるものは、多額の資金を借用しても生産を拡大すれば利潤をあげることができた。しかし原料価格がある程度落ち着き、各地の江戸積み醬油の生産が回復してくれば、こうした有利性は失われてくる。第三段階の寛政・文化期はそうした時期であった。寛政期には伊勢屋はより高級な醬油の醸造に生産の主力を移すが、その醬油の値段も低落気味で、有利に作用したとは思えない。こうしたなかで、享和二年（一八〇二）には前年に三代目当主が死去したことから、経営が破綻する危機に陥ってしまう。伊勢屋は資産を整理して翌年から、醬油の仕込を開始し、文化二年（一八〇五）には九〇〇両という仕込高を記録したものの、江戸問屋との仕切は借り方に転じ、一一年には、江戸売りはなくなり、造り醬油問屋から手を引いていかざるをえなかったのである。銚子のヤマサ醬油などは、造り醬油問屋が乱立し経営が圧迫されたこの時期に、品質を維持するいっぽう、地売りで一定の販売を確保してしのぎ、化政期にふたたび飛躍の機会をえたが、伊勢屋の場合、江戸市場での製品の評価は高いものではなく、また周辺農村が荒廃するなかで、有望な地売りの市場をみいだすことがむずかしかったことが、行き詰まりを打開することをいっそう困難にしたのであった。

以上、土浦醤油問屋伊勢屋の経営を検討してきた。これによって宝暦・天明期に江戸の周辺で展開した群小造り醤油問屋の経営とその限界がある程度、明らかになったと思われる。醤油醸造は、資金の回転が遅く、設備投資額も大きいため、大地主や本店を伊勢・紀州などに構える有力な商人でなければ安定した経営はむずかしかったといわれる。伊勢屋は享保期新来の商人ということもあり、とりたてて大きな地主ということもなく、伊勢や江戸に資本関連のある本家などがあったようすも認められない。これを補っているのは、藩との関係で、伊勢屋は御用達として藩への融資や蔵米などの販売をおこなっていた。しかしこうした藩との深い関係は、大豆・小麦などの原料の確保に有利な条件となったが、寛政二年（一七九〇）藩の大坂周辺の領地が奥州に移され、実収が大きく減少したことなどによる、藩財政の窮乏のもとでは、かえって経営を悪化させる原因となった[32]。したがって伊勢屋の造り醤油問屋経営をそれ単独で評価するだけでなく、藩との関係のなかで検討する必要があるのであるが、この点は今後の課題としたい。

注

（1） 大石慎三郎『日本近世社会の市場構造』（岩波書店、一九七五年）第三章近世中期における大坂市場と江戸市場、第5表。

（2） 篠田寿夫「銚子造醤油仲間の研究」（『地方史研究』一二九号、一九七四年、後に改稿した上で、林玲子編『醤油醸造業史の研究』吉川弘文館、一九九〇年、第二章に所収）。

（3） 『新編常陸国誌』（宮崎報恩会版、崙書房、一九七六年）六八九頁。

（4） 荒居英次「銚子・野田の醤油醸造」（地方史研究協議会編『日本産業史大系』4東京大学出版会、一九五九年）。なお井奥成彦「醤油原料の仕入先及び取引方法の変遷」（林玲子編『醤油醸造史の研究』前掲、第三章）は常陸霞ヶ浦周辺の大豆・小麦の優位を確認した上で、幕末期の一時期に、利根川周辺の川通りの大豆・小麦が使用されたことを明らかにし、たんに不作による入手難からではなく、川通り経済の発展や経営上の理由から、同地の原料使用があったことを指摘している。

(5)　篠田寿夫「銚子造醤油仲間の研究」(前掲)。
(6)　林玲子「江戸醤油問屋の成立過程」(『流通経済大学創立二十周年記念論文集』、一九八五年)。
(7)　『筑波町史　史料集』第三篇、一〇四頁。
(8)　林玲子「江戸醤油問屋の成立過程」(前掲)。
(9)　こうした観点から、地方群小醤油問屋の研究をおこなった成果として、鈴木ゆり子「幕末期江戸近郊農村における醤油醸造」(横浜近世史研究会編『幕末の農民群像』、一九八八年)がある。
(10)　土浦の醤油醸造業については、林玲子「江戸醤油問屋の成立過程」(前掲)が大国屋、中井信彦『色川三中の研究』伝記編(塙書房、一九八八年)第七章「醤油醸造販売業の経営」が色川三郎兵衛家の経営について、それぞれふれているが、前者は江戸の本店の仕切り記録で土浦店の経営の細部が明らかにならないし、後者は天保期以降の分析で、しかも経営帳簿を欠いている状態で、現在では、伊勢屋の史料が土浦造り醤油問屋の唯一の経営史料となっている。
(11)　『土浦市史編集資料』第四篇、二〇～二三頁。
(12)　伊勢屋・菅谷家文書(市立博物館所管)。以下、とくに注記しない文書は、菅谷家文書によった。
(13)　市村高男「戦国時代の龍ヶ崎城下町」(『龍ヶ崎市史研究』一号、一九八六年)
(14)　大国屋は田宿町に工場を開いたといわれる。しかし醤油醸造開始の記事と田宿町の開設の年代が前後しており検討の余地があるが、今後の課題としておく。
(15)　『土浦市史別巻　土浦市歴史地図』九七頁。
(16)　年によって表題はことなっているが、ここでは一括して、歳々附留帳と称しておく。
(17)　河岸吟味については、前章「明和・安永期の関東河岸吟味と土浦」参照。
(18)　内田家文書(市立博物館所管)
(19)　岩崎宏之「近世後期における地方都市商人の動向」(西山松之助古希記念会編『江戸の民衆と社会』吉川弘文館、一九八五年所収）によれば、天明・寛政期に年間五〇〇両余の干鰯・粕をあつかった大国屋徳兵衛店の店卸でも、期末在庫は一〇～二〇両ほどが普通であり、期末の店卸量は大きくならない商品であった。

(20) 店卸では、天明七年（一七八七）より、それまで蔵米あつかいとして清算されていた藩への貸し付け三三六七両余が「御屋敷御口入筋並ニ手前之御用立差上候分之控」として別枠となり、寛政三年（一七九一）よりは返済の目処のないものとして店卸にはあらわれなくなった。こうしたなかで、享和元年（一八〇一）に三代目庄三郎が幼少の後継者を残したまま死去したことから、経営が破綻状態に陥ったのである。

(21) 林玲子「銚子醬油醸造業の開始と展開」（同編『醬油醸造業史の研究』前掲）。

(22) 色川家文書（市立博物館所管）。

(23) 林玲子「江戸醬油問屋の成立過程」（前掲）。

(24) 色川家文書（市立博物館所管）。

(25) 荒居英次「銚子・野田の醬油醸造」（前掲）。

(26) 荒居英次「醬油」（『体系日本史叢書』産業史Ⅱ、山川出版社、一九六五年）、油井宏子「醬油」（『講座・日本技術の社会史』第一巻、日本評論社、一九八三年所収）。

(27) 渡辺則文「赤穂塩田」（『国史大辞典』一巻、一九七九年）一一〇～一一一頁。

(28) 林玲子「江戸醬油問屋の成立過程」（前掲）。

(29) 篠田寿夫「銚子造醬油仲間の研究」（前掲）。

(30) 荒居英次「銚子・野田の醬油醸造」（前掲）。

(31) 林玲子「江戸醬油問屋の成立過程」（前掲）。

(32) 平田輝明「『上方・関東・奥羽両州御領分御取箇留』の分析」（立正大学古文書研究会編『近世史研究』五・六合併号、一九七五年）。

追記　菅谷家文書の調査にあたっては、菅谷家および市立博物館のかたがた、とくに木塚久仁子氏（当時）にお世話になった。また同家の系譜については、史料整理を担当した池上和子氏に御教示をえた部分がある。記してお礼を申し上げる次第である。

付論　執筆した時期の関係上（一九九二年執筆、出版一九九四年）、鈴木ゆり子「関東における醬油醸造業の展開」（高村直助他編『商人と流通』山川出版社、一九九二年）などは参照できなかった。その後、林玲子他編『東と西の醬油史』（吉川弘文館、一九九九年）が各地の醬油業について検討している。同書には、文献目録と簡潔な研究史の整理があり参考となる。これによっても一八世紀中葉の関東の醬油業については、十分な実証研究がないことがわかる。

第三章　天保期における一城下町の動向

――土浦東崎町持合金一件をめぐって――

はじめに

茨城県土浦市の市立図書館には、幕末期より明治初年にかけて東崎町の町役人を勤めた内田家に残された古文書が収蔵保管されている。(1)そのなかには『天保八酉年中稀成凶作ニて持合金一件願中日記』と題する町方騒動の貴重な日記がふくまれていた。それは当時の内田家の当主で、騒動の発頭人でもあった佐左衛門が、天保八年（一八三七）五月一〇日の騒動開始から八月二八日の終了まで、ほとんど毎日、訴訟側の行動を記録したものである。その分量は四〇〇字詰原稿用紙に筆写して二八〇枚にもおよび町方騒動の闘争記録としては類例のないものである。

本稿はこの日記によりつつ天保期における一城下町の動向を紹介しようとするものである。

一九七〇年、歴史学研究会近世部会が「幕藩国家論をめざして」を大会テーマに都市の構造と役割、幕末における都市人民の闘争の意義を問題として以来、幕藩制都市における階級闘争の分析は急速に進展をみせてきた。(2)ことに近年では羽仁・服部論争以来の闘争主体確定論的発想からぬけで、闘争主体の形成やその存在形態をめぐって幕藩制都市の共同体的諸機能の分析が深化されつつある。(3)こうしたなかで都市人民の闘争の多様な形態を明らかにする必要がますます増加しつつあると思われる。さしあたって打ちこわしを中心とした都市貧民＝「平民」的反対派の闘争の分析にたいし、幕藩制的都市共同体の本来的構成員である地主・家持層＝「市民」的反対派の闘争の検討がいちじるしく遅れていることは否定できない事実として指摘することができよう。(4) 本章はこうした空白をすこしでもうずめようとする試みの一つである。

一　土浦町と天保期の諸情勢

まず、近世後期の土浦町と天保期における土浦藩の諸情勢について簡単にふれておきたい。

土浦町は霞ヶ浦にそそぐ桜川の川口に開かれた城下町である。貞享五年（一八六八）、土屋直政の入封以来、同氏の支配下に土浦藩九万五〇〇〇石（内関東領分六万六〇〇〇石余）の城下として維新におよんだ。(5) 明治一九年（一八八六）の職業別戸数は農三一〇戸、商八六八戸、農商兼四五〇戸、工二五〇戸、医一三戸、漁業一一一戸、その他、であった。(6) 人口は八二八四名でこのうち平民は六一六六名である。農業従事者が依然として多いが、町内の税収からみれば地租の占める割合は全体の九・五％にすぎず、営業税の二八・二％にはるかにおよばない。また、荷車二五九、人力車一一一、艘二三〇、漁舟七〇、小廻船五〇などの交通運輸手段をもっており、主穀生産地帯を背後にひかえ、東京・銚子方面への米・大豆・槙炭・材木の積み出しと農村部への肥料・日常雑貨の供給地としての同町の性格をよく示している。この同一九年の土浦町の町域は近世の土浦町とほぼ同じであるから、これらの数値は幕末期の土浦町の様相をある程度反映していると考えてよいであろう。

さて近世において、土浦の町人町は中城と東崎の両町にわかれそれぞれ町役人がおかれた。町人町の人口は元文五

図1　享保年間の土浦城郭図（原図・土浦市立図書館所蔵）

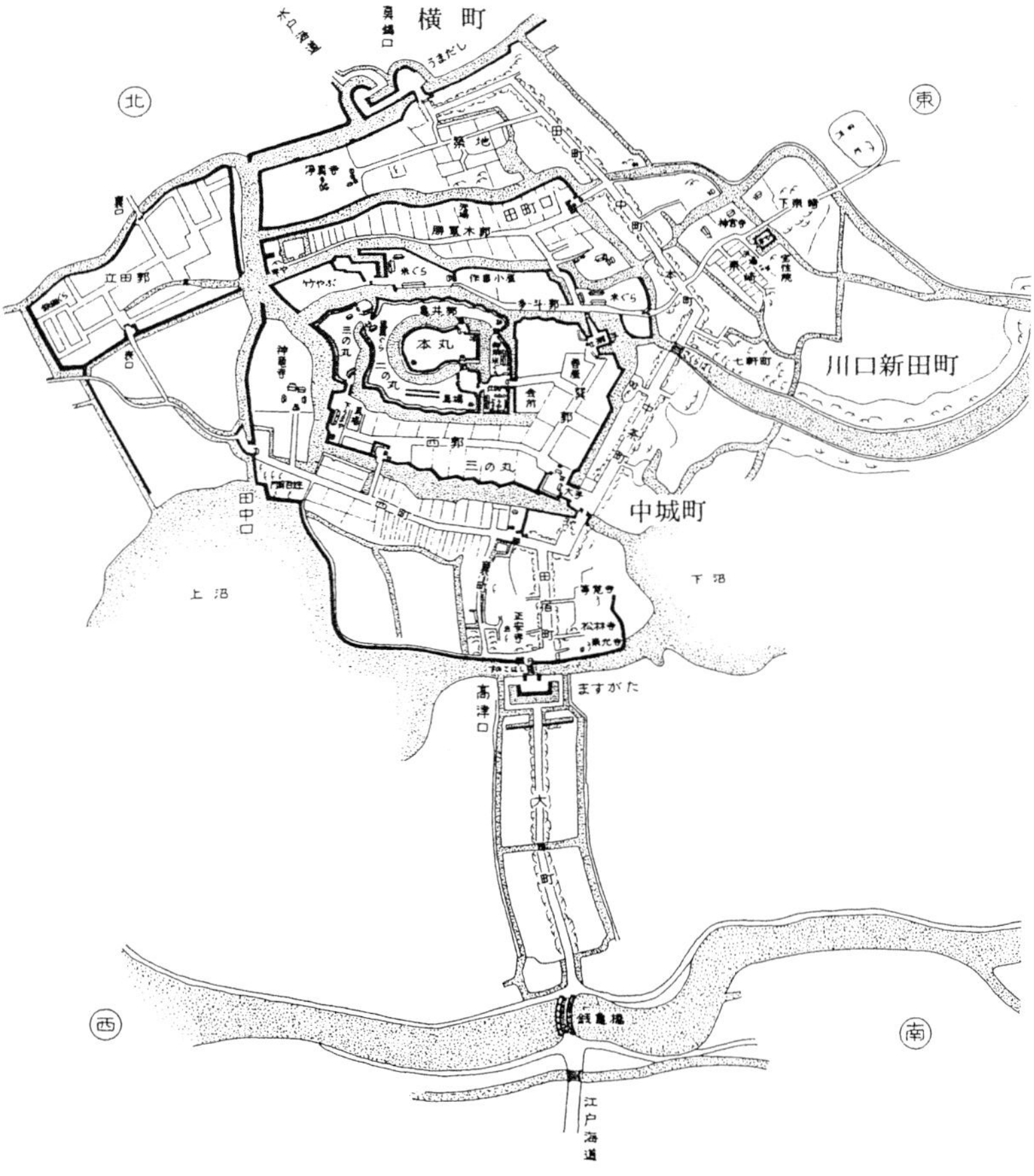

出典　『土浦市史』別巻「土浦歴史地図」51頁。

年（一七四〇）、二四〇一名、[7]天明六年（一七八六）、三九八八名、[8]天保一〇年（一八三九）、五〇九八名[9]となり天保期にほぼピークに達した。安政三年（一八五六）の人口は五三五七名、戸数は一〇一九戸で本百姓三五七戸、水呑百姓六六四戸であった。[10]町でありながらすべて本百姓・水呑百姓として高請の有無で身分編成されている。明治一九年の土浦町の職業構成でもわかるように近世後期でも農商兼業者は多く、農村的性格もかなりもっていた。こうした農村的構成の上に、「惣町」共同体が形成されているのは、近世の中小都市の一つの特徴でもあった。

惣町共同体の構成員は本百姓＝地主・家持層で町役の負担者である。本百姓は経済的には地主であることが前提であったが、土地を失っても町役を負担していれば本百姓として惣町共同体の構成員として認められたらしい。農村で領主の役儀負担者が本百姓と認められたように、ここでも同じ原則がつらぬいている。村落共同体編成を本百姓体制とすれば、これに対応して本町人体制とでもいうべき編成原理といえよう。[11]こうした惣町共同体編成は地主・家持層の分解によって天保期以後深刻な矛盾を露呈した。城外地続きの真鍋・高津両村が在郷町化し「御城下町続之義故、自然と押移り一体ニ花美増長いたし、不相当高価之品々までも手広ニ商ひ候様ニ相成[12]」ったため城下町商業は不振となり、地主・家持層の分解が進んだのである。とくに本章の対象とする東崎町は、中城町にくらべて近世前期では商人は二〇分の一ほどもないとされ、小商人が多かったからその影響は深刻であった。安政二年の検地帳によって東崎町の土地所持状況をみると表8となるが、全土地所持者二六五名の三四・七％にあたる九二名はすでに中城町と近在農村に住所するものによって占められている。屋敷地の比率では、それでも東崎町のものが八四・三％を占めているが、土地所持二町以上は中城町の地主であった。また場末町の田町・横町には、当時各三〇名以上の本百姓身分のものがいたにもかかわらず、田町二三名・横町八名の土地所持者しかいなく経済基盤と身分編成のズレが大きくなっていることがわかる。

表8　安政2年（1855）の東崎町の土地所持構成

	東崎町								中城町・その他	合計
	本町	中町	田町	横町	七間町	川口新田町	下東崎町	小計		
20反以上									2	2
19～20	1							1		1
18～19										
17～18	1 (1)							1 (1)	1	2 (1)
16～17	1 (1)					1 (1)		2 (2)		2 (2)
15～16										
14～15										
13～14							1 (1)	1 (1)		1 (1)
12～13						3 (3)		3 (3)	2 (2)	5 (5)
11～12		1 (1)				1 (1)	1 (1)	3 (0)		3 (3)
10～11										
9～10	1 (1)						2 (1)	3 (2)	2	5 (2)
8～9	2 (2)		1			2 (2)	1 (1)	6 (5)	3 (1)	9 (6)
7～8	1						1 (1)	2 (1)	1	3 (1)
6～7	3 (1)		1 (1)			3 (1)		7 (3)	1 (1)	8 (4)
5～6	2 (1)	2	1			1 (1)	1	7 (2)	1	8 (2)
4～5	6	1	4 (1)		1 (1)	4 (2)	3 (2)	19 (6)	4 (1)	23 (7)
3～4	1 (1)		2		1 (1)	6 (4)	4 (3)	14 (9)	5	19 (9)
2～3	8 (5)	4 (2)				4 (2)	6 (3)	22 (12)	16 (4)	38 (16)
1～2	6 (2)	5 (1)	6 (1)		1 (1)	13 (7)	7 (4)	38 (16)	22 (1)	60 (17)
1反以下	4 (3)	3 (2)	8 (1)	8 (6)	4 (3)	9 (3)	8 (7)	44 (25)	32 (7)	76 (32)
小計	37 (18)	16 (6)	23 (4)	8 (6)	7 (6)	47 (27)	35 (24)	173 (91)	92 (17)	265 (108)

注　（　）内は屋敷所持者　　出典　安政2年5月「新治郡東崎田畑改正地詰水帳」

いっぽう東崎町においては、地主・家持層の分解とともに、水呑百姓（＝地借・店借）層の滞留も惣町共同体の動揺を深刻にしている。享保一二年（一七二七）に川口新田町が開かれ川岸が開削されると本町・川口新田町を中心に地借・店借層が増加し、化政期にいたると惣町規制の動揺は顕著となっていった。藩は再三「町裏借屋等の内ニは、身元請判等不慥之者をも差置候類有之」[13]と身元請判のないものを借家させないよう触れている。また、文政五年（一八二二）の町奉行の伺には「町方手広之儀、殊ニ近来繁昌ニ随ひ、他所之者も多入込制止も行届兼候（中略）町組も御減少ニ相成候処、町方は年々軒別も愈増裏店等夥敷穿鑿も捗々行届兼」[14]とあって藩の町支配組織である町組の再強化が考慮されるようになったことがわかる。水呑層は原則的に惣町共同体から排除され「最初ニ住居求候節御作法為申聞儀は勿論月々條目申渡」[15]される存在であったが、彼らの増加はこうした規制を形骸化させ、治安組織そのものの再強化を藩当局に検討させるようになっていたのである。

こうした東崎町のかかえていた矛盾は天保飢饉のなかで急速に表面化したわけであるが、その前に天保期とは土浦藩にとってどのような時期であったかを考えておく必要がある。それは持合金一件が、たんに東崎町の惣町共同体の内部矛盾の表現というだけでなく、天保期の藩内矛盾を集中的に表現していたという事情による。天保前期の土浦藩の諸情勢を概観するために表9を作成した。これによれば天保前期の土浦藩は深刻な危機に当面していたことが明らかである。

農民闘争よりみると天保四年一一月頃より仙台藩の米穀買い入れにより米価が高騰すると筑波山に近い北条町では近郷の農民が裏山に七、八日も立て籠り、北条山を「大会所」として村々の「念仏寮」などで集会を開き豪農へ米穀の拠出をせまった。[16]翌五年二月の筑波郡小沢村の村方騒動は、同村が北条町続きの村であったことを考えるとその影響を強く受けているとみてよい。また同四年一二月八日には、新治郡坂村で村内農民が酒屋と名主宅を包囲し、説諭

表9　天保前期土浦藩内の動向

	農民闘争 (1)	都市民の闘争 (2)	藩政の動向 (3)
天保元年			
2年	新治郡真鍋村村方騒動		
3年			
4年	11月　筑波郡北条町裏山へ農民群集・不穏 12月8日　新治郡坂村百姓一揆		
5年	2月　筑波郡小沢村村方騒動	6月1～5日　下東崎町鷲の宮へ町民群衆米穀積出し舟をさし押える。	12月29日　藩主彦直眼病のため寺社奉を辞任する。
6年	8月　筑波郡小沢村村方騒動		坂村百姓一揆処分につき町奉行・公事方役人交迭 11月9日　藤森弘庵の登用発表 12月　藤森登用反対運動起こる。
7年			9月　大凶作のため藩主名代として世子寅直帰藩
8年		3月18日　東崎町民米穀積出し舟をさし押える。 5月　9日　持合金一件始まる。 6月28日　町奉行渡部沢右衛門罷免 8月28日　持合金一件終了	正月　藩士藤森一件にて政務を誹謗する。 2月　登用反対派世子寅直への謁見をもとめる。 4～5月　登用反対派逼塞・遠慮を申付けられる。 9月15日　藤森弘庵正式に藩に迎えられる。
9年			3月17日　大久保要町奉行となる 12月　7日　藩主彦直隠居世子寅直就封

出典　1）植田敏雄編『茨城百姓一揆』(風濤社．1974年)　2）土浦市立図書館内田家文書　3）青木光行『土浦藩学史』によった。

に向った代官手代を捕えて騒動となった。[17] ここではかねてより酒造営業者の村方に差し出す酒口銭を名主が押領したため出入となっており、この解決が遅れたのが騒動の原因であった。農民は捕えた代官手代を「折本長左衛門手代高野某」と書いた紙旗とともに村々を引き廻したという。[18] この折本長左衛門は坂村の名主で農民の藩当局にたいする不信のほどがよく示されている。藩当局はかろうじて武力鎮圧に成功したものの、同六年になって、騒動を未然に処理できなかったとして、町奉行・公事方役人の大幅な交迭をおこなわざるをえなかった。

いっぽう町方では、天保五年六月一日より五日まで裏店住いのものが下東崎町鷲の宮へ七〇〇名ほど群集し、川口新田町より小舟を出し、米穀積み出しの船を差し押え米穀の安売りを強要した。東崎町では同八年二月二八日にも同様な事件がおきている。町方と農村部の闘争はまだ個々別々に展開しているが、それでも次第に同時性を強め、広範な打ちこわし情勢をつくりだす条件が次第に深化していったといってよい。土浦藩領小田村の名主で農政家として水戸藩天保検地の実務を担当し、土浦藩天保改革の一翼をになった長島仁左衛門の『むべ園雑記』には同四、五年の状況について「世をこりたかふり来たるの時にあれハなるへし、もし此上実のききんにあらハをそろしき珍事も出来るへし」とその危機感がのべられている。

こうした領内諸闘争の展開のなかで、藩財政は悪化し天保期の一年間平均の年貢収量は最高時の享保期を一〇〇とすると最低の六六にまで低下し、天保一三年には借財は金一万五五〇両、米三八六四俵におよんだ。[19] こうしたなかで、同五年一二月、藩主土屋彦直は眼病のため寺社奉行を辞任し、藩政の実権は世子寅直とその近臣へ移った。[20] そして彼らによって、藩校の再編成による士風振興が計画され、六年一一月、朱子学者藤森弘庵招聘が発表されると、この是非をめぐって藩内に激しい政争がまきおこされることになったのである。この守旧派と招聘支持派との抗争は同八年末までつづけられ、結局、招聘派の勝利となって終るのだが、問題が容易に解決しなかった点からみても、この抗争はたんに藩学史上の問題にとどめられるべきでなく、天保前期の全藩的な危機に当面した藩支配階級が、新たな統治原理の確立をめざして分裂した結果だとみることができよう。そして持合金一件は、天保前期の農民・都市民の闘争の頂点にあったというだけでなく、藩内政争の重要な時期におこされたのである。以下、持合金一件の経過・意義におよんでこの開題を考えてみることにしよう。

二　持合金一件の展開

1　持合金拝借要求

『日記』によると、一件は東崎町本町の内田佐左衛門以下四名が天保八年（一八三七）五月九日、持合金拝借の出願を計画し、本町内で加入者をつのったことにはじまっている。

持合金とは明和元年（一七六四）九月に当時の町奉行の発案によって、町民が「門並」に日掛け一文を積み立て、これを年利一割で困窮人の夫食金や営業資金として貸し付け、利分を凶作時の手当てや町費とするという主旨で開始されたものであった。同二年五月に取り立てが、翌三年より貸し付けが開始され、文政一〇年（一八二七）までつづいた。しかしそれ以後、貸し付けたまま回収が凍結され、その金額は東崎町の元金だけで六六〇両におよんでいた。回収中止の事情は明らかにしえないが、貸し付け先はごく限られた町役人や特権商人であった。佐左衛門らはこれにたいし、貸付金の回収と再配分を出願したわけである。

こうして本町で九名の同調者をえた佐左衛門らは、五月一二日に東崎町の名主・年寄のもとに持合金の拝借を出願した。しかし名主が上京中であったため、年寄役から帰宅まで待機するよう申し渡された。五月一四日、年寄衆ではとりあげるようすがないと知った佐左衛門ら一二名は町小頭へ越訴したが、ここでも名主の帰宅までまつことを説得されるのみであった。

いっぽう翌一五日夕方になると、本町での持合金拝借の出願を知った中町・田町・横町の惣代が佐左衛門のもとに事情を照会してきた。このため訴訟は、本町一町限りのものから一挙に四町に拡大することになったのである。その人数は、中町九名・田町二一名・横町三一名で、本町の一三名を加えると七四名におよんだ。一九日には訴訟人は中町観世音寮に集会して惣代七名を選出して交渉にあたることにしている。

二一日、名主が帰宅した。しかし一向に取り調べを開始するようすはみられなかった。奉行所側でも回収停止以来、一〇数年たっており当時の事情が不明なことや、帳簿が十分残っていないことを理由に「今日渇命を凌候方便ニは相成申間敷候」と取り調べを一日のばしに延期するのみであった。惣代たちはふたたび、二六日に各町別寄合を組織し、翌二七日に惣寄合を開催して、火急に決着がつかない場合、越訴か箱訴を決行すること、そのさい、惣代は閉戸して謹慎することを決めた。五月末には米価が一〇〇文に白米三合二勺と、この年最高となり、惣代たちもこれ以上事態を放置することができなかったのである。

六月二日、公事方掛りへ越訴することを決めた惣代が年寄側にその旨を申し入れ最後の交渉をおこなった。惣代の態度に驚いた年寄は町小頭・町奉行と協議の結果、急遽取り調べの開始を決定し越訴を中止させざるをえなかった。こうしてようやく取り調べが開始されることになったが、解決までにはなお相当の日数を要したのである。

2　取り調べの展開

六月七日取り調べが町奉行の手によって開始された。しかし、それまでの借主である名主・年寄や特権商人が、借り入れ当時の事情が判然とせず、また急に貸付金回収を命じられても資金繰りが困難であると貸付金返済の延期をはかったため一向に要領をえなかった。取り調べは翌日もおこなわれ双方の主張を聴取したが、結局、一二、三日の鎮守祭礼がせまっているという理由から、一五日まで取り調べの延期が申し渡されてしまった。惣代は年寄の説得もあって以後、取り調べが順調に進むだろうと楽観していたが、これには、一般の訴訟参加者はかなり不満をもっていたらしい。一三日、祭礼が挙行され、名主・年寄が神輿に裃着用の上、随行すると訴訟人一三、四名が激昂し、打ちこわしをおこなおうとして佐左衛門らに止められている。その後、佐左衛門の『日記』には

一　小前一同必至と難渋致候、此度之願人ともは餓鬼病も同様にて、有徳ニ暮し候者は只えやみの神之如く嫌とひうとまれけるよし、あまりのことと情なく存候よし

とあって対立の深刻さを伝えている。

こうしたなかで、六月二三日、惣代は訴訟人七四名全員でふたたび年寄久根間奥右衛門宅へ押しかけ愁訴をおこなった。ここでは訴訟人は、あくまで当日中の決着を主張し、決着まで「久根間氏台所ニ詰合可申」・「暮方手当ニ必至と当惑仕候間、名主桂治方え一同家内召連罷越世話ニ相成」などと主張した。その上、通報を受けた町奉行所が奉行名代を派遣して説得にあたると、惣代はこれを機会に「神楽金・角力金と申下東崎鷲明神祭礼料引込横領致居候義、且亦、水銭諸調之義御願不申上候ては相成不申」と名主大塚氏の町政運営の不正を訴え、全面的な町政批判をおこな

おうとした。

しかし町奉行側では、持合金については取り調べを約束したものの、町政運営上の不正についてはとりあげることを拒否し、かえって二七日までの日延べを強い調子で説得した。このため訴訟人はふたたび引きさがらざるをえなかった。

3　拝借金額の交渉

六月二三日の愁訴行動は奉行所側の説得でいちおう収拾されたが、この行動は藩当局には強い衝撃をあたえた。六月二八日には町奉行渡部沢右衛門が罷免され、かって西郷・南郷組支配郡奉行を勤めた潮田新五左衛門が任命された(21)。渡部の罷免は、武家方から伝えられた噂では、同人伜収蔵が町奉行名代として専横なふるまいが多かったためであるとされている。持合金一件には、この渡部収蔵が取り調べにあたっており、騒動への対応の不備が罷免の具体的理由であったことがうかがえる。また同日のうちに、年寄側から惣代にたいし拝借希望額が初めて打診され、町奉行交替が事態の進展に大きな影響をあたえたことがわかる。惣代側ではこれにたいし、新穀の出廻る九月半ばまで七五日間の夫食分として、諸雑費をふくめ七四名および町内困窮人分合せて三〇〇両か、すくなくとも二五〇両ほど借用したいと申し入れた。年寄側はこれにたいし一人一両宛、七四両としたため双方の主張はかみあわなかった。惣代は同日、目付役宅へ駈込み訴をおこなったが、新任町奉行が江戸より着任するのをまつように説得されるだけであった。

七月四日、新任の町奉行のもとで取り調べが再開された。町奉行は双方にたいして厳しい態度でのぞみ、旧来の持合金拝借人には日限を切って持合金の返済を命じるいっぽう、惣代たちには拝借要求額を七〇両とすることなどを申し渡した。翌六日、惣代は拝借額の減額のやむをえないことを察し、一日一人前に玄米三合という計算基準を二合五勺とし、総額二四五両の拝借額を示した。しかし七日になって、さらに減額をせまられ一九五両にまで拝借要求額を後退させた。その上、年寄側から貸付金の回収が進展しないため、取り調べを一五日まで延期することを申し入れられた。一方的に町奉行・年寄らに押し切られた惣代は再度惣寄合を開かざるをえなかった。

一〇日、中町念仏寮で惣寄合が開催されると訴訟参加者は惣代の報告に不満で、念仏寮に泊り込み圧力をかけようなどと惣代を突き上げた。このため惣代は、年寄久根間奥右衛門宅へ出向き再度、取り調べ継続を交渉した。この間、念仏寮に残った訴訟参加者は討議をつづけ、町同心より惣代へ解散の指示が出されたが、訴訟参加者はこれを聞き入れず、久根間宅へ押しかけ「彼是高声ニ申募」り、町小頭の出役や惣代の説得でようやく念仏寮へ引上げるという事態となった。

4　一件の収拾

こうしたなかで、七月一一日、発頭人であった本町の佐左衛門と新右衛門は相談の上、「然ル上は迚も百金之上は才角行届申間敷と存候、左候得は当金之義は御奉行所様之御意趣ニ任セ、残金之義相成丈ケ金高ニ上候」と拝借額は一〇〇両をこえそうもないので裁許にしたがい、残金はできるだけ町益をはかるように交渉しようと戦術を後退させる決意をしている。佐左衛門・新右衛門ら事件の発頭となった本町の惣代は、訴訟人の激化寸前の状況にもかかわらず、奉行所側が強硬なため事態の打開の道を失ない、いちぢるしく妥協的になっていったらしい。

一五日、さらに申し渡しが延期されると翌一六日、惣代はふたたび目付役所へ越訴した。惣代は「小前よりは如何相成候哉申聞ヶ有之、御上様よりは御達無之、私共一同小前え申訳ケも無御座候、進退終ニ極候」とその窮状を訴え、さらに「先日より私共迄小前より疑心差拒候始末、いまだに以全ク取分リ不申段通達候ハハ、亦々大勢御曲内等徘徊仕候様」と危機的状況を指摘した。事実、惣代が目付へ越訴した頃、訟訴人は中町念仏寮へ集まり、さらに下東崎町鷲の宮念仏寮へ集会場を移して越訴の成り行きを見守っていたから、その結果次第ではどのような事態が発生するか知れなかった。このため目付は、惣代を説得するいっぽうで、新・旧町奉行と藩重臣に説いて早急に結論を出させようとしている。この結果、七月二七日には訴訟人方へ貸付金額は一〇〇両とすることが提示され、惣代は即時これを受け入れることとなった。新たに定められた持合金運用の内容は、文政一〇年（一八二七）で本金六六四両余だった貸付金額中、四四二両を切り捨て、改めて二二二両余の貸付額とし、それをそれぞれ年利一割貸付分・無利足年賦返済分・当分預り金とにわけて運用を再開するというものであった。同年以後の本金にたいする利子どころか、本金の三分二を切り捨てた上、さらに、従来の借主に有利な条件をつけたものであった。しかし惣代としては、「合戦之義は二段可仕、来春金寄之節又々手段可有之」と受け入れざるをえなかった。つづいて八月二四日、惣代側の主張どおり拝借金の配分が認められ、現金が惣代に引き渡された。現金が訴訟人に配分されたのは八月二八日であった。訴訟人側の実際の貸し付け総額は九五両三分二朱で本百姓六三名がそれぞれ一両一分二朱づつ、水呑は八名が各一両二朱を借用した。名目的に参加となっている潰式二名分と一名が借用を辞退したため、借用人数は七一名となった。

三　持合金一件をめぐる諸階層

つぎに持合金一件をめぐる諸階層の動向を整理することによって、一件のもつ意義を明らかにしたい。

1　文政期の持合金拝借人

文政一〇年（一八二七）の持合金拝借人は一四名であった。表10に示したが、まず注目されるのは拝借金額が一〇〇両以上におよぶものがいる反面、二・三両のきわめて零細な借用者もあり、この間に相当の差異があるということである。このうち借用理由が明確なのは七間町の治兵衛と田町惣代定八である。両者とも各小町を代表して道買上げ代や弁天宮建立費用を借用していた。これについては訴訟側でも回収を要求しないことで方針が決まっていた。定八は訴訟側の田町惣代である。つぎに中町佐兵衛・升や弥七・四郎兵衛・吉右衛門らはいちおう、持合金の本来の主旨である困窮者や零細小商人への営業資金・夫食金の貸し付けであったとみてよいであろう。しかし、この部分は総貸付額のわずかな部分にすぎない。貸し付けの中心は清兵衛・太田八郎兵衛・庄二郎の年寄と名主大塚桂次・庄五郎・与兵衛の大口の借用者である。年寄のうち庄二郎は中城町の年寄で借用の事情は不明である。清兵衛・太田八郎兵衛は名主大塚氏の要請で名義を貸しただけで金子は受け取っていないと反論しているが、やはり同年の持合金配分に消極的なものであったにせよ関与したために一定の配分を受けたのであろう。

文政一〇年の持合金拝借の中心は名主大塚氏・中町庄五郎・同与兵衛である。大塚氏は古来よりの名主で伝馬問屋をかね、延宝期より藩米の江戸運漕もおこなう河岸問屋でもあった。しかし、同家の経済力は近世後期には次第に後退していたらしく、伝馬問屋は年寄清兵衛と一カ月交代で勤めるようになった。また安政二年（一八五五）の検地では、町内所持地一町六反九畝二七歩で、明治二年（一八六九）に借家五軒をもち町内で高い位置にいたが、もはや他を圧倒する立場にあったとはいえない。いっぽう庄五郎・与兵衛については、ほとんど知るところがない。与兵衛は

表10　文政10年（1827）の持合金の拝借人

町　名	拝　借　人	金　　額	備　　考
中町	庄五郎	197両1分 銀1匁5分	
中町	与兵衛	159.　0　;　4.　5	奈良屋
本町	大塚桂次	139.　2.2　;　7.	名主
本町	清兵衛	37.　2　;　3.	年寄　中町佐兵衛分引請
中町	佐兵衛	37.　3　;　1.　4	
中城町	庄二郎	28.　3.2　;　4.　5	年寄
本町	太田八郎兵衛	10.	年寄
七間町	治兵衛	10.	本町への道買上代のため借用
横町	吉右衛門	6.　2	
下東崎町	四郎兵衛	3.　1.2　;　3.	
中町	弥七	3.　;　2.　8.5	升や
田町	定八	2.	天王松弁天宮建立費入用のため田・横町惣代として借用
不明	2名	30.	無印借用のため姓名不明
持合金合計	664両3分2朱　銀27匁7分5厘		

奈良屋と称し大坂商人の出店で、本店より支配人が派遣されるだけで、持合金を貸し付ける必要がないと訴訟側から指摘されており、他の史料で京呉服商ともあるので御用呉服商であったと思われる。庄五郎については何にも知ることができない。しかし、いずれにせよ文政一〇年の持合金貸付は、一部の特権門閥町人を対象としておこなわれ、持合金一件はこうした持合金運用への批判であったことは明らかである。同年の持合金貸付がどのような意図のもとになされたか依然明らかではないが、ここでは土浦藩が、八年一一月、新市と会所の新設をおこない、米穀・綿・青物などの城下町商人による流通独占をはかり、この中心が町名主と河岸問屋であったことを考えると、[22] 持合金貸付とその回収停止は文政後半期の藩の流通再編成策の延長上に位置していた可能性のあることを指摘するにとどめたい。

2　発頭人

いっぽうこれら特権門閥町人を中心とした持合金貸付に反対した訴訟人の性格はどのようなものであったろうか。まず惣代についてみると、表11に整理できる。それぞれ身分・所持地・家業・屋号・借家所持数などをわかる限りかかげ、参加の時期を示しておいた。騒動の発頭人は内田佐左衛門を中心とした本町の町人である。まず発頭人からみていこう。

佐左衛門は延宝期にはすでに川岸問屋を勤めていた有力町人であった。騒動のなかで町奉行より「其方義宿勤非分等も有之候身分ニは候得共、御役ニも相立候者ニて、厚思召候ニ付、去月中先奉行所ニおいて問屋役も被　仰付候者」と説得を受けている。土地所持は八反三畝六歩で、一六軒の借屋をもっていた。また油屋新右衛門は、騒動の過程で佐左衛門と密接な連絡をとり相談相手となっているが、これも町奉行所側から「事柄も弁居」る人物とされている。土地所持は二反三畝余であった。高野金右衛門は四反三畝の土地を所持し、田上又八については不明である。土地所持だけで彼らの性格を知ることができないのは当然であるが、しかし発頭人は、本町でもそれほど困窮した町人とは考えられないことは明白である。とすれば天保七・八年（一八三六、七）の米価高騰によっても、さして困窮したとも思われない彼らが、何故この時期に一〇年も以前に貸し付け・回収停止となった持合金拝借の出願を思い立ったのであろうか。この点についてもはっきりしないが、町奉行が佐左衛門を説得した言葉にあるように、彼をめぐって「宿勤非分」などの出入があり、同八年前後に東崎町の上層町人間になんらかの紛争があったことは出願の前提としてうかがえる。また同七年三月には、問屋弥左衛門が人馬賃銭を四割増で町方から徴収したと追求され三〇両を町

表11 持合金一件の惣代の性格

町名	名前	身分	所持地	借家所持	屋号	家業	その他	参加時期（惣代として）
本町	内田佐左衛門	本百姓	8反3畝6歩	16軒		川岸問屋		5月9日～8月28日
	高野金右衛門	本百姓	4反3畝27歩		高野屋			5月9日～6月2日
	田上又八							5月9日～8月28日
	油屋新右衛門	本百姓	2反3畝27歩		油屋			5月9日～8月28日
	権兵衛	本百姓	1反7畝6歩		さのや			5月9日～6月2日
	藤治郎							5月19日
	茂兵衛	本百姓	4反6畝11歩		かさや			5月22日～8月28日
中町	間原喜七						灰屋番	5月15日
	庄右衛門	本百姓	1反4畝2歩		さのや			5月19日～8月28日
	五右衛門	本百姓			平沢や			5月22日～
	甚八	水呑						5月22日
田町	菊地佐助							5月15日
	定八	水呑						5月19日～8月28日
	権兵衛							5月19日～8月28日
	仙吉	本百姓						5月15日
横町	四郎右衛門	本百姓	4畝15歩					5月15日～5月19日
	半兵衛				高崎屋			5月15日～
	休七	本百姓						5月19日～8月22日

出典 身分・借屋所持・屋号は明治2年「御条目奉承庄屋・五人組・惣百姓判形帳」所持反別は安政2年5月「新治郡東崎田畑改正地詰帳」よりとった。

方へ返却する事件がおきている。この件では佐左衛門は扱い人となっており、直接関係はなかったようであるが、やはり、人馬賃銭割や町方入用など町政運営をめぐって上層町人間に対立が強まっていたことは知りうる。もちろん同八年二月二八日には、東崎町川口新田で津留令を破って穀物を積み出そうとした船を町民が差し押えるという事件もおこり、佐左衛門自身もその扱い人に立っているから、彼なりに町政運営に深刻な危機感をもっていたことは事実であった。しかしだからといって、彼らの出願が当初から惣町の小前町民の願望を代表する方向をもちえたかというとそうではないのである。このことは発頭人の組織活動の限界としてあらわれているので、つぎにその点をみよう。

3 本町の組織

佐左衛門など発頭人が持合金拝借出願にあたって参加者をつのったのは本町のみであった。その方法は町内の治安維持や火の番にあたった灰屋番に申し出て、各組惣代を集め、そこから小前町民へ参加をつのるというものである。この結果、加入を申し出てきたものはわずか九名で、他のものは「ケ成行届候ニ付拝借相願不申」と不参加を申し出た。本町の明治二年(一八六九)の本百姓数は四六名で、事実上水呑へ転落していても、町役負担によって本百姓とされているもの六名を加えると五二名である。したがって佐左衛門らの発頭人は本町では発頭人をふくめて一三名、二五%しか組織できなかったことになる。それはおそらく、彼らの親族や日常の出入の小商人に限られていたのではあるまいか。参加者に後家が五名もいるがこの場合、組織の広がりを示すというより、むしろ狭隘さを示していると思われる。こうした事実は、発頭人が本町で広範な町政批判の基盤をつくりだすことに成功しなかったことを端的にあらわしているといってよい。しかしそれにもかかわらず、彼らは他町へ組織活動を広げようとはしなかった。出願の風聞を聞いて他町のものが問い合わせてきたとき、佐左衛門は「困窮人のみ相談」して本町内だけで出願したので、他町には呼び掛けなかったと答えている。このことは発頭人の組織活動が当初、惣町規模で小前町民の願望を代表する意図をもっておこなわれたものでなく、佐左衛門らと町役人の間にあった上層町人相互の対立の所産として出発したことを示すのに十分だと思う。

4 中・田・横各町の参加

しかし佐左衛門ら発頭人の意図にかかわらず、いっぽうで天保期の町方の情勢はすでに騒動を上層町人の町政をめぐるヘゲモニー争いに終らせるほど平穏ではなかった。すなわち中町・田町・横町の訴訟への参加によって、発頭人の予想をこえて騒動が拡大したのである。三町は佐左衛門へ持合金の拝借出願の事情を問い合わせ「順道ニ願出」ることを条件に参加を認められると、中町九名、田町二〇名、横町三一名が加入し、訴訟方の中核をなした。訴訟人は各町の惣代に率いられ、小町単位で行動し寄合を開き、その上で惣寄合を開くという惣町共同体の編成にそった組織活動をおこなっているが、中町や田町では惣代に水呑に転落したものを選出している。そして騒動の重要な局面で、つねに強硬に佐左衛門ら発頭人を突き上げ、積極的な局面打開をはかろうとしたのは、この三町の訴訟人であった。ことに田町・横町は困窮した小前町民が多く参加したため、佐左衛門らは両町惣代の説得に苦慮している。

訴訟参加者の性格とその基盤である各町の状況を検討して、三町の参加と積極性の意味をみておこう。各町ごとの参加数は表12に、各町の状況を知るために表13に明治二年（一八六九）の五人組帳によって本百姓数・水呑百姓数の比率を示した。表13によってみると川口新田と本町に水呑百姓層が集中しており、本百姓層は川口新田町が一五・四

表12　持合金一件の訴訟人の身分

身分／町名	訴訟人	本百姓	水　呑	備　　考
本　町	13名	13名		後家5名　問屋1名
中　町	9名	7名	2名	
田　町	21名	17名	4名	後家1名　潰式1名
横　町	31名	27名	4名	後家4名　潰式1名
合　計	74名	64名	10名	

表13　明治2年（1869）東崎町の住民構成

身　分／町　名	本　百　姓	借　　屋	水呑百姓（借　屋）	合　　計
本　町	46（26.6）	6（3.5）	121（69.9）	173（100）
中　町	25（35.7）	3（4.3）	42（60.0）	70（100）
田　町	34（35.4）	3（3.1）	59（61.5）	96（100）
横　町	36（61.0）	1（1.7）	22（37.3）	59（100）
下東崎町	29（37.7）	2（2.6）	46（59.7）	77（100）
川口新田	28（15.4）	10（5.5）	144（79.1）	182（100）
合　計	198（30.3）	23（3.6）	434（66.1）	657（100）

〔単位：軒　（　）内は%〕

%、本町が二六・六%にすぎなかった。天保五年（一八三四）の米穀津出し船の差し押え騒動のさい町民が下東崎の鷲の宮へ集まり、川口新田町で舟を差し押えたりしているが、この中心は「近年城下に出る者多くうら店借屋等にすむ」[23]ものだったとされるから、本町と川口新田町の水呑層であったらしい。本町や川口新田町には川岸問屋・町役人など富裕な町人が多かった反面、水呑層が多く滞留しており、しばしば騒動の中心となったのである。いっぽう中町・田町・下東崎町の各町は、本百姓層が三五%内外で比較的あつい層をなし、横町は六一%でもっとも多かった。しかしこのことは、これらの小町が安定していたことを意味しない。明治六年の分地絵図をみても田町・横町といくにしたがって屋敷地は小さくなり、小商人の集住地帯であったことがわかるし、安政二年（一八五五）の検地帳を整理した表8によっても、横町にはすでに土地所持者が八名しかいなく、本百姓身分とその経済実態との差異は深刻であった。とくにこれらの小町では、城外の真鍋村が在郷町化したため小商人が圧迫され没落するものが多かったのである。そしてこの各町の構成事情は、持合金一件への参加の比重の高低となってあらわれているのである。明治二年の本百姓数にたいし、一件参加者の比率をみると本町二五％、中町三五・七％、田町五九・五％、横町八一・六％と場末へいくほど参加率が高まっている。本町や中町の参加者のなかには、佐左衛門に代表されるように、場合によっては藩の流通政策に関与し、町役人や特権商人と同様に諸特権を分与される可能性をもった有力商人がいたが、場末の田町・横町にはそうした可能性をもつものはおらず、むしろ、化政期以後の藩の流通再編成政策のなかで切捨てられていく小商人層が大半であったと思われる。そこに彼らが、もっとも厳しく特権的門閥町人への持合金貸付（＝持合金が当初形式的にせよもっていた惣町共同体維持機能の収奪）に反対する条件があった。またそのことが、佐左衛門らの発頭人・惣代をして、「進退終ニ極候」として町役人との妥協に走らせた原因でもあった。

5　不参加の町人および水呑層

騒動不参加の町についてみると、川口新田町は不明だが、下東崎町は五月頃、田町・横町などとならんで扶食拝借願を出し、下東崎町のみがこれを認められ訴訟に参加しなかった。一件取り調べが開始されると、各町とも訴訟参加希望者が相当に出たが、惣代側では「手もぬらさず」成果だけを手にいれようとするという反感から拒否することにしている。これ以上、借用希望者が増加すると一人あたりの拝借額も減少し、交渉も困難になると判断したためでもある。しかし訴訟が、惣町共同体の維持機能の回復という要求を代表したとき、初めて彼らの訴訟の正当性が貫ぬかれるという意識は訴訟人側にも強く、訴訟が「私欲」とみられないため、各町代・灰屋番などをとおして拝借額のうちから「小前扶助代」を各町に割り渡すことを条件に訴訟にたいし好意的傍観をすることを説得した。このため、多くの町民が訴訟側に好意的で、越訴の度に佐左衛門のもとに多くの見舞客が集まっている。訴訟方七四名以外は一件の当事者から排除されていたが、訴訟方が不参加町民の町役人の町政独占への批判をいちおう代表していたということはできる。ただ参加制限は、持合金の交渉をスムーズにする条件でもあったが、持合金一件から全面的な町政批判へ騒動を展開させる可能性を自己の手で封じることにもなったのである。

水呑層はいうまでもなく持合金の積み立て者ではなく、当然拝借出願の権利をもっていない。したがって直接には一件には関係していないのであるが、ここで注意しておきたいことは水呑層と訴訟方の小前町民との同盟の可能性があったのではないかということである。最後の越訴のおこなわれた七月一六日、訴訟参加者は惣代の交渉の成り行きを中町念仏寮で監視していたが、それを下東崎鷲の宮念仏寮に移動している。問題はこの移動のもつ意味である。これまでほとんど集会は中町念仏寮でおこなわれたが、惣代によって場合によっては「大勢御曲内等徘徊仕」と不満の高まっているとされた訴訟参加者が、なぜわざわざ中心通りの中町念仏寮から、やや奥まった、しかも訴訟参加者の一人もいない下東崎町の鷲の宮念仏寮へ移動したのかということである。藩側の弾圧をさけてのことであろうか。しかしこの下東崎町の鷲の宮は、天保五年（一八三四）の米穀積み出し舟の差し押え騒動のさい、水呑層や困窮した小前町民の群集した所で、八年二月の騒動のさいの集会地は不明だが、場所からいってやはりここであった可能性が強いという場所なのである。ここは本町の裏手と川口新田町の裏手にあたり、近くに水呑層が集中していた。こうした場所へ決定的な時期に移動したことは、やはり弾圧をさけるという消極的理由だけでは理解しにくいといえよう。このことは可能性としてはすくなかったものの一件が、小前町民を結集して全面的な町方騒動へ展開する可能性をもっていたとともに、水呑層まで加えた打ちこわし騒動へ発展する可能性をも同時に合わせもっていたことを暗示しているのではあるまいか。こうした可能性をはばんでいるのは訴訟参加者の多くがすでに経済的には没落し水呑層とかわらない条件にあったとしても、身分的には本百姓として、惣町共同体内にそれなりに位置づけられていたからであろう。

6　農民

農村および農民との関係については、史料の制約からほとんどのべることはない。ただ、前述してきたように文政一〇年（一八二七）の持合金貸付が、藩が文政後半期におこなった流通再編成策の一環をなしていたとすれば、その再配分要求は藩の流通再編成策にたいする町方からの批判ともなり、同時にその矛盾をいちばん受けていた農民の要求とも一致し、持合金一件が天保前期の藩内の諸闘争の集中的結節点になるということを指摘するだけにしたい。

7　藩士

藩士との関係については一部の有力な藩士が出訴を支持していた事実がある。『日記』によれば佐左衛門と直接接触をもっているのではなく、その相談役の新右衛門にたいし、下東崎町田嶋屋記兵衛と田町権兵衛の情報として入っている。支持者が一名なのか複数なのか、その名前も当然記されていないが、その内容を日付を追って紹介しておこう。まず六月三日には、記兵衛に「去ル御役人」が東崎町一件は当分つづくかどうか見通しを質問している。また六月一一日には、やはり記兵衛に「去ル家中様」がぜひとも持合金を貸すべきだという「内話」があった。そしてまた記兵衛に、六月二四日には「去ル御役家え参り昨日相伺候処、此方え願出候ハハ早速取り調べ可致旨被仰聞候」とさえいっている。この時期は取り調べが開始されたものの、拝借者と町奉行側の誠意のない対応で事態が進展せず、六月二三日訴訟人七四名は町年寄宅へ愁訴をおこない全日交渉をおこなったその翌日ということになる。さらに六月二七日には田町権兵衛は「去ル役方」より内々に命じられ、取り調べがどうなっているのか「実以テ相弁イ不申ニ付」て、事情のよくわかる「書類」があれば借りてくるよう命じられた。申し出を受けた佐左衛門は、権兵衛に公事方役所へ提出しようとした訴状をみせたが、「不容易義」であるので貸すのは断っている。この翌日、町奉行渡部沢右衛門の罷免が発表された。最後のものは最終の越訴がおこなわれた七月一六日で、「一、隠密方御出張ニ付、気を附候様脇合より御沙汰有之候」となっている。

これらの事実は、町奉行渡部沢右衛門に代表される訴訟方にたいする無理解と、旧来の持合金拝借者にたいする保護的な政策に反対する勢力が、藩内に存在したことを示している。六月二八日に訴訟人物代が目付役所へ越訴したさい、下目付が厳しく吟味しようとすると、目付鈴木団兵衛は下目付をよび「一応も二応も承届ケ候上利解申含」めよとしており、訴訟方支持の一端をうかがわせている。しかし問題は、藩士層の個別的同情という次元をこえているようである。というのはこの時期の藩内事情は、すでにのべたように藤森弘庵招聘問題をめぐって守旧派と世子寅直を中心とした側近改革派との間に紛争がたえず、天保八年（一八三七）四月から五月にかけて守旧派の処分がつづいたものの、なお紛争の帰趨が定まらない時期であった。しかも町奉行渡部沢右衛門は同七年五月に守旧派として藤森招聘に反対し、遠慮を命ぜられ、六月に御免、七月二八日に旧役のまま町奉行兼帯を命じられていた人物である。(24)この後、藤森弘庵が招聘され、ほぼ藩内が改革派の手中に掌握されたとみられる同九年三月には、招聘派の中心人物大久保要が町奉行に就任したことをみると、持合金一件への対応をめぐる対立は守旧派と改革派の藩内政争の一環をなしているといえる。それは土浦藩天保改革の歴史的前提ともいえるのである。

注

（1）以下、とくに断わらない限り本稿では土浦市立博物館所管内田家文書によっている（調査当時は土浦市立図書館が所管していた）。日記は、『編年百姓一揆史料集成』一四巻（三一書房、一九八六年）四三九～五一二頁に収録されている。

（2）歴史学研究会編『歴史における国家権力と人民闘争』（一九七〇年大会報告特集）所収、松田之利「幕藩制の都市と階級闘争」、松本四郎「幕末維新期における都市と階級闘争」参照。

（3）都市貧民の存在形態を追求したものに松本四郎「幕末維新期における都市の構造」（『三井文庫論叢』四号、一九七〇年）、同「幕末維新期における都市支配の状況と打こわし」（佐々木潤之介編『村方騒動と世直し』上、青木書店、一九七二年）など一連の研究がある。また、都市の共同体的諸機能の分析に重点をおいているものに吉田伸之「江戸町会所の性格と機能について（一）（二）」（『史学雑誌』八二編七・八、後に同『近世巨大都市の社会構造』東京大学出版会、一九九一年所収）、同「江戸町会所貸付について（一）（二）」（『史学雑誌』八六編一・二、後に同『近世巨大都市の社会構造』東京大学出版会、一九九一年所収）がある。

（4）最近の成果として、森谷尅久「都市の動向―とくに町自治を中心に―」（林屋辰三郎『化政文化の研究』、岩波書店、一九七六年）、辻ミチ子『町組と小学校』（季刊論叢日本文化8、角川書店、一九七七年）が町方騒動をとりあげている。しかし、これは「暗黒」の近世都市というイメージを否定しようとするあまり、町方騒動をたんなる民主化闘争と位置づけ、幕藩制都市支配の特質・規定性を軽視しすぎている。

（5）『新訂寛政重修諸家譜』（第二巻）一八九頁。

（6）野口佐久著『土浦史』（一九三二年）一〇八頁。なお、土浦については『土浦市史』（一九七五年）参照。

（7）野口佐久、（前掲書）、五六頁。

（8）（9）（10）『土浦市史編集史料』一九「おだまき抄」。なお安政三年の戸数は計算が合わないがそのままとした。以下

『土浦市史資料』は土浦史料と略すことにする。

(11) 竹内誠「寛政—化政期江戸における諸階層の動向」（西山松之助編『江戸町人の研究』第一巻、吉川弘文館、一九七二年所収）。

(12) 土浦史料、一九、一一八頁。

(13) 土浦史料、一四、五頁。

(14) 土浦史料、一四、三〇～三二頁。

(15) 土浦史料、一四、二九頁。

(16) 長島仁左衛門『むべ園雑記』（内閣文庫所蔵）。『編年百姓一揆史料集成』第一二巻（三一書房、一九八四年）六六三～六六四頁。

(17) 土浦史料、二四「天保四年坂村百姓騒動」。

(18) 土浦市並木町小林家文書「土浦領坂村暴動件」。

(19) 平田輝明「『上方・関東・奥羽両州御領分御取箇留』の分析」（立正大学古文書研究会編『近世史研究』五・六合併号、一九七五年）。

(20) 青木光行『土浦藩学史』。

(21) 文部省史料館所蔵　土屋家文書「諸士年譜」。

(22) 武井達夫「幕藩制解体期における城下町市場の一史料」（立正大学古文書研究会編『近世史研究』九号、一九七七年）。

(23) 長島仁左衛門、前掲書。

(24) 文部省史料館所蔵土屋家文書「諸士年譜」。

追記　内田家文書の調査にあたっては、土浦市立図書館（内田家文書は現在は市立博物館に所管されている）の皆様に、ご協力いただいた。記してお礼を申し上げる次第である。

補注　本書でもっとも古い時期に書かれた論文であるが、土浦町の天保期の状況を示すものとして収録した。注などは、その後、史料集や著書に収録されたものは補足した。現在では岩田浩太郎「惣町一揆の論理構造」（岩田浩太郎編『民衆運動史』2、青木書店、一九九九年）などの成果があり、都市の民衆運動の検討が進められている。

II　幕末維新期の豪農商と地域市場

第四章　幕末期の江戸地廻り経済と在郷町干鰯商人

はじめに

近世では、一般に農民は山野の下草を刈り、これを肥料とした。このため村では、田畑と同じ程度の面積の採草地が必要とされ、村の入会地として管理されていた(1)。

こうした自給肥料にたいし、近世中期以降、広く普及した購入肥料（金肥）が干鰯・〆粕であった。干鰯は、漁獲した鰯を浜辺に干して乾燥させたもので、〆粕は鰯を釜で煮て絞って油を落したものである。〆粕のほうが効果は高かったが、近世では干鰯の使用が一般的であった(2)。

干鰯・〆粕は近世中期以降、商品作物の展開とともに使用が広まり、その生産・流通は農業経営にとどまらず経済全般に重大な影響をあたえた。干鰯・〆粕の問題は農業における商品化、小ブルジョア的経営の展開にかかわるだけに、はやくから注目されて、多くの論点が提示されたのである。

その代表的なものは、商品的農業の展開にともなう小ブルジョア経営の発展と寄生地主制への転換を、干鰯を中心とする肥料問題を媒介にして把握する見解である。商品作物の展開にあたって、後進地域では、肥料などを前貸しして商品作物を集荷した商人が、やがて巨大な地主に成長する。ここでは小ブルジョア的生産は、地主に収奪され、実を結ばないのである。いっぽう畿内先進地域では、上層農民が積極的に綿・菜種などの商品作物を導入し、耕地をみずから経営した。小作にたよらないで、年季奉公人や日雇いを雇用して、高い利潤を確保する経営は、日本の小ブルジョア的展開を代表するものであった。そのさい干鰯以下の多量の肥料を投入することが、利潤獲得の決め手とされていた。しかしこうした経営は一八三〇年代には、領主権力と結びついた商人の市場独占による綿・菜種など商品作物の価格低迷と肥料代の高騰で行き詰まり、上層農民は幕末維新期にかけて耕作を放棄し、地主化していった。かくして明治維新後の産業資本の展開は、基底部分での小ブルジョア経営の挫折、寄生地主制の展開により、政府とこれに結びついた政商・寄生地主資本による上からの道が優勢を占めることになったというのである。(3)

この枠組みは、日本の近代化とその限界を同時にとらえようとする試みとして高く評価できるが、現在では、あまりにも図式的にすぎる。畿内先進地域の木綿・菜種価格の低迷は、市場の特権的独占のためだけでなく、新たな産地が展開したことにもあった。干鰯・〆粕の高騰も、商品がこうした新しい産地に向けられ、畿内に集中しなくなった結果であるという側面を無視できない。畿内先進地域の小ブルジョア的農業経営の挫折は、領主権力と結びついた商人資本の市場独占だけが原因であったわけでなく、新しい商品生産地が外延部に拡大したため、その有利性が失われたということにもあったのである。とするならば、畿内先進地域の小ブルジョア経営の挫折から、近代化の限界を説明するだけでなく、新たに商品生産に参入しつつある中間地帯などの動向とかかわらせて、広い視野から問題の解明にあたる必要があろう。(4) またその場合、アジアの近代化の検討が進むなかで、日本の地方商人がその蓄積した資本を再投資して、地域の近代産業展開の基礎を築いたことは、近代中国にみられない特徴であったことなどが指摘され、商人資本の展開からただちに、近代化の歪曲をとなえること自体、反省をせまられていることも視野にいれておきたい。(5)

本稿では、こうした点を念頭に、幕末期の関東の干鰯商人の経営について検討する。最初に江戸地廻り経済の展開と干鰯流通の概要を確認し、その後、これとかかわらせつつ常陸国河内郡龍ヶ崎町の干鰯商人筆屋の幕末期の経営について検討する。関東における干鰯流通の検討は、九十九里・鹿島など浜方からみた分析と江戸・浦賀の干鰯問屋側からの分析が中心で、消費地の干鰯商人の経営についてはほとんど検討がおこなわれてこなかった。本章はこの点を埋める試みでもある。

一　江戸地廻り経済の展開と干鰯流通

干鰯・〆粕は最初、大坂周辺の綿作などの肥料として使用された。泉州灘・紀州灘などが、その主要な漁場であった。しかしすでに近世初頭には、綿作などの商品作物の展開のために干鰯の生産が間に合わなくなり、紀州を中心とする漁民は、新漁場をもとめて各地に出漁するようになった(6)。

こうした上方よりの出漁により開発されたのが、関東の房総半島を中心とした鰯漁業であった。上方漁民は、漁場の近くに納屋や家屋を設け、干鰯を生産して上方に送ったが、その集荷地となったのが三浦半島の浦賀で、ここに干鰯問屋が成立した。上方漁民の活動に刺激されて、一七世紀末になると九十九里浜を中心に地元の村むらで地曳網漁法による鰯漁と干鰯生産が開始され、やがて九十九里浜の鰯漁業は近世の鰯漁業を代表するものに成長していった(7)。

九十九里浜の地曳網漁法は、通常で一網につき一〇〇人前後の労働力を必要とする規模で、その経営に一九世紀前半で一五〇〇両もの資金がかかったといわれる。当然、地元の有力者が経営にあったったが、資金調達に苦しみ、干鰯問屋から資金の融通を受けて、その代償に生産した干鰯を送った。干鰯は最初は、浦賀の干鰯問屋の手で集荷されて上方に廻送されたが、九十九里浜の地曳網漁が発展する頃になると、関東農村の干鰯需要も高まり、これを背景とした江戸の干鰯問屋が成長して、集荷の中心は浦賀から江戸に移っていった。下野など海岸部からかなりはなれた地域でも、一七世紀中葉には、すでに干鰯が肥料として使用されていたことが報告されている。(8) また一八世紀はじめからは、施肥量は多くなかったにせよ、畑の商品作物だけでなく、水田にも使用されるようになった。享保末年江戸の干鰯問屋のもとに二〇〇万俵の干鰯が集荷され、大坂に廻送されるとともに、関東各地の需要に応じた。(9) 房総半島から浦賀へは直接海上を干鰯が送られたが、海難の危険が大きかったため、陸路江戸湾へ運ばれて、船で江戸へ廻送されるコースと、銚子周辺に集荷されて、川船で利根川をさかのぼり江戸川を下って江戸にいたるコースがとられた。このうち利根川・江戸川の内陸河川を利用する場合が一般的で、その分岐点の境・関宿にも問屋が成立して、江戸への中継と上野・下野方面に干鰯を販売した。また九十九里浜など生産地でも銚子などを中心に干鰯の集荷・運送にあたる商人が生まれ、地元干鰯商人・問屋として江戸の干鰯問屋に組織されて流通機構が形成された。

関東農村では、一八世紀中葉には干鰯の使用が水田でも一般化する。村によってもちがいがあるが、村明細帳などでは田畑ともに一反あたり二俵程度使用しているという報告がある。とくに商品作物にたいしてだけでなく、米麦の主穀にも使用されるようになったのは、享保改革などで新田開発が進み、荒野が開発されて自給肥料の刈草を採取する場所がなくなったことなどが原因であったといわれる。このため有利な商品作物のない地域の農民は肥料代の確保に苦しんだ。在方の干鰯商人は、春に干鰯を前貸しして出来秋に生産物で取り立て農民から高利の収奪をおこなった。このため一八世紀末には農民層の分解と農村荒廃を生み出す原因となったのである。(10)

関東などの干鰯需要が高まったことと、不漁期に入ったため、享保九年（一七二四）には一三〇万俵あった関東よりの大坂登高は、その一〇年後の一九年には五〇万俵になり、さらに寛保二年（一七四二）には二五万俵と激減してしまった。こうした大坂登高の激減は当然、上方の干鰯値段の高騰をまねき、商品作物の生産に重大な影響をあたえた。摂津・河内・和泉の農民は、元文五年（一七四〇）に大坂町奉行所に干鰯以下肥料値段の引き下げを出願し、やがて国郡単位の大訴願運動を発展させることになった。干鰯値段の引き下げを実現するために、新古の二組にわかれて市立して値段の高騰をまねいている大坂干鰯問屋の統合、干鰯を大坂に運ぶ途中、有利なところで売りさばいてしまう道売りの禁止、干鰯以外に、菜種の油粕や酒粕を上方から他国に販売することの禁止などが盛んに訴えられた(11)。

肥料代の高騰は、菜種・綿などの商品原材料の値段に跳ね返った。菜種は大坂とその周辺で絞られて灯油となり江戸に送られた。菜種の生産費が高くなることは灯油の値段に影響をあたえ、江戸の灯油の高騰の一因となったのである。もちろん灯油値段の高騰は、肥料代の高騰ばかりが原因ではなく、菜種生産地の周辺の農村部や瀬戸内海地方で農民による農間絞油業が成長したため、大坂の菜種問屋・油絞り業者のもとに原料の菜種が集荷されにくくなったためであった。ここでも干鰯と同じように近世の全国市場の中核にあった大坂の集荷力の減退がみられたのである。これに手を焼いた幕府は、やがて大坂の油絞り業者に株仲間を認めて、独占的に菜種を集荷させて安値を維持させようとした。どうようのことが綿についても試みられたから、上方農民は、肥料代の高騰と商品作物の独占買付けによる買いたたきの双方に苦しめられることとなった。こうして菜種・綿・肥料問題を主要な要素とする国訴の運動が成立した。ここでは干鰯などの肥料の低価格・安定供給と菜種・綿の株仲間的統制を排除した直売り（自由売買）による利潤確保が要求された(12)。

いっぽう一九世紀に入り、関東各地の商品生産も次第に安定した展開をみせ、農村荒廃の克服が進むことになった。こうしたなかで干鰯を中心とする関東の肥料とその流通構造も変化していった。すでに江戸廻りの村むらでは、一八世紀末から肥料の高騰が問題となり、大坂とどうように一〇〇〇カ村をこす村むらによる大規模な訴願運動が展開するようになった。江戸周辺の農村では、江戸に蔬菜・米麦などの穀類・薪炭などを直接に運び込んで販売し、帰りに下肥・糠・干鰯の肥料などを購入して生産に投入していたが、いずれも高騰したことから、江戸の商人と対立した。とくに一八世紀末におきた下肥訴訟が大規模で知られるが、(13)干鰯でも一九世紀に入ると江戸の問屋との紛争がおきた。天保五年（一八三四）には江戸の西郊の武蔵国荏原郡下目黒村組頭が買い受けた〆粕を江戸問屋がおさえたため紛糾が生じた。この下目黒村一件の訴訟の最中、江戸問屋は浜方へ直売り禁止などの統制を強め、買付けを断わられたため武蔵国橘樹・多摩両郡の稲毛領三八カ村、府中領一八カ村が連帯して訴訟する事件に発展した。幕府は、同九年に、農民が干鰯・〆粕を直買して、問屋まがいの商売をすることは禁止したが、江戸問屋が仕入前金を渡していない干鰯・〆粕について、自分の消費用に限って直仕入することは認めざるをえなかった。(14)

こうした江戸と周辺農村の対立の背後は、江戸を中継せず関東各地に干鰯が流通するようになり、江戸の干鰯問屋の集荷力が弱まったことがあった。とくに北関東の干鰯・〆粕需要の増大は関宿・境・古河などの問屋の成長をよびおこした。また干鰯産地でも、網主に従属して生鰯を干鰯・〆粕に加工・販売した零細な小買商人のなかから大規模な商売をおこなうものが成長して、江戸問屋に組織されず、そのときどきの消費地の値段を機敏に判断して、自由に商売をおこなうようになった。産地の干鰯問屋のなかにも利根川を航行しながら、有利な河岸で干鰯を販売する通売りという商法をとるものもあらわれた。(15)いずれも直売りの方向が強まり、江戸問屋の市場支配は後退していったのである。こうした動向にたいし浦賀問屋のなかには、輸送網をふくめた産地編成をめざすものも出た。(16)しかし明治七年（一八七四）には、東京への干鰯の入荷量は二六万六〇〇〇俵余にすぎなくなっていた。(17)

二　常陸龍ヶ崎町と干鰯商人筆屋

常陸国河内郡龍ヶ崎町は、利根川中流の在郷町の一つである。戦国大名土岐氏の城下町として整備された。しかし近世初頭この地を領有した佐竹氏が秋田に転封された後、龍ヶ崎城は廃城となった[18]。かわって龍ヶ崎を知行したのは仙台藩伊達氏で、龍ヶ崎町に陣屋を設け、仙台藩龍ヶ崎領の支配にあたったが、同藩龍ヶ崎領の村むらは、実際には町からはなれた信太・筑波郡などに中心があり、町の周囲は旗本や小藩、幕領の入り組んだ支配がおこなわれていた[19]。当然、仙台藩の流通統制などもおこなわれず、龍ヶ崎町の商人も藩から営業上の格別の特権をあたえられたわけではなかった。したがって周囲の村むらとの関係では、龍ヶ崎は在郷町として終始したといってよく、ここでとりあげる干鰯商人筆屋も在郷町干鰯商人の一人として把握することが適当と考えられる。

龍ヶ崎周辺は、西に小貝川、南に利根川・新利根川が流れ、平坦な平野部が開けていた。幕府は近世初頭に、それまで江戸湾に流れていた利根川を銚子方面に付け替えた。またこれにより激しくなった中流域の水害をさけるため、新利根川を開削して、水流を安定させるとともに、この周辺の新田開発を進めた。これにより平野部の村むらでは採草地がなくなり、購入肥料の需要が増した。また近世後期には村むらでは綿作と木綿織が盛んになった。とくに龍ヶ崎木綿（龍場木綿）は堅牢で、醬油などを絞るための袋、帆布、のれんの素材として定評があった[20]。干鰯は綿作に欠くことのできない肥料だったから、この点でも干鰯の需要は大きかったのである。とはいってもこの地域の生産力を過大に評価することはできない。木綿生産は農家の副業の域を出なかった。また明治前期の統計では、河内郡の田畑の地位等級は茨城県の中位程度にすぎないし、茨城県は全国的に、生産力の低位なことで特徴づけられている[21]。米などの主穀生産を中心として、綿作などをおこなう比較的ありふれた農村地帯であったと理解すべきであろう。

龍ヶ崎の干鰯商人筆屋忠兵衛家については、その由緒など知るところは少ない。最初は筆墨紙などをあつかった商人であったが、近世後期に肥料商売に進出したという伝承があるが、たしかなことはわからない。しかし幕末維新期に十数冊の大福帳以下の帳簿が残っており、これにより同期の在方の干鰯商人の経営実態が明らかにできる。(22)

筆屋の商売の全体を概観するために、文久三年（一八六三）の仕入品目を表14に示した。干鰯・〆粕のほかに、塩・油・種粕・胡麻粕をあつかっていた。仕入金額は七二五両余におよんだが、その中心は干鰯・〆粕で合わせて全体の七五・八%を占めた。この構成はその後も、明治初期まで基本的に変化することはなかった。また現在でも、同家は龍ヶ崎市で肥料・塩を手広くあつかっている。

まず塩と油・種粕・胡麻粕について簡単に説明しておこう。塩は江戸の箱崎・小網・北新堀・下町および本行徳の商人と取り引きがあったが、文久三年の規模を出るものではなかった。また元治元年（一八六四）、明治元年（一八六八）など仕入のない年もあった。いっぽう油・種粕・胡麻粕は、江戸深川の須賀川屋鉄吉よりの仕入であった。油は水油・椿油・荏油などである。水油は菜種油で灯油として使用された。大福帳の販売の項目をみると町内を中心に毎月定期的に販売されており、一定の規模の販売があったようだが、仕入量はあまり目立たず、須賀川屋よりの仕入のない年もある。大福帳には、地元の絞油屋から仕入れている記事もあり、そのほうが多かったのかも知れない。須賀川屋からつねに仕入れているのは椿油で、これは鬢付け油であった。また須賀川屋からは種粕・胡麻粕が仕入れられている。いずれも肥料として用いられた。種粕が中心で、胡麻粕はごくわずかであった。

干鰯・〆粕については、表15、16にその概観を示した。表15は村むらへ販売量の合計である。これにたいし表16は、仕入量の合計で、史料の性格がことなるが、だいたいの傾向は把握することができる。販売について初年度の嘉永六

表14　文久3年（1863）の仕入品目

仕入品目	数　　量	金　額（a）	a%
干　　鰯	1,164俵	363両3分2朱	50.2
〆　　粕	215俵	186両2分2朱	25.8
塩	670俵	108両3分1朱	15.0
油	1石8升・5樽	35両　　3朱	4.8
種　　粕	150俵	29両1分2朱	4
胡 麻 粕	6俵	1両1分	0.2
合　　計		725両　　2朱	100

表15　干鰯・〆粕等の販売量

年代（西暦）	干　鰯	〆　粕	種　粕	販　売　日
嘉永6年（1853）	660俵	俵	俵	3月23日～4月26日
安政元年（1854）	609		379	2月26日～6月 2 日
同　2年（1855）	1,123	46	178	正月23日～5月 4 日
同　3年（1856）	1,080	56	42	2月11日～5月18日
同　4年（1857）	852	37	16	2月12日～4月24日

出典　嘉永6年分は近藤正人他「幕末期の干鰯販売について」（金沢経済大学・白川部ゼミナール・研究室編『社会・経済史論集』2号，1994年），安政元年分は細谷潤一郎他「幕末期の干鰯販売について（Ⅱ）」（同前，3号，1995年）よりとった。

表16　干鰯・〆粕の仕入量

年　代（西暦）	干　鰯	〆　粕	種　粕
文久3年（1863）	1,164俵	205俵	
元治元年（1864）	1,114	20	
慶応元年（1865）	1,854		132
同　2年（1866）	1,864.5		
同　3年（1867）	1,243	210	
明治元年（1868）	753	200	
同　2年（1869）	1,173	129	218

年（一八五三）と最終年度の安政四年（一八五七）の数価が低いのは、その年の販売の途中から帳簿がはじまり、途中で終わっているからで、実際には販売量はもっと多かったと思われる。とすると、慶応元年（一八六五）・同二年に積極的に仕入れをおこなった以外は、全体でほぼ一〇〇〇俵前後の販売・仕入がおこなわれたといえるであろう。また嘉永・安政期には、干鰯とともに種粕が販売されたのにたいし、文久期以降は、〆粕に比重があったことがわかる。以下、これらの点をふまえて筆屋の干鰯・〆粕の仕入と販売についてみていくことにしよう。

三　筆屋の干鰯・〆粕の仕入

筆屋の仕入については、文久三年（一八六三）より明治二年（一八六九）までの七年間の「仕入扣」などと記された仕入記録があり、幕末維新期の仕入状況がわかる。

表17にその状況を示した。まず表17の下段で概況をみておくと、仕入は文久・元治期、慶応期、明治期の三期にわかれる。文久・元治期は、干鰯一一〇〇俵程度の仕入で、仕入金額は三〇〇両前後であった。表15に示したように、販売俵数でみるとすでに筆屋の販売実績は、安政期にはこの規模に達しており、その延長線上にあったとみてよい。つづく慶応期は一八〇〇俵台に仕入が急増した時期である。この時期、干鰯・〆粕の値段も高騰をつづけていたが、それにもかかわらず筆屋は仕入を積極的に増やしていた。この結果、慶応三年（一八六七）には、仕入金額は干鰯・〆粕合わせて一七〇〇両台にのぼった。いっぽう明治期は、明治元年に仕入の減退がみられたが、二年には文久・元治期の水準に回復するという動向を示した。

つぎに干鰯・〆粕それぞれに、仕入の地域性をみてみよう。まず干鰯であるが、仕入は毎年一〇名前後のものから

表17　千鰯・〆粕の仕入動向

	文久3年 (1863)	元治元年 (1864)	慶応元年 (1865)	慶応2年 (1866)	慶応3年 (1867)	明治元年 (1868)	明治2年 (1869)	合　計
鹿　島	687俵(0)	0俵 (0)	80俵 (0)	791.5俵(0)	64俵 (0)	0俵 (0)	833 (0)	2455.5俵 (3)
銚子 九十九里	105 (173)	477 (20)	429 (0)	590 (0)	962 (157)	753 (200)	266 (126)	3582 (676)
川通り	289 (29)	637 (0)	1080 (0)	289 (0)	217 (53)	0 (0)	74 (0)	2586 (85)
江　戸	83 (0)	0 (0)	215 (0)	0 (0)	0 (0)	0 (0)	0 (0)	298 (0)
不　明	0 (0)	0 (0)	50 (0)	194 (0)	0 (0)	0 (0)	0 (0)	244 (0)
小計 a	1164 (205)	1114 (20)	1854 (0)	1864.5俵 (0)	1243俵 (210)	753俵 (200)	1173俵 (129)	9165.5俵 (764)
金　額 b	297両 (185両)	380両 (16両)	870両 (0)	1269両 (0)	1098両 (678両)	476両 (437両)	895両 (328両)	5285両 (1644両)
仕入先人数	15人 (6)	9人 (1)	11人 (0)	11人 (0)	12人 (5)	4人 (4)	12人 (5)	74人 (21)
a/b	3.9俵 (1.1)	2.9俵 (1.25)	2.1俵 (0)	1.5俵 (0)	1.1俵 (0.3)	1.6俵 (0.48)	1.3俵 (0.4)	1.7俵 (0.46)
b/a	0.26両 (0.9)	0.34両 (0.8)	0.47両 (0)	0.68両 (0)	0.88両 (3.2)	0.63両 (2.2)	0.76両 (2.5)	0.58両 (2.6)

注　(　) は〆粕の数価である。なお金額は両以下は省略した。

おこなっていた。それを地域別に整理したのが、表17の上段である。文久三年より明治二年までの七年間全体の合計で、仕入がもっとも多かったのは銚子・九十九里地域であった。しかしほかの地域を圧倒するというものではなかった。むしろ川通り、鹿島地方と三分しているというほうが実態に近い。各年度の最大の仕入地域に下線をいれてみると、その都度変動しており、筆屋の仕入が特定の地域と結びついたものでなかったことがわかる。ただ江戸問屋からの仕入はわずかだったことは明らかである。

鹿島地方は、文久三年・慶応二年・明治二年に集中した仕入がおこなわれた。文久三年の場合は、梶山河岸・下沢・白塚・上幡木・下荒地など鹿島郡北部の村むらからの仕入が中心であった。このうち最大の二〇〇俵を販売した下沢村利右衛門は、在方干鰯問屋の一人であった。鹿島郡札村の河岸問屋の安政五年（一八五八）〜万延元年（一八六〇）の「干鰯積立帳」には、この利右衛門がひんぱんに干鰯を津出ししている記事がある。[23]いっぽう慶応二年・明治二年の場合は、須田新田・柳川新田・矢田部村などの鹿島郡南部の村むらが中心となった。ことに柳川新開の柳川宗左衛門は慶応二年に干鰯一六〇俵、明治二年干鰯七七〇俵と筆屋に干鰯を販売したもののなかでは最大のものであった。また販売数は八〇俵と目立たないが、大船津村の明石屋太助は注目される。明石屋は、一九世紀に成長した鹿島郡南部の明石村の大網主明石家の出店であった。[24]

九十九里・銚子地方は、各年度をつうじて、つねに一定の干鰯を仕入れていた。[25]筆屋からみて、もっとも安定した仕入市場であったといえるだろう。全体では、下総国匝瑳郡尾垂村の伊藤猪左衛門八〇〇俵と高田河岸の宮城喜三郎七九八俵が最大規模である。[26]銚子よりの仕入は人数は多いが、規模は比較的小さかった。むしろ後述する〆粕の仕入に特徴があった。仕入は時期が下るにしたがって、飯岡浦、上総屋形浜・蓮沼や八日市場など九十九里浜の干鰯の集散地に広がるようになっているが、まとまった量の仕入となると高田河岸のような干鰯の積み出し河岸による商人と

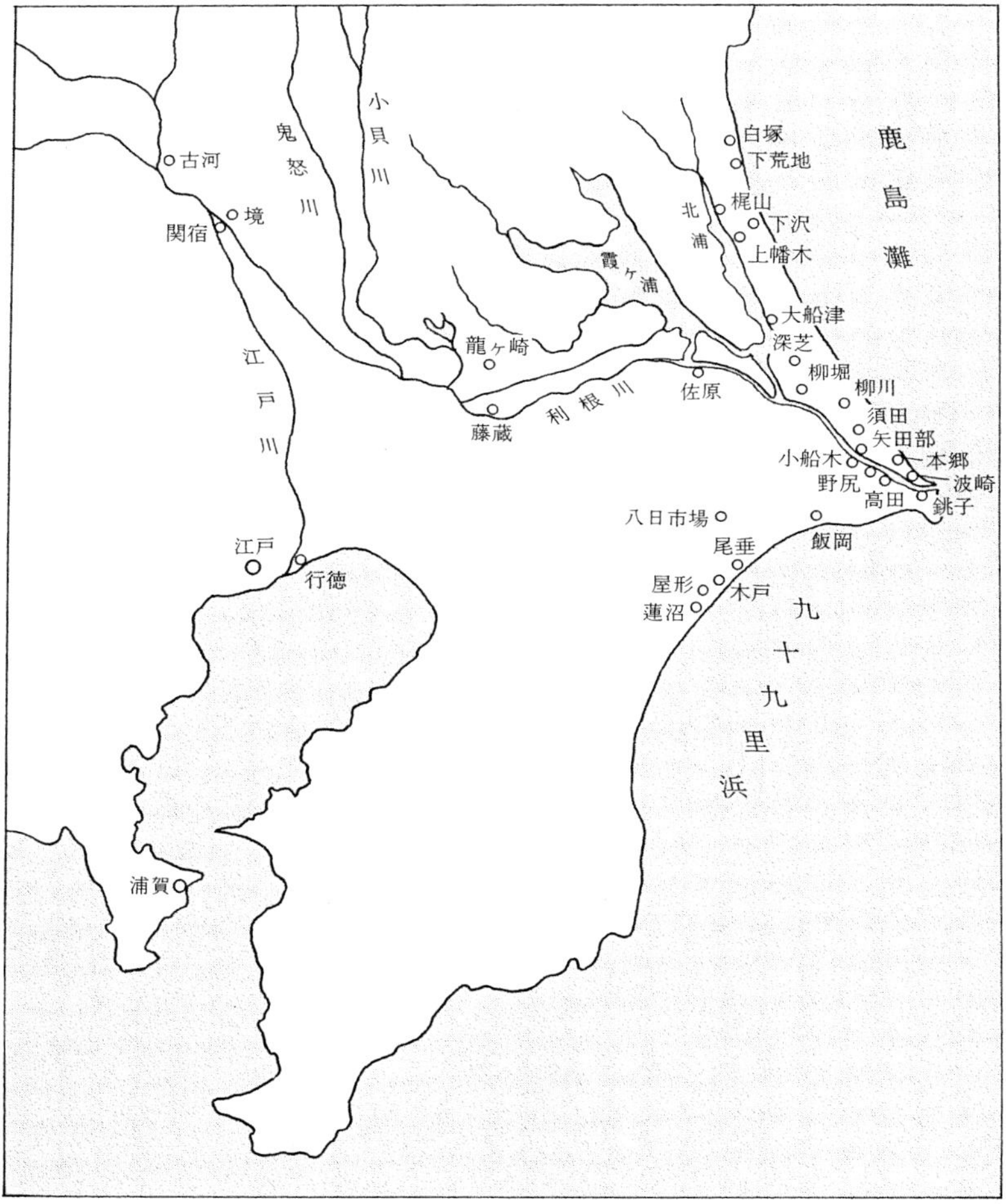

図2　干鰯・〆粕の仕入関係図

の取り引きが大きい比重を占めた。九十九里の干鰯は陸路下総飯岡を経由して、高田・野尻・小舟木河岸から利根川水運により江戸をはじめ関東各地に運ばれていた。飯岡浦の近藤平右衛門の干鰯・〆粕や下総尾垂の伊藤猪左衛門の干鰯には、決済の部分に「野尻着川岸請取」という記載があり、野尻河岸で筆屋側が受け取ったことがわかる。

川通りは、利根川中流域の仕入先をまとめたものであるが、佐原・関宿・藤蔵河岸などの商人が主要な仕入先であった。佐原では、大和屋清兵衛との取り引きが慶応三年まで連年おこなわれており、総計で八九七俵と全体の三五％を占めた。ことに同元年は川通りの干鰯仕入は一〇〇〇俵をこえて最大となったが、その半分に近い四八八俵は大和屋からの仕入であった。いっぽう関宿は、利根川と江戸川の分岐点にあたる交通の要衝であった。近世後期には、ここからさらに利根川をさかのぼり上野・下野・信濃にいたる商品の流通が盛んになった。干鰯も例外ではなく、このため江戸の干鰯問屋のなかにも、ここに出店をもって新しい流通動向を掌握しようとするものも出たといわれる。ここでは喜多村富之助（三六三俵）、同藤蔵（二五四俵）の名がみえる。彼らは銚子・鹿島いずれかで干鰯を仕入れて、筆屋に販売したのである。喜多村富之助は、同藤蔵の隠居で、関宿から江戸へ進出した干鰯問屋で、嘉永五年（一八五二）に「粕干鰯商売取扱方心得書」という商売の心得を残したことで知られる商人である。[27]江戸干鰯問屋仲間の一人であるが、筆屋からは関宿問屋と理解されているので、ここでは江戸問屋にふくめないでおくこととした。関宿・江戸問屋も、川通りで有利に商品がさばける場合は、途中で販売していたことがわかる。利根川の河岸問屋にはこうした販売の便宜をはかったものもいたようで、藤蔵河岸の河岸問屋大野庄右衛門（三六三俵）・田沼杢兵衛（三八一俵）などは、自分荷物はわずかで、銚子・九十九里、鹿島の商人荷物の販売を筆屋に仲介していた。また大野庄右衛門はこれとは別に、文久三年の鹿島郡梶山河岸の問屋富重の干鰯一四九俵の購入の立会人をつとめたり、江戸の稲荷屋周蔵・山本屋又三郎の干鰯八二俵の仕入では江戸商人の代人として、残金の請取処理にあたっている。筆屋の仕入れた干鰯・〆粕はこの藤蔵河岸の問屋をへて運ばれたので、両者は日頃から密接な関係にあった。河岸問屋がもつネットワークが、利根川を航行する干鰯荷物と在郷町の干鰯商人を結びつける役割をはたしていたといえるであろう。

江戸は、文久三年の稲荷屋周蔵・山本屋又三郎からの干鰯八三俵と慶応元年の深川久住五左衛門からの干鰯二一五俵の仕入がすべてである。久住との決済では、内金が江戸の須賀川屋をつうじて為替で支払われている。しかしこうした為替での支払いを明記したものは、この事例だけであった。

〆粕は元治元年（一八六四）から慶応二年まで仕入がほとんどないが、そのほかは五名前後のものから二〇〇俵ほどを仕入していた。〆粕の仕入量は七年間の合計で七六四俵で干鰯の十分一にもみたないが、一俵あたりの価格は高く干鰯の三倍程度になった。〆粕の仕入は全体では、九十九里・銚子方面からの仕入が八八％を占めている。またその半分に近い三五一俵は銚子町からの仕入で、これに飯岡一八六俵を加えると、全体の七〇％となる。慶応三年より明治二年まで連年仕入している銚子荒野町の大崎屋伊兵衛（一六六俵）と岡田屋源吉（一〇〇俵）は、この三年間に同じ商標の〆粕を一種類だけ売っており、自ら生産した〆粕を直売りしていた可能性が高い。

仕入扣には、冒頭に干鰯・〆粕の請取日、末尾に支払い日が記載されることがある。それを整理したのが表18である。記載不備とあるのは、請取日か支払い日のいずれかがかけている場合であるが、請取日がかけている場合がほとんどである。両者が明記されている場合は少ないのであるが、わかる限りでは、干鰯・〆粕を受け取ってから、即日あるいは一〇日以内に支払うことが多かった。一〇日以内というのも二〜三日後というのが多く即金に近い支払い形態であった。もちろん一カ月以上という場合もあるが、これは藤蔵河岸の問屋、佐原の大和屋清兵衛などがかかわった場合である。文久三年では、大和屋が一件、江戸の稲荷屋他一名の代人として藤蔵河岸問屋大野庄右衛門が干鰯を筆屋に売ったものが一件ある。また慶応三年では、四件は藤蔵河岸問屋田沼李兵衛が仲介したものである。干鰯・〆

表18　仕入の決済状況

荷物請取より支払い終了までの日数	文久3年(1863)	元治元年(1864)	慶応元年(1865)	慶応2年(1866)	慶応3年(1867)	明治元年(1868)	明治2年(1869)
即　日	4	3	2	4	1		3
10日以内		3 (1)	5 (2)	3	5 (1)		4 (2)
20日以内	1			1 (1)			1 (1)
30日以内				1 (1)			
1ケ月以上	3 (2)	1	1		6 (5)	1	
不　明	20	8	10	6	9	8	10
合　計	28 (2)	15 (1)	18 (2)	15 (2)	21 (6)	9	18 (3)

注　(　) 内は佐原大和清兵衛、藤蔵川岸問屋への支払い。

粕の請取から支払い終了まで、一カ月以上かかっているのは、近い地域の商人か、あるいは何回も仕入をして交渉のあるものが多い。これにたいし遠隔地の商人や一度しか出てこないようなものには即日支払っている場合が多いのである。

全体として、即日に近い支払い形態が多いことをみると、支払い日しか記載していないものは、実際には、即日支払ったので請取日を省略してしまったためだとも考えられる。表17の示すように、筆屋の干鰯・〆粕の仕入は、毎年同じ地域や商人から仕入れることはなかった。そのときどき価格などを判断して、いちばん有利なものを仕入れたのである。したがって特定の商人と長期間にわたって差し引きをもつような関係は形成されなかったことを示しているのではなろうか[28]。

幕末期には、産地の干鰯・〆粕商人がみずからの商品を船に積んで、利根川を往来して諸河岸で在村の干鰯商人に直売りする通売りという商法が盛んになり、江戸問屋を中心とする特権的な干鰯流通機構に打撃をあたえたといわれる。通売りが発展するためには、在方にこれを積極的に迎えて、買付ける干鰯商人が成長していることが前提となる。とくに通売りが順調におこなわれるためには、現金決済がのぞましく、その点では、筆屋のような干鰯商人の展開が重要な条件であったといってよいのである。

四　筆屋の干鰯・〆粕の販売

筆屋には、嘉永六年（一八五三）より安政四年（一八五七）までの干鰯・〆粕販売の「大福帳」が残っている。仕入扣と時期が重ならないのが残念であるが、別に「干鰯懸方覚帳」が両者の時期をつないで残されている。その三者により幕末維新期の干鰯・〆粕の販売状況をある程度把握できる。

大福帳による農民への干鰯販売については、すでに嘉永六年、安政元年の分について、分析が公表されているので、ここではその成果によりながら、概況を簡単に紹介することからはじめたい[29]。

表19に販売の概数を示した。干鰯・〆粕・種粕の販売は一般に旧暦の二月後半からはじまり、五月初旬には終了した。三月後半から四月がその販売のピークとなった。干鰯・〆粕の仕入もこれに合わせて、前年の一二月からその年の二月頃までに、主要な部分を仕入れて、以後販売状況をみながら仕入をおこなった。販売は小野川・新利根川・小貝川にはさまれた地域で、龍ヶ崎を中心として直径八～一〇キロメートル程度の範囲であった。嘉永六年の場合、干

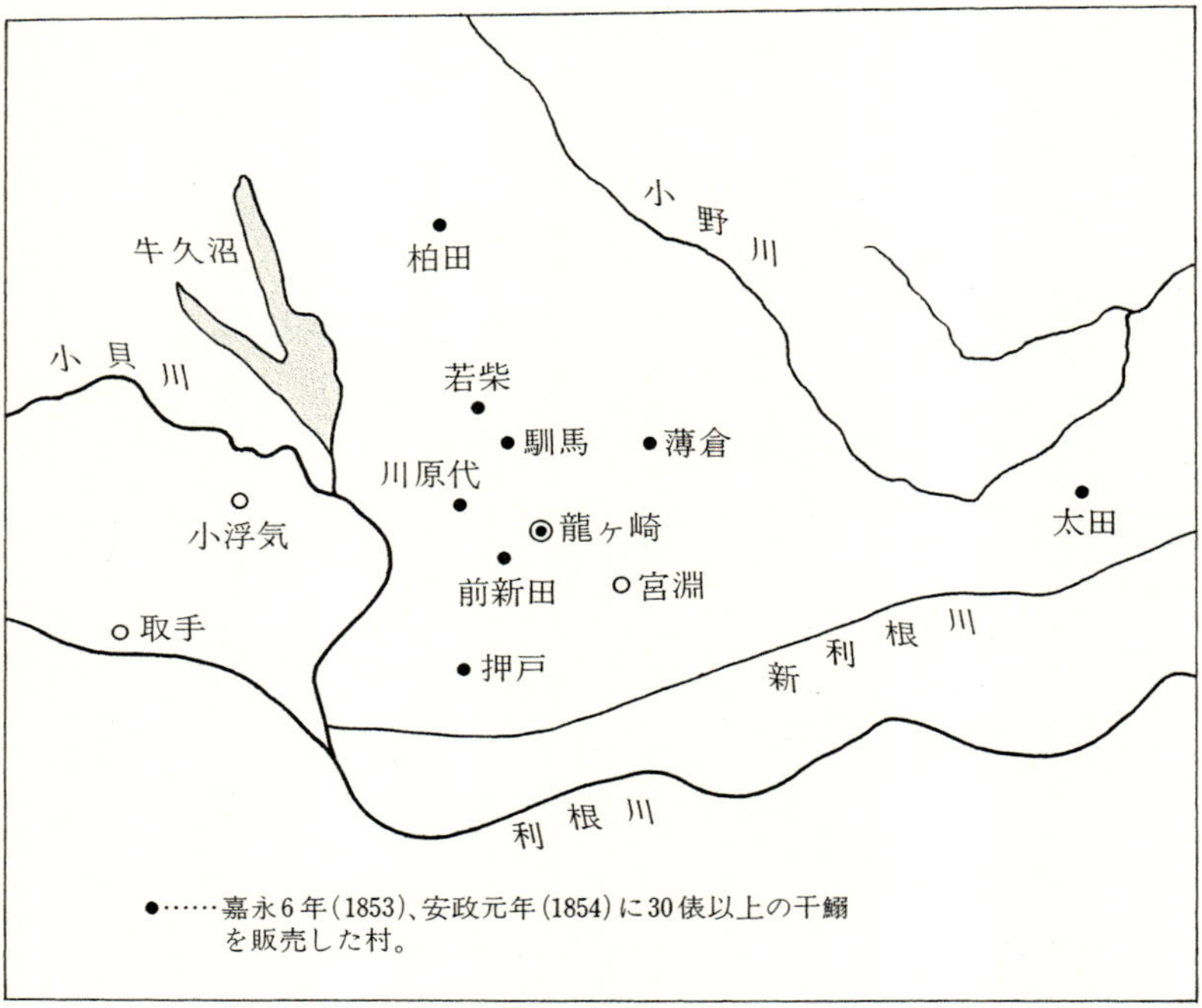

図3　干鰯の販売圏

表19　干鰯・〆粕の販売状況

	嘉永6年 (1853)	安政元年 (1854)	安政2年 (1853)	安政3年 (1854)	安政4年 (1855)	合計
干鰯(a)	660俵	609俵	1123俵	1080俵	852俵	4324俵
〆粕(b)			46	56	37	139
購入者数(c)	220人	239	436	354	241	1490
$\frac{a+b}{c}$	3俵	2.5俵	2.7俵	3.2俵	3.7俵	3俵

出典　嘉永6年分は，近藤正人他「幕末期の干鰯販売について」(金沢経済大学・白川部ゼミナール・研究室編『社会・経済史論集』2号，1994年)，安政元年分は，細谷潤一郎他「幕末期の干鰯販売について(II)」(同前，3号，1995年)よりとった。

鰯販売は四八俵の下総国相馬郡川原代村を筆頭に常陸国河内郡駲馬・同若柴・前新田村などが三〇〜四〇俵台の販売となった。安政元年では、干鰯の場合、常陸国河内郡柏田村が五三俵と最高だったのをはじめとして、同じく河内郡の駲馬村・龍ヶ崎町・大田村・押戸村・薄倉村、相馬郡川原代村などが三〇俵以上の販売を記録した。しかし嘉永六年で六六％、安政元年で七六％余を一〇俵以下の購入の村が占めていた。毎年上位に名前があがる関係の強い村もあるが、全体に筆屋の販売圏は、広く薄いものだったといえるであろう。上位の村も購入者が多かっただけで、とくにまとまって購入するものもみあたらない。また上位の村はほとんど旗本・小藩の入り組み支配地で、仙台藩領はなかった。

一人あたり平均の干鰯の購入量は嘉永六年より安政四年までの全体の平均で三俵であった。安政元年の場合、干鰯購入数が一俵のもの六二名、二俵一〇四名、三俵三七名、四俵三一名、五俵六名、六俵一一名、八俵一名であった。一人でもっとも多く購入した場合でも八俵で、一俵から三俵までで全体の人数の八〇％を占めた。したがって購入者のほとんどは直接消費者であったとみられる。他の年度についても、平均販売俵数をみるとそれほど傾向は変化しなかったことがわかる。販売の大福帳には、購入者の名前の下に小さく夫某と書かれている例があり、購入者が人足に肥料を運ばせたことがわかる。筆屋は龍ヶ崎の店頭で干鰯・〆粕を販売し、購入者はみずから馬などで肥料を居村に運んだが、ときには人を雇って運ばせる場合があったのである。干鰯・〆粕・種粕などの肥料は、重量があり一般の農民が陸路運送するには、当然限りがある。その範囲が筆屋の商圏であった。筆屋がこれ以上商圏を外縁部に拡大しようとすれば、出店を設けるなり、他の商人や農民に干鰯・〆粕を卸すかしなければならないが、そうしたことを筆屋側から恒常的におこなっている形跡は認められない。ただ同年に小浮気村で種粕四〇俵を一人で購入しているものがおり、一部を販売するものがいたことも考えられる。しかしその規模は大きなものではなく、居村までの運送の便を考えて、購入者がまとまって代表を立てて購入した結果ともみられる。支払い方法は、嘉永六年の場合、ほとんど現金での即日支払いであった。また安政元年では、現金・即日払いだけでなく、現金を内金として渡して後日清算する場合と内金に町米や小麦など穀物をあてて決済する場合があった。干鰯についてみると、現金の即日払いは全体の件数の八〇%、俵数の七五%を占めていた。内金支払いで延べ払いする場合でも、たいていは数日後に完済している。また現物を支払いあてた場合は、米が一三件、小麦が七件そのほかが三件の合計二三件で、全体の件数にたいして一〇%弱にすぎなかった。

以上の点からみても、筆屋の干鰯・〆粕販売の様相がある程度想像することができるのであるが、ここではこれらの成果を前提に、安政二年から文久三年まで残されている懸方帳より、販売の動向をみておこう。

表20が干鰯懸方帳を整理したものである。販売はその都度、大福帳に記録されるが、もし決済が終わらなかった場合、懸方帳に記載が転写されて、懸方として管理される。安政二年の場合、懸方帳に転写された後、五月一日に清算された例があるので、四月末に一度帳簿が点検されて、懸方帳に口座を移したらしいことがわかる。同二年の場合、五月四日まで肥料を販売しているので、その後の販売で懸方に移るものもあった。こうして懸方とされたものは、七〇～八〇人前後で、文久元年には一二〇人となった。その対象となった干鰯・〆粕・種粕の数量は、干鰯では安政六年までは二五〇～二八〇俵台で、万延元年（一八六一）～文久二年までは三五〇俵前後となった。安政二年は大福帳で干鰯の総販売数がわかるので比較すると、総販売数の二五・七%が懸方となった。ただしこの数価は目安にすぎない。ほとんどのものは干鰯を受け取るとき内金を出しており、実際の懸方分はそれほど大きくはない。最終の支払いは、五月中などというものもあるが、基本的には七～八月か年末であった。利子は各年度一貫して、月一%、年利一二%の計算がなされている。支払いを町米などの現物でおこなった場合は、ここでもごくわずかであった。とくに最

終の支払いを現物で決済したものはわずかしかなかった。こうして年内の支払いができなかったものは、翌年の懸方帳へ口座を移されて、清算をまつことになる。実は帳簿上は、この年内未済分の記事は、懸方帳の冒頭にまとめて記載されているので、前年の未済分である。この未済分のかなりの部分が、連年名前があらわれており、回収の見込みの立ちにくい不良債権であった。返済をおこなったものもあり、出入もあるが、不良債権が累積的に増えていく傾向

表20 懸方の動向

	安政2年 (1855)	安政3年 (1856)	安政4年 (1857)	安政5年 (1858)	安政6年 (1859)	万延元年 (1860)	文久元年 (1861)	文久2年 (1862)	文久3年 (1863)
人数	89人	52人	76人	75人	79人	82人	120人	107人	67人
干鰯 a	289俵	257俵	282俵	255俵	251俵	366俵	349俵	340俵	160俵
〆粕 b	15	6	23	13	0	25	79	61.5	40
種粕 c	31	23	20	58	26	53	51	27	31
現物払い人数 内金	8人	4人	9人	10人	7人	7人	7人	4人	2人
現物払い人数 決済	3	1	1	2	9	14	8	10	5
年内末済分 人数	25	38	38	45	48	54	52	58	74
年内末済分 金額	5両3分	6両3分	8両1分	7両2分	8両2分	12両1分	12両	14両2分	29両2分
販売数総仕入 干鰯 d	1123俵	1080俵							1164俵
〆粕 e		56							205
種粕 f		42							0
a/b%	25.7%	23.8%							13.7%
b/e%	0	10.7							19.5%
c/f%	0	43.5							0

はあった。しかしその実額と増加傾向は、筆屋の経営になんら危機的状況をもたらすような数量ではなかったことは明らかである。次年度の未済分との差し引きした金額が、その年の販売により生じた未済分になるが、文久二年までその増加は年に一〜二両ほどで、文久二年分が未済として、翌年に持ち越されたのが一五両とやや多くなっただけであった。文久三年の筆屋の干鰯・〆粕の仕入金額は四八二両余であったから、その三％にすぎなかったのである。

懸方帳によれば、安政二年〜文久三年の間、大福帳から懸方へまわるものは、一定の比重を占めるが、年内にほとんど清算されて、不良債権化するものはごくわずかだった。また支払い方法では、近世中後期に広くおこなわれていた干鰯の前貸し・出来秋の収穫物での決済がまったくおこなわれていないことがわかる。利子についても、懸方帳に移されて、長期の決済となれば、月利計算で一％、年利換算で一二％の利子となった。龍ヶ崎町の近郊の宮淵村千秋の豪農の嘉永五年の「干鰯売附帳」では、干鰯一五〇俵を三二名に販売しているが、即日支払いは四名で、ほとんどのものに利子がついている。利子は月利一・二五％、年利一五％が基本で、秋口の決済であったが、支払いは現金であった。(30)これとくらべると、筆屋の利子は、在村の干鰯商人より安いものだったといえる。(31)

筆屋の干鰯・〆粕販売からは、一八世紀に成長したような前期的な高利貸し商人という側面を認めることはできない。この点は、その利益率についてもいうことができる。表21は文久三年の仕入控の仕入価格と懸方帳に記載されている販売価格の対照できるものを整理し、売上利益率をもとめたものである。干鰯・〆粕は日々販売価格が変化した。また同日でも、相手によって価格がかわっている。また懸方帳の記載なので、その干鰯・〆粕の全販売の推移をおさえたものでもない。しかし仕入俵数でみると干鰯で七五三俵、この年の総仕入俵数の六四・七％、〆粕では五八・六％の干鰯・〆粕の仕入と売上価格の動向をうかがうことができ、ほぼ利益率の状況も把握することができる。1番の干鰯についてみると、前年一二月に干鰯二〇〇俵を一両に二俵四分五厘で仕入て順次販売した。その価格は二月二四日

表21　文久3年（1863）の仕入価格と売上価格

	No.	種類	俵数	仕入価格（1両当たり俵数）	売上価格（1両当たり俵数）	売上利益率
干鰯	1	▮り	200俵	2俵45	2/24 2俵，2/30 1俵9, 3/7 2俵	18.4～22.4%
	2	⺈个	80	2.35	3/21 1.9, 4/1 1.9, 6/2 3.1	−31.9～19.2%
	3	‖‖	31	2.5	3/7 2, 4/3 2	20%
	4	✕	50	2.6	3/7 2.3, 4/20 2.5	3.8～11.5%
	5	佟	73	2.7	3/7 2.3	14.8%
	6	▮カ	97	3.3	3/7 2.9, 3/8 2.9, 2.6	12.1～21.2%
	7	▯・	50	4.65	4/8 4, 4/12 4, 4.3, 4/22 4, 4/23 4	7.5～14.0%
	8	▮ム	75	3.61	4/15 3.2, 4/22 3.3	8.6～11.4%
	9	个	16	2.3	4/22 2	13.0%
	10	∴冂	31	4.4	5/24 4, 5/25 4, 5/30 4	9.1%
	11	▮イ	50	5.3	5/8 4, 5/29 4,	24.5%
〆粕	12	卄世山	50	1.06	2/30 0.95, 3/4 0.95, 3/8 0.95, 3/9 0.95, 3/29 0.95 4/14 1.0, 1.1	−3.8～10.4%
	13	卄平	28	1.22	4/3 1.1, 4/1 1.1	9.8%
	14	仐イ	33	1.1	3/17 1.0	9.1%
	15	卄口天	12	1.16	4/3 1.05, 4/4 1.1, 4/22 1.1	31.3～34.4%
	16	‖ヤ	3	1.5	4/9 1.6	−6.7%

と三月七日には一両に二俵であったことがわかる。両者の価格の差が利益であるが、これを売上価格で割れば売上利益率は一八・四％となる。また二月三〇日には一俵九分とやや高くなり、利益率も二一・四％となった。利益率はときにはマイナスなって、欠損を出している場合もあるが、だいたい一〇～二〇％台が中心となった。この利益率は仕入価格と売上価格の比較にすぎないので、粗利益の率で、実際にはここから売上経費が差し引かれることになる。とすると利益はもっと低かったといえるだろう。

筆屋は、干鰯・〆粕の販売にあたって、農民と前貸し関係をもっていたわけではなかった。農民はその年の事情で、筆屋から干鰯・〆粕を購入したり、しなかったりした。したがって筆屋は、豊富で良質な商品を周囲より低価格・低利で販売して、農民を引きつける必要があったといえるだろう。この場合、資金の回転を渋滞させる掛売りはできるだけさけ、現金決済で仕入に備えることが有効であった。またこうして確保された資金は、仕入にあてられたが、ここでも筆屋は即金に近い支払いをおこなっており、これにより有利に仕入をおこなったものと思われる。こうした経営は、嘉永六年より明治二年（一八六九）まで、さして破綻をみせることなく展開したのである。

農民は居村では、地主・小作関係、生産物の販売・集荷関係、本家・分家など共同体的諸関係などとかかわりながら、干鰯・〆粕を入手する。資金力のない農民は、高利とわかっていても、居村でさまざまな関係をつうじて干鰯・〆粕を調達せざるをえない。しかし資金に余裕があれば、筆屋のような経営がある場合、運送に多少の不便を感じても買い付けにいくことは、やはり魅力があった。そこで問題は現金の調達であるが、これが本家・分家関係やこれと密接にからみあった地主・小作関係などを媒介におこなわれているような状況のもとでは、筆屋のつくりだしているような干鰯・〆粕販売市場に接触することはむずかしい。なにより干鰯・〆粕そのものが前貸しされてしまいがちで、筆屋に購入にいく必要がなくなるのである。したがって筆屋が経営を安定的に展開できる条件として、農村にも開放的な金融市場が展開している必要があったが、こうした金融市場も幕末にはすこしずつ広がりはじめていた。常陸国河内郡宮淵村千秋の豪農は、安政期には粟田口御殿金の名目金貸付を開始するが、その貸し付け対象は、諸営業者への短期の営業資金の貸し付けで、共同体関係をつうじておこなわれる年貢金融の側面は薄かった。[32]彼が肥料金融にどれだけかかわったかはわからないが、村むらではこうした金融への欲求が高まっていた。万延元年（一八六〇）常陸国河内郡別所村では一度に二名の農民の質屋開業願を出したが、その理由は、村内には質屋が一軒しかなく、融通がとどこおりがちで「肥買入等」にもさしつかえるというものであった。[33]

慶応四年（一八六八）四月この地域にも世直しがおき、龍ヶ崎町でも打ちこわしがおこなわれたが、その蜂起を呼び掛ける張紙では、質屋・米屋の「不通」のため食料にさしつかえることと、「金銭不通用」の状態の打開が主張されている。それだけ地域に金銭の通用が広がりをみせていたのである。筆屋の経営はそうした状況を背景にしていたのである。[34]

おわりに

江戸地廻り経済の発展は各地に商品作物の展開を生み出した。これにともない従来、畿内先進地域の需要に応じて開発された九十九里浜などの干鰯・〆粕は、関東農村に供給されるようになった。一八世紀中葉には、江戸・浦賀の干鰯問屋などをつうじて関東から上方へ送られた干鰯の数量は激減した。上方では干鰯価格が高騰し、農民の肥料価格の引き下げをもとめる運動がおき、やがて菜種・木綿の直売り要求と結んで、国訴の運動が展開した。

いっぽうで関東農村の干鰯・〆粕をめぐる問題については、幕末維新期に九十九里・鹿島などの生産地で、網主に付属していた小買商人の自立と浜方問屋や網主の消費地の問屋への直売りのため、江戸・浦賀問屋の支配が解体したことや、これにたいする問屋商人側の運輸ルートまでをふくめた再編成の試みがおこなわれたことなどが明らかにされてきた。しかし農村での干鰯・〆粕の販売については、ほとんど検討がおこなわれてこなかった。そのため幕末維新期の在方干鰯商人のイメージは、一八世紀におこなわれた干鰯・〆粕の前貸しと出来秋の生産物による決済方式による高利貸し商人というものにとどまった。しかし産地の問屋が干鰯・〆粕を船に乗せて利根川を航行しながら、有利な地点で商品を売りさばく通売り商法まで展開した幕末維新期に、購入者としてその新商法を成り立たせている在方の干鰯商人の経営がなんの変化もなかったとは考えがたい。

本稿が明らかにしたのは、こうした関東の干鰯・〆粕流通の変化の受け皿となっている在郷町の干鰯商人の経営であり、地域の干鰯販売市場のあり方であった。ここでは前貸し・生産物決済はまったく認めることはできず、その経営を一方的に高利貸し的な特質においてとらえることが、かならずしも適切ではないことが明らかになったと思われる。干鰯をめぐる金融も、干鰯商人に一元化されるものではなく、重層的になっている。居村では、村役人・地主などの前貸し的な干鰯販売がおこなわれたとしても、周囲の在郷町では筆屋のような比較的低価格・低利の現金販売がおこなわれ、これに応じた金融市場形成の欲求も生まれていた。むしろそうした金融市場の展開に農民が深く巻き込まれていたことが、世直し騒動の原因となったのである。

もちろん筆屋のような干鰯商人経営が展開したのは、比較的干鰯・〆粕の流通に接触しやすい地域の在郷町などで、その周辺には、高利貸し的性格の強い地主・商人などの経営が存在したと思われる。また村方では、村役人などを中心とした共同体的な干鰯・〆粕購入がはかられていたことも注意しなければならない。こうした共同体的肥料購入は領主仕法と結ぶこともあるが、村側の自主的な取り組みとして試みられることもすくなくなかった。幕末維新期の関東在方での干鰯・〆粕の流通は、高利貸し的な商人資本の吸着に一元化するのではなく、すくなくともこうした三極構造として理解すべきだと考えるのである。

注

(1) 古島敏雄『近世経済史の基礎過程』(岩波書店、一九七八年) 第二章第三節四参照。

(2) 荒居英次「九十九里浜の鰯漁業と干鰯」(地方史研究協議会編『日本産業史大系』4巻、一九五九年所収)。

(3) 戦前・戦後の地主制史研究をつうじてあつい蓄積があるが、ここではその成果と問題関心を俯瞰することのできる論文として、山崎隆三「江戸後期における農村経済の発展と農民層分解」(岩波講座『日本歴史』近世4、岩波書店、一九六三年) をあげるにとどめる。

(4) 井上勝生「幕藩制解体過程と全国市場」(『歴史学研究』別冊特集、一九七五年度大会報告、後に同著『明治維新政治史の研究』塙書房、一九九四年所収)、平川新「地域主義と国家」(『歴史学研究』六一〇号、一九九〇年、後に同『紛争と世論』東京大学出版会、一九九六年所収)。

(5) 谷本雅之「近代日本における〝在来的〟経済発展と〝工業化〟」(『歴史評論』五三九号、一九九五年、後に武田晴人他編『展望日本歴史』18、東京堂出版、二〇〇〇年所収)。近代化における商人的対応論を提起したのは石井寛治「維新変革の基礎過程」(『歴史学研究』五六〇号、一九八六年) である。石井は外圧に対抗して工業化を達成した民族的力量として、生糸売込商・洋糸引取(綿糸)商に代表される商人資本の積極的役割を評価する反面、商人的対応が民衆的対応(＝小生産者型発展)を従属させたため民主化を犠牲とした工業化がおこなわれたと指摘した。谷本は石井が商人資本の独自な意義を指摘した点は評価しつつ、工業化においても石井が指摘するような中央の商人資本が主導するだけでなく、在地の商人の活動が重要な役割をはたしていることを明らかにした。谷本の主張を展開させれば、商人的対応と民衆的対応がかならずしも背理しないこととなる。なおアジアとの比較の上では、黒田明伸「アジア在来金融からみた二〇世紀初期の世界経済」(『歴史評論』五三九号、一九九五年) が参考となる。

(6) 上方漁民の関東出漁については、荒居英次『近世日本漁村史の研究』(新生社、一九六三年) 第一部第一章の和泉日根郡岡田浦の研究がある。また近年では、田島佳也「近世紀州魚法の展開」(『日本の近世』4、中央公論社、一九九二年所収)が詳しい。

(7)　荒居英次「九十九里浜の鰯漁業と干鰯」(前掲)。荒居の研究は、一九七〇年代までの関東干鰯の生産・流通の研究を主導したもので、とくに本論文は、その全体像を要約している点ですぐれている。以下、断わらない限り、本節は本論文によった。

(8)　阿部昭「近世後期北関東の農業構造」(『関東近世史研究』八号、一九七六年、後に「主穀生産地帯の農業構造」と改題して、同『近世村落の構造と農家経営』文献出版、一九八八年所収)。

(9)　荒居英次『近世日本漁村史の研究』(前掲)、第二部第五章。

(10)　荒居英次「近世農村における魚肥使用の拡大」(『日本歴史』二六四号、一九七〇年)

(11)　平川新「大坂肥料市場と畿内国訴」(『歴史』第七〇輯、一九八八年、後に「国訴と大坂肥料市場」と改題して同『紛争と世論』東京大学出版会、一九九六年所収)

(12)　国訴の経済的側面については、津田秀夫『新版・封建経済政策の展開と市場構造』(御茶の水書房、一九六一年、一九七七年新版)。八木哲浩『近世の商品流通』(塙書房、一九六二年)参照。

(13)　伊藤好一「江戸周辺農村における肥料値下げ運動」(『関東近世史研究』七号、一九七五年)。最近のまとまった成果としては、『川崎市史』通史編2、近世、第三編第二章第二節「地域支配の動揺と再編」(岩田浩太郎)四九三〜五〇四頁。

(14)　『川崎市史』(前掲)、五四二〜四五頁。

(15)　井奥成彦「幕末—維新期九十九里における『小買商人』について」(『地方史研究』一九九号、一九八六年)。

(16)　原直史「近世両総地域における物流の構造」(吉田伸之・高村直助編『商人と流通』山川出版社、一九九二年、後に同著『日本近世の地域と流通』山川出版社、一九九六年、第二部に収録)。

(17)　古田悦造「江戸干鰯問屋の魚肥流通における地域構造」(『東京学芸大学紀要』第三部門三九号、一九八七年、後に「江戸における干鰯問屋の魚肥流通」と改題して同『近世魚肥流通の地域的展開』古今書院、一九九六年に所収)。

(18) 市村高男「戦国時代の龍ヶ崎城下町」(『龍ヶ崎市史研究』一号、一九八六年)。
(19) 『龍ヶ崎市史』近世史料編Ⅰ、解説。
(20) 『茨城県史』市町村編Ⅲ、一〇三〜〇六頁。
(21) 『茨城県史料』近世社会経済編Ⅰ、解説・概観。
(22) 茨城県龍ヶ崎市小野瀬家文書。以下とくに注記しない限り、同家文書によった。同家文書は、嘉永六年(一八五三)の半取帳一冊、嘉永六年(一八五三)より安政四年(一八五七)までの干鰯以下肥料の販売を記録した大福帳一冊、安政二年(一八五五)より文久三年(一八六三)までの掛取りの記録である懸方帳九冊、文久三年(一八六三)より明治二年(一八六九)までの水油などの販売と筆屋の取扱商品の全体の仕入を記録した大福帳二冊からなる。
(23) 『茨城県史料』近世社会経済編Ⅱ、五三〇〜五七頁。なおこの積立帳の分析は、村井嘉子他「幕末維新期の鹿島地方における干鰯の津出しについて」(金沢経済大学白川部ゼミナール・研究室編『社会・経済史論集』三号、一九九五年)参照。
(24) 『茨城県史料』近世社会経済編Ⅱ、解説。なお明石家については、久野寿美「近世鹿島灘における地曳網主明石家の動向」(『茨城県史研究』一八号、一九七〇年)、鹿島地方全般の干鰯生産、出荷については荒居英次「近世鹿島灘の鰯地曳網漁業」(『茨城県史研究』二八号、一九七三年)参照。
(25) 九十九里・銚子には、鹿島郡の波崎と利根川の河岸の小船木河岸までを加えた。波崎は銚子の対岸であるが、銚子の一部と考えられていた。
(26) 宮城家の干鰯・〆粕取り引きについては、内田龍哉「幕末における魚肥流通の構造」(『海上町史研究』一三、一九八〇年)に詳細な分析がある。同家は、高田河岸の河岸問屋で、同時に干鰯・〆粕を浜方干鰯問屋をつうじて集荷して、江戸・関宿などの問屋商人を中心に、土浦・府中商人、道売りに従事した船持商人、下利根川の河岸問屋・在村などに販売していた。しかし慶応・明治初年には浜方干鰯問屋が同家を通さず、江戸・関宿問屋や在方へ直売りする場合が多くなったという。

（27）原直史「史料紹介・粕干鰯商売取扱方心得書」（『論集きんせい』一六号、一九九四年）

（28）原直史「近世両総地域における物流の構造」（前掲）は、幕末・維新期の九十九里浜の干鰯・〆粕の集荷では、江戸・浦賀問屋の支払いは、危険の大きい前貸しをさけ、品物を確認してから荷為替を組む方法をとっていたとしている。いっぽう荒居英次「近世鹿島灘の鰯地曳網漁業」（前掲）は、鹿島郡汲上村の浜方問屋の経営を分析して、江戸干鰯問屋より前貸しを受けており、在方干鰯問屋に販売するよりかなり安い価格で、干鰯を江戸へ出荷したことが指摘されている。

（29）以下、とくに記さない場合、嘉永六年分については、近藤正人他「幕末期の干鰯販売について」（金沢経済大学白川部ゼミナール・研究室編『社会・経済史論集』二号、一九九四年）、安政元年分については、細谷潤一郎他「幕末期の干鰯販売について（Ⅱ）」（金沢経済大学白川部ゼミナール・研究室編『社会・経済史論集』三号、一九九五年）によった。

（30）『龍ヶ崎市史』近世史料編Ⅱ、四八五～九〇頁。同家に残る干鰯販売記録はこれだけで、本格的な干鰯商人というわけではなかったと思われる。なお同家については本書五、六章参照。

（31）荒居英次「近世農村における魚肥使用の拡大」（前掲）は、一八世紀末の関東農村の在方干鰯商人の販売について豊富な事例をあげているが、一般に干鰯を前貸しで、出来秋に農産物で清算する方式で、半年計算で二〇～二五％であったとする。年利で四〇～五〇％という高利であった。これは在方干鰯商人自身が、干鰯問屋から前貸し仕入をしていたためで、常陸下館町の商人中村兵左衛門家のように自己資金で仕入、年利一〇・二％ほどで貸し付けるものもあったことを指摘している。

（32）白川部達夫「幕末期関東における農村金融の展開」（『龍ヶ崎市史研究』六号、一九九二年、本書所収）。同「幕末期関東における農馬販売についての覚書」（『龍ヶ崎市史研究』七号、一九九三年、本書所収）。

（33）『龍ヶ崎市史』近世史料編Ⅱ、四八三～八四頁。

（34）『龍ヶ崎市史』近世史料編Ⅱ、五二八～二九頁。筆屋の干鰯の仕入は、慶応期がピークとなった。この時期は干鰯が急騰したのにもかかわらず、筆屋は積極的に仕入をおこなっている。干鰯が高騰すればするほど、農民はより安い干鰯をもとめて、筆屋から購入する指向を強める。したがって当面は筆屋の売上が上昇し、干鰯高騰にかかわらず仕入額の急速な増大がみられた。しかし干鰯価格の高騰のため農民は従来以上に質屋などからの資金調達にたよらざるをえないから、政情不安から金銭の不通用がおきれば、一挙に関係は行き詰まることになる。慶応期の筆屋の干鰯販売の急増と打ちこわし、明治期の急減の意味は以上のようにとらえられるのではなかろうか。

追記 調査にあたっては小野瀬家および、茨城県龍ヶ崎市史編纂室・同歴史民俗資料館のみなさんにご協力をいただいた。記してお礼申し上げる次第である。

補注 収録にあたっては、宮淵村千秋の豪農の干鰯貸付利子率の計算をに誤りがあったので修正した。金一両＝銭四貫文で計算したため、利子率が高めに算出されていたのである。今回は帳簿の実際の換算率にあわせて修正した。同家については、白川部達夫「幕末維新期関東農村の干鰯販売について」（金沢経済大学『経済研究所年報』一八号、一九九八年）で分析したが、これも同様な誤りがある。在村豪農の干鰯貸付利子率は、同論文で計算したより低くなる。また筆屋の大福帳段階の利子についても削除した。金・銭の換算の差を利子と誤認したためである。分析の中心である筆屋と同様な経営形態は、天保末年の下総取手宿の在郷町干鰯商人の例でも確認できる。この点については、白川部達夫「近世後期の干鰯販売と流通」（白川部達夫編集『関東地域史研究』三号、二〇〇一年）参照。干鰯流通については、原直史『日本近世の地域と流通』（山川出版社、一九九六年）、古田悦造『近世魚肥流通の地域的展開』古今書院、一九九六年）などの出版があり研究が進んでいるが、販売史についてはまだ十分ではない。なお高村直助は、幕末期の庶民的市場の形成は、幕藩制的流通機構ではとらえられない新しさをもつ反面、なお孤立分散的で、地域間の格差が大きかったとして、北海道の鯡〆粕価格と大坂の価格差が大きかったため、北前船のような買い積み船が盛んとなったとしている（高村直助「編集を終えて（一）」同他編『商人と流通』山川出版会、一九九二年）。北海道―大坂においてそうした遠隔地商品としての性格をあらわにした魚肥も、九十九里・鹿島―利根川中流域では、競争的な直売買市場が成長して、肥料商人は遠隔地商品の価格差を利用した利益をあげることはできなくなっているといえる。

第五章　幕末期関東における農村金融の展開

――青蓮院名目金の貸し付けをめぐって――

はじめに

青蓮院は天台宗の三門跡寺院の一つで、京の粟田口にあったことから、粟田御所とも称された。青蓮院名目金とは、青蓮院がおこなった資金貸し付けで、修復料金（銀）・阿弥陀堂祠堂金（銀）などの名目によって貸し付けることから、こう称したのである。

近世では公家・寺社門跡・御三家などが、それぞれ名目金を貸し出した。名目金の貸し付けは、幕府の許可をえておこなわれ、訴訟が優先的に受理されるなど、幕府の公金貸付と同様な保護をあたえられていた。幕府の手厚い保護で、貸付金の回収がきわめて有利であったから、富裕な町民や農民のなかには、自己資金を名目金に加えて運用しようとするものが多くあらわれ、名目金は巨額なものとなった。

名目金貸付は一八世紀後半より、公家や大寺社が多く、資金需要も大きい京・大坂ではじまり、一九世紀初めからは江戸とその周辺でも広くおこなわれるようになった。青蓮院修復金貸付の江戸での許可は、明和二年（一七六五）で、他の寺社にくらべて、きわめてはやいものであった(1)。その後の展開状況については、ほとんどわからないが、慶応二年（一八六六）の武州世直し一揆にあたって、寺社名目金貸付にかかわって打ちこわしを受けたもの八名のうち、武州高麗郡大河原村名主俊造、同郡下鹿山村名主水村栄助の二名が青蓮院名目金の貸し付けをおこなっており、近郊農村に浸透していたようすがうかがえる。(2) 本章で検討する常陸国河内郡宮淵村千秋の五郎左衛門家を貸付所とする青蓮院名目金貸付もこうしたものの一つであった。

寺社名目金貸付については、三浦俊明『近世寺社名目金の史的研究―近世庶民金融市場の展開と世直し騒動―』が、現在までの研究を総括し、その到達点を示している。ここまでの名目金の紹介も、氏の仕事を本章の必要に応じて整理したにすぎないのであるが、分析を進めるにあたって、いますこし、三浦の仕事から留意すべき点を紹介しておきたい。

三浦は、同書のなかで、名目金貸付全体について研究史の整理や位置づけをおこなった上で、相模国藤沢の遊行寺名目金貸付の展開過程を明らかにしている。遊行寺名目金は、最初、同寺祠堂金としてはじまったが、文政一二年（一八二九）紀州家が二〇〇両を同寺に寄付したことから、これを元手とした紀州家名目金として発展した。遊行寺は御三家の一つである紀州家の名目をえることで、資金運営をより安定的におこなおうとしたのである。この結果、慶応三年鎌倉郡西村の貸付金取扱人の担当する分だけでも、貸し付け総額は一万二千両余にのぼったという。西村分の貸付金の内、四九〇〇両は周辺の有力農町民や末寺などの差加金であったが、その運用は一括して遊行寺が任命する取扱人にまかされ、差加人は利子分を受け取るのみであった。幕末では名目金の貸し付け年利子は一割二分で、このうち差加人には八分、扱料として二分、冥加として遊行寺が二分をとった。これによって、遊行寺の名目金は幕末期の社会矛盾が深まるなかで、行き詰まった豪農商の高利貸し機能を統合・補強する役割をはたしたといわれる。

いっぽう名目金の貸し付けは、村名主をつうじておこなわれ、返済についても未納者が出た場合、名主が弁納することが一般的で、村請機構に依拠したものであった。貸し付けは、高持百姓であれば、高請地を五年賦返済の質地として、かなり下層の百姓にまでおこなわれた。名目金を借りる理由は、年貢納入のための借金が普通で、過酷な年貢収奪を補完する役割をもった。このため高利貸し資本の吸着による農民の没落と農村の停滞化現象をもたらし、維新期の世直し騒動の原因となったといわれる(3)。

以上が、遊行寺名目金の展開を中心とした三浦の仕事の要約であるが、幕末維新期の関東農村における金融市場の構造を見通した分析として、学ぶべき点が多い。とくに名目金貸付の展開を、村請制など幕藩制的支配機構と高利貸し資本のかかわりや、都市や農村の社会構造の変容との関連という構造的な視点でとらえる方法は、今後も継承されるべき点と思われる。

ところで問題を名目金に限らず、近世の農村金融、あるいは高利貸し資本と農村という観点に広げると、福山昭『近世農村金融の構造』に代表される仕事がある。福山は同書のなかで、前期資本の一般理論を「商品取引と貨幣の諸機能の一定の発展以外に、自己の実存に必要な条件を有さない。」として、生産過程と直接関係しない存在であると把握する。その上で、従来の見解が高利貸し資本が生産過程に吸着し、生産力の発展を抑制するという寄生的側面を強調することにとどまっていたことを批判し、ブルジョア的発展のみられた畿内農村では、高利貸し資本も性格を多様化して、その発展に一定の役割をはたしたし、小商品生産者となった畿内農民のなかには高利貸し資本の吸着で没落するものがいた反面、高利の借り入れをおこなってもなお、萌芽的利潤を確保するものもあらわれたことを指摘した。福山はこれを農民的商品生産の自律的展開と高利貸し資本の対応と把握している。つまり前期資本は生産過程に直接関与しないがゆえに、それに吸着・抑制する決定的力もなく、生産過程の変革が進めば、みずからが対応せざるをえない。とくに近代への移行期では、その寄生的側面だけを強調するだけでは、十分ではないということであろう。氏はこの視点に立って初めて、高利貸し資本の吸着と農村の窮乏といった「概説的記述の段階に永らく放置」されてきた農村金融の問題に、正当な位置をあたえることができることを強調している。畿内農村の「農民的商品生産とその流通の自律的成立・展開に対応する農村金融の自律的成立・展開」をどの程度評価することができるか、研究史における多くの問題がはらまれていることも事実であるが、福山の仕事は近代への移行期における高利貸し資本の運動や農村金融市場の展開を豊かに把握するために、かくことのできない視点を提供しているということができるのである。(4)

以上、三浦・福山の仕事を紹介したが、本章でもこれを参考にしつつ、分析を進めたい。なお、あらかじめ断わっておかねばならないことは、ここで分析の対象とする五郎左衛門家を貸付所とする青蓮院名目金貸付については、多量の拝借証文が残されているものの、帳簿類が欠如しており、これらの全貌を把握することができなかったという点である。また五郎左衛門家についても、詳細ははっきりしなかったので、後日を期すことにしたい。

一　名目金貸付の開始と手続き

宮淵村五郎左衛門家がどのようにして、青蓮院と関係をもつようになったかは明らかではない。しかし同家には嘉永七年（一八五四）一二月に青蓮院名目金拝借証文のひな型が、翌安政二年（一八五五）四月より実際の証文が残されており、この頃より同家が名目金貸付にかかわっていたことがわかる。(5)その後、安政四年になって、同家の好之助が江戸の粟田御殿貸付方に奉公に出て、両者の関係はいっそう密接なものになっていった。幕末期には粟田御殿貸付方の組織が水戸街道沿いの地域にも浸透していたようで、年代不詳の江戸貸付方からの廻状は、土浦町大塚甚左衛門・

小堀河岸田中茂一郎・馴馬村杉田吉十郎・千秋（宮淵村の坪名、古新田とも称した。）塚本鴻之助・同市郎左衛門の五名にあてられていた。

五郎左衛門家には文政期より質地証文が残されており、この頃より、利貸し活動をおこなっていたことがわかる。土地所有については、天保一〇年（一八三九）に年貢米八俵余を納入しており、明治一〇年（一八七七）には千秋で三四石余の高を所持していた。明治初期には、周辺の村の小作証文などがみられるが、とくに地主というほどではなく、身分的にも幕末まで村役人を勤めた形跡はない。また嘉永期には、奥州より馬を買い出し、販売する馬喰渡世を営むようになった。馬の販売の範囲は、周囲の農村に広くおよび、名目金貸付の村むらとも重なっていることが多かった。名目金貸付にあたって、馬喰渡世によって培われた地域との結びつきが、大きな役割をはたしたことが想像されよう。同家が名目金貸付と結びついていった背景には、利貸し経営が行き詰まったことがあった。これを象徴する事件として安政二年の貸金出入と村方騒動があげられる。この年、五郎左衛門は組頭を相手取り、嘉永四年に貸した七両の返済をもとめて代官所に訴え出ている。つづいて、同村の百姓五三名の惣代がこの組頭の不正を訴えるが、このなかには五郎左衛門の貸金出入もとりあげられている。これによれば、組頭は借用証文の不備をついて、借金は返済期限のないものだと主張したようである。ことの当否はともかく、小前百姓の五郎左衛門が、村役人を相手取って、貸金回収に苦労していたことは、うかがえる。五郎左衛門にとって、こうした経験は、貸金回収が有利な青蓮院名目金貸付と結びつく必要を感じさせる背景となったと思われる。

以上、簡単に五郎左衛門家が青蓮院名目金貸付を開始するにいたるまでの経過をみてきたが、つぎに実際に貸し付けについて検討したい。まず貸し付け手続きからみていこう。

貸し付けをのぞむものは、請人を立て、つぎのような拝借の頼み証文を差し出した。

頼一札之事

粟田御殿様御貸附金、此度無拠就要用ニ奉拝借仕度、仍之身元見届ケ之上、御貸附被成候様、偏ニ奉願候、且又御返納之儀は、被　仰付次第、聊無遅滞返納可仕候間、何卒御願之通り、御聞済ニ相成候様御願申上候、以上

安政三辰年十月　　　下総国埴生郡幡谷村

拝借人　太郎左衛門　㊞

請人　　伝兵衛　㊞

常州河内郡

千秋村

五郎左衛門殿

頼み証文には、拝借をのぞむ金額の記載はなく、拝借の申し出だけが記載されている。請人は村役人ではなく、組合・親類の肩書があることが普通である。宛名は五郎左衛門にあてられているが、別の文書では、同人に粟田御殿御用達という肩書をつけている場合がある。

貸し付けが決まると拝借証文と引き当て証文が作成されるが、そのはやい例がつぎの史料である。

奉拝借御金之事

一御金弐両弐朱也　　　但、御利足壱割

一右御金之儀は、先達て

御公儀様え被　仰立置御貸附被遊候

青蓮院宮様御修理金之内御座候処、無拠就要用ニ奉願拝借仕候処実正御座(候脱カ)、但返納之儀は、来ル辰八月十日限り、

御元利皆返納可仕候、尤為御引当御金相当之地所高反別字御水帳え為引合、村方質入値段三割安之積を以、加印もの請取置候間、万一返納御定日相滞候節は、右引当を以、金子調達□返皆返納可仕候、尤従　御奉行所被　仰渡之趣、逐一承知罷有候上は、聊遅滞仕間敷候、返納限り月ニ至り引当不相当等と決て申間敷候、為後日、奉拝借御金証文、依て如件

安政二卯歳

石野安之助知行所

常州河内郡生板村

砂場

拝借人　市郎右衛門　印

同

組合　藤兵衛　印

同

親類　弥兵衛　印

名主　勘兵衛　印

栗田御殿

御役人衆中様

前書之通、少も相違無御座候ニ付、依之奥印仕候、以上

奉差上一札之事

一今般当

御殿御貸附金之内、本証文之通、拝借被仰付難有奉存、乍恐為御引当左之通り

高弐斗五升

上田六畝歩　　新開

右之通、御水帳え為引合、相違無御座候間、拝借中村役人え預ケ置、外方え質地ニ差出し候義は決て為仕間敷候、返納及遅滞候節は、右引当を以金子調達、村役人共より御元利皆返納可仕候、尤以前質地請之者取調示談仕置候間、差懸り候ても、延浚(逡カ)仕間敷候

一拝借仕候御金返納之儀は、来ル辰八月十日限り、御元利取揃返納仕度旨奉願候処、御聞済被成下、万端都合宜敷難有奉存候、然上は、返納無遅滞御定日之通、急度上納可仕候、万々一返納及遅滞御役人中様御取立ニ御越被成候節は、一汁一菜之麁飯差上候義は勿論、御逗留中名主宅ニて御宿御賄可仕候、且又御飛脚等被遣候共、是又同様御定例之通り取計へ無益之御雑用不奉懸様可仕候□条ニ付、御用之節は、何時ニても罷出着御届中上違背仕間敷候、為後鑑奉指上一札、仍て如件

石野安之助知行所

常州河内郡生板村砂場

安政二卯年

拝借人　市郎右衛門　㊞

組合　藤兵衛　㊞

親類　弥兵衛　㊞

栗田御殿

御役人衆中様

前書之通、聊相違無御座候ニ付、万一拝借中不埒之儀、有之候節は、早速罷出、右引当を以金子調達仕、御元利皆返納可仕候、為後日奥印仕□如件

名主

勘兵衛　㊞

拝借証文からみると、拝借金は青蓮院修理金で、安政二年に借用して翌三年八月一〇日に返済し、利子は一割という契約となっている。また借用の理由は「無拠就要用ニ」となっている。利子は文久元年（一八六一）八月までは月一割で、以後、二五両にたいして月一分、つまり年利一二％となっている。元年八月以降の年利一二％は天保一三年に幕府の出した貸付利子の引き下げ令の定めた上限である。年利一二％でもけっして低利というわけではないが、それまでの利子の月一割は年利一二〇％で、相当の高利であった。(6) 返済期日は「来ル　十日」などと記載されていることが普通で、この証文のように、明記されている場合は少ない。(7) 明記されているものについてみると、五〜六カ月後が多く一年をこえるものはきわめて少なかった。短期の貸し付けが一般であったようで、この点からみると「来ル　十日」というのは、期月をいれていないのではなく、来月十日の意味ともとれる。また利子が月一割ときわめて高いのも短期の貸し付けであれば了解できる。借用の理由については「無拠就要用ニ」というのが普通で、年貢返済のためという文言はみられない。

拝借証文ではつづいて、貸付金にたいし引き当て田畑の規定がある。引き当ての田畑は検地帳と対照して確認すること、村方の質入値段の三割安で算定して、加印のものが預かり、返金がとどこおったときは、これで返済すると定められている。短期の金融ということもあり、加印のものが預かるというのは建前で、実際は拝借人が耕作していた

ものであろう。いっぽう借用人・請人については、遊行寺名目金のように名主に貸すという形式をとらず、小前百姓を対象にしている。借用人は、普通は一人であるが、数例だけ三〜四名が連名で借りている場合もある。また請人は組合・親類で、名主・村役人がなる場合は二例しかない。拝借証文では名主は奥印をして、証文の効力を確認するだけで、別に印鑑証文を出して、借用人・請人の印鑑証明をおこなう程度となっている。

つぎに引き当て証文についてみよう。引き当て証文では、まず引き当ての対象となる田畑が検地帳と対照されて書き上げられている。ここでは借用金二両二朱にたいし、上田六畝、高二斗五升の土地である。同村の質地値段はわからないが、拝借証文が質地値段の三割安というように、引き当ての耕地は借用金額にたいして、かなり広くなっているようである。つづいて、借用中引き当て地は村役人が預かり、他へ質地に出さないこと、返済がとどこおった場合、村役人が責任をもつこと、返済の取り調べで青蓮院の役人が出張した場合、その費用を負担することなどが契約されている。拝借証文にたいして、こちらは村役人の関与が強く出ているが、安政四年になると引き当て地の預かり人は加印のものとなり、村役人の奥印もない証文があらわれる。そして同年一二月よりは、つぎのような形式の証文となり、明治期まで使用された。

奉差上一札之事

一今般当

御殿御貸附金奉願、本紙証文之通り拝借被仰付難有奉存候、乍恐為御引当と左之通り

一田方四俵間土　字大砂

右之通、御水帳え為引合、相違無御座候ニ付、拝借中加印之者請取置、外方え質地ニ差出候義は、決て為仕間敷候、返納及遅滞候節は、右引当ヲ以金子調達仕、御元利□□返納可仕候事

安政四巳年十二月

松平陸奥守領分

常州河内郡龍ヶ崎砂町

拝借人　儀左衛門 ㊞

同所組合

返納引請人　平　蔵 ㊞

同

返納引請人　惣　吉 ㊞

粟田御殿

御役人衆中様

前書之通、聊相違無御座候、拝借中不埒之儀御座候ハヽ、早速罷出、右引当ヲ以金子調達仕、御元利皆返納可仕候、依之奥印仕候、以上

右町名主

与重郎 ㊞

一拝借仕御金期月ニ至一時皆済之義難渋ニ付、期月迄六ヶ月割合、毎月十五日限御元利取揃返納仕度旨奉願候処、御聞済被成下万端都合宜敷難有奉存候、然ル上は、御日限聊無相違返納可仕候、万一遅滞仕、御役人中様為御取立と被成御越候節は、一汁一菜之麁飯差上候義は勿論、御逗留中名主宅御宿仕御賄申上、且御飛脚等被遣候共、是又同様相心得、御定例之通り取計へ、無益之御雑用不奉掛様可仕候、尤右一条ニ付、御用之節は、何時ニても罷出着御届申上、決て違背仕間敷候、為後鑑一札奉差上候、依如件

村役人の奥印は復活するが、一般的なものにとどまった。また奥書に一時の返済がむずかしいため、期月まで六カ月の分割返済をおこなう旨の契約があらわれる。これのないものもあるが、引き当て証文のほとんどは、月払いの分割返済となっていた。

二　名目金貸付と農村金融市場

五郎左衛門家には、安政二年（一八五五）より明治元年（一八六八）までの一四年間に拝借証文二三〇通が残されている。ほかに拝借証文と対照できない頼み証文や引き当て証文が多数残されているから、実際はもっと多くの貸し付けがおこなわれたはずであるが、全貌は不明である。たとえば、安政三年には拝借証文は一通も残っていないが、頼み証文は常陸国河内郡幸田村、下総国印旛郡北須加・八代村、埴生郡幡谷・新妻・芦田村、香取郡七沢村の七カ村より一二通が残されており、当初よりかなり広い範囲に一定の規模で、貸し出しがおこなわれたことが想像される。

表22にその年代ごとの貸付金額と件数、一件あたりの金額を示した。金額・件数ともに増加をたどっているが、文久二年（一八六二）と慶応元年（一八六五）に大幅な増加がみられた。安政三年のような例もあって、この年に貸し付けが急増したとするには、なお慎重でなければならない。しかし一件あたりの貸付金額についてみても、ほぼ二つの画期があったことが明らかで、文久二年には、それまでの貸付金額が一件あたり三～五両程度であったのにたいし、六・九両と大きくなり、慶応元年（一八六五）ではその前年の元治元年より一〇両をこえるようになる。

文久二年は、それまで月一割、年利一二〇％であった利子が年利一二％になった年で、これを画期に貸し付け体制に大きな転換がはかられたことがわかる。それまで資金を短期に高利で運用していたのが、同年からは利率を引き下

表22　名目金貸付の動向

年　　代	貸付金額（a）	件数（b）	a/b
安政2（1855）	9両2朱	3	3.2両
3（1856）			
4（1857）			
5（1858）	16両	4	4
6（1859）	37両2分	7	5.4
万延元（1860）	53両	9	5.9
文久元（1861）	30両2分	9	3.4
2（1862）	138両2分	20	6.9
3（1863）	136両3分	18	7.6
元治元（1864）	223両2分	21	10.6
慶応元（1865）	468両	40	11.7
2（1866）	384両	38	10.1
3（1867）	558両	47	11.9
明治元（1868）	198両2分	14	14.2
小　　計	2253両1分	230	9.8

げ、幅広く貸すようになり、一件あたりの金額も多くなったのである。この転換が、どのような事情によって生じたかは、わからないが、その後の貸し付け拡大の起点となったという意味では、五郎左衛門家の名目金貸付体制が確立をみた時期と位置づけることができる。

表23―1、2は全体の月別の貸付件数ともっとも貸付額が多かった慶応三年の月別貸付金額・件数を示したものである。表23―1についてみると、総計では一二月が四〇件と多くなっているが、全体の一七・四％程度で、とくに集中しているというわけではない。ある程度証文が残されている慶応年間でも、貸付件数の最大の月は、いずれも一二月ではなかった。貸付金額についても同様で、表23―2の同三年についてみても、三月が件数・金額合計でも最高で、一二月はこれについでいる。また一件あたりの平均貸付金額でも、一二月はほぼ平均程度で、とくに重要な位置を占めていない。質地などの年貢未進を決済するための借金は、一二月に集中するのが普通であるが、ここではそうした傾向はとくに認められないのである。これは年貢納入期であ

表 23-1　拝借証文の月別の残存状況

年代＼月	1	2	3	4	5	6	7	8	9	10	11	12	不詳	合計
安政 2				1						1			1	3
3														
4														
5			1							2		1		4
6	1		3					1	1			1		7
万延元			2		1	2	1		1	1		1		9
文久元		1		2		2		1			1	1	1	9
2		1			2	2		2(1)			4	6	3	20
3	1	1				7			1	2	1	5		18
元治元		3		2	1	1		1	2	2	2	5	2	21
慶応元	1	2	2	3	7(4)	2	3		6	6	4	1	3	40
2	2	4	1	1	1	2	1	4	4	8	2	6	2	38
3			11	5	3	8	2		3	3	1	9	2	47
明治元		4		1(1)		1		2			1	4	1	14
小　計	5	16	20	15 (1)	15 (4)	27	7	11 (1)	18	25	16	40	15	230

注　(　) 内は閏月の証文数

表 23-2　慶応 3 年 (1868) の月別貸付

月	貸付金額 (a)	件数 (b)	a/b
1			
2			
3	114 両 2 分	11	10.4 両
4	54 両 2 分	5	10.9 両
5	81 両	3	27 両
6	63 両 2 分	8	7.9 両
7	42 両	2	21 両
8			
9	12 両	3	4 両
10	46 両	3	15.3 両
11	10 両	1	10 両
12	109 両 2 分	9	12 両
不詳	25 両	2	12.5 両
小　　計	558 両	47	11.9 両

る一一月や六～九月（畑年貢）に広げてみても同様であった。

貸し付け地域については、図4に示した。貸し付けは五郎兵衛家の居村である宮淵村千秋を中心に周囲一〇～一五キロメートル程度、常陸・下総の二ケ国六郡におよんでいる。このうち、延べ一〇件か一〇〇両以上の貸し出しがおこなわれた村をあげると、

常陸河内郡……一八カ村中、大徳村・龍ヶ崎町・羽原村・貝原塚村・塗戸村（外に不明六件）

同信太郡……三カ村中、君山村

下総相馬郡……九カ村中、なし

同印旛郡……六カ村中、布鎌村・小林村

同香取郡……八カ村中、猿山村・高岡村

同埴生郡……五カ村中、なし

となっている。常陸国河内郡を中心に下総国印旛郡・香取郡などに、深くかかわっていたことがわかる。また下総国相馬郡・埴生郡などは一〇件か一〇〇両以上貸す村はなかった。とくに下総国相馬郡は近隣であるにかかわらず、川原代村の八件、三八両をのぞいて、さしてみるべき貸し付けがない。この点から、貸し付けは河内郡を中心に、小貝川の下流にかけておこなわれ、水戸街道の周辺から北側については、およばなかったと考えられる。さらに居村の宮淵村では七件、三二両二分しか貸し付けがなく、五郎左衛門家の名目金貸付が村の共同体的諸関係から、はずれたところにあったことがわかる。

嘉永四年（一八五一）～安政六年（一八五九）まで五郎左衛門家には馬の売附帳が残っている。これによって名目金の貸し付け開始が確認できる安政二年の馬売買についてみると、この年、同家では五一カ所（町村および坪）に九八

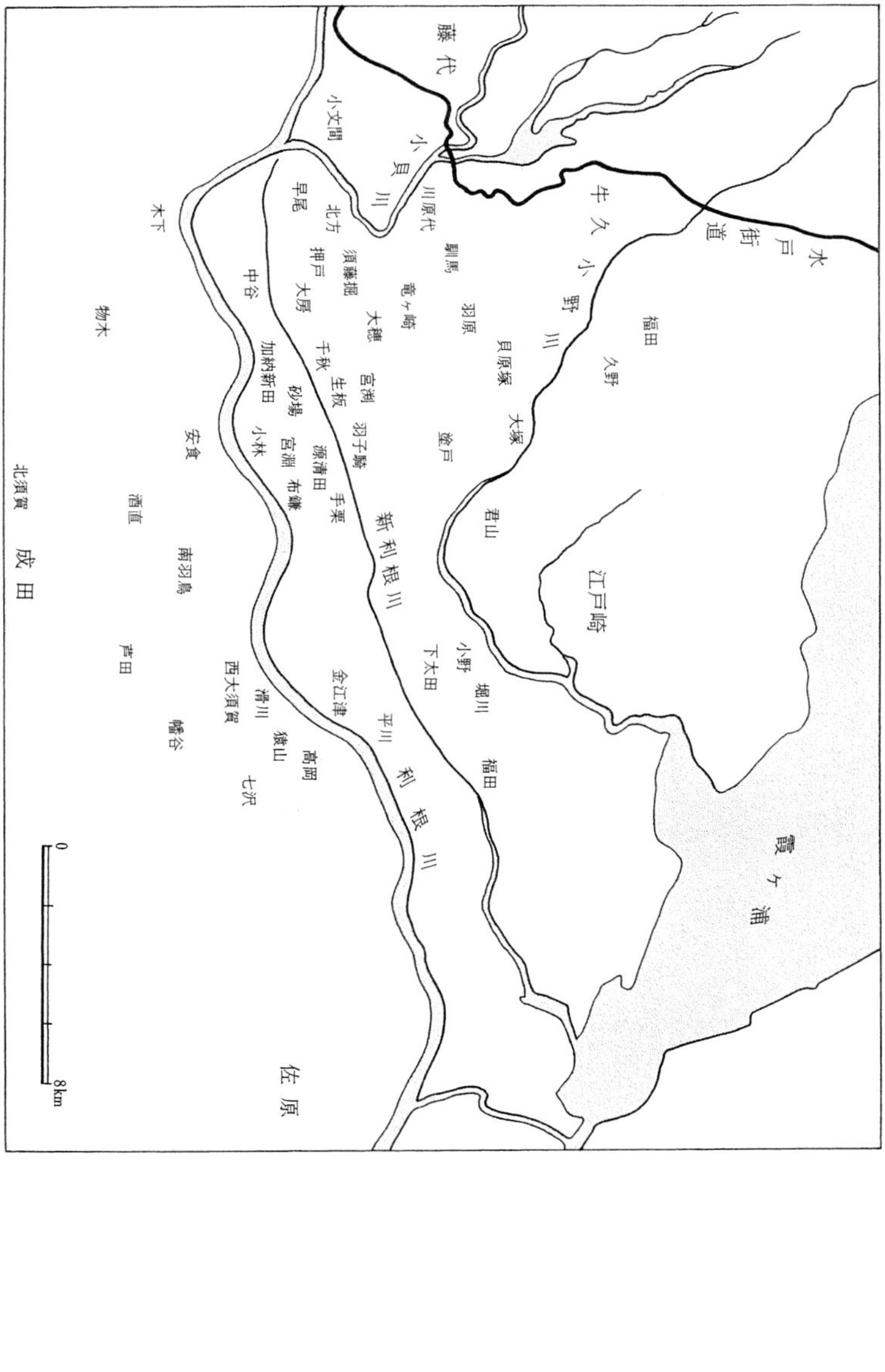
藤代
小文間
小貝川
川原代
牛久小野川
水戸街道
早尾
北方
押戸
須藤堀
馴馬
竜ヶ崎
羽原
福田
久野
貝原塚
木下
中谷
大房
大徳
物木
千秋
宮渕
加納新田
砂場
生板
羽子騎
大塚
塗戸
安食
小林
宮淵
源清田
布鎌
手栗
新利根川
君山
北須賀
酒直
成田
南羽鳥
江戸崎
下太田
小野
堀川
金江津
芦田
西大須賀
滑川
平川
猿山
高岡
幡谷
七沢
福田
利根川
霞ヶ浦
0
8km
佐原

図4　名目金貸付関係図

匹の馬を販売したが、二〇カ所は名目金貸付の村むらと重複している。重複しない村むらも、おおかた、居村から一五キロメートル程度の範囲におさまっており、五郎左衛門家の馬販売の商圏が基盤となって、名目金の金融市場が形成されたことがわかる。このことは名目金の貸し付けが、年貢金融に限られなかったという事実とともに、諸営業の展開と密接に関係していたことを想像させる。

名目金の借用がどのような理由からなされたかは、名目金をめぐる金融市場のあり方を示すものとして、重要な検討課題である。この点について、全面的に明らかにする史料は存在しないが、五郎左衛門家に残る文書から、九例について借用理由を抽出できたので、紹介しよう。

まず、安政四年五月の河内郡（村名不詳）の吉郎兵衛の拝借金日延べ願では、借用の理由を「去辰ノ御上納・夫食ニ差詰り」とあり、年貢上納と生計費確保のための借用であったことがわかる。しかし年貢上納・生活困窮による借用をはっきり前面に出しているのはこの例だけであった。文久元年六月の相馬郡小文間村紋右衛門の頼み証文は「御年貢未進、其外渡世向手元金ニ差詰り（中略）三両拝借」と年貢未進を理由としているが、いっぽうで渡世向手元金の必要ものべている。年貢金融として規模の大きなものは（年不詳）三月一〇月の佐沼村良次右衛門の融資の紹介状がある。ここでは塗戸村の勘右衛門伜を紹介して、同人は地頭所御用賄い役を勤めているが、急な御用金にさしつかえている。米は六〇俵ほど、春積み送り分の年貢米をもっているが、相場が下落して困っており、米の質入でも、名目金の借用でもよいので、融資を受けたいと申し出ているとしている。年貢金融ではあるが、この場合、地域の米穀市場のあり方と、深くかかわっていたことは無視できない。

諸営業の資金需要にかかわるものについてあげると、まず万延元年（一八六〇）の下総国相馬郡須藤堀村五郎左衛門の頼み証文は渡世向手元金五両の借用を願っている。渡世向手元金の具体的内容は不明だが、当時の用法からいえば、なんらかの営業資金であったと思われる。また年月日不詳の常陸国河内郡太田村の平右衛門の書状では、「当村吉郎兵衛儀、旧冬より始油屋渡世致度、家作並諸道具等□□とも、菜種買入方ニ差支候間、金百両御拝借」と菜種の買い入れ資金として一〇〇両の借用を願っている。同様に（年不詳）七月一日の下総国印旛郡亀成村半兵衛の書状では「当時藍買入之時節ニ相成、当年ハ買人多く御座候間、是悲〱御操合被成下度」とあり、藍の買い入れ資金を調達しようとしていることがわかる。この地域には、常陸国河内郡を中心に、龍ヶ崎木綿の産地が広がっていたから、染料としての藍の需要も多かった。常陸国河内郡生板村堀割の清六は、書状で上納金の日延べを願っているが、同家の清治郎なるものが銚子の藍葉買い入れ金の手違いから欠落し、この清算のため藍葉問屋に一二〇両を支払ったので、上納金返済がとどこおったと釈明している。藍商売がかなりの金額にのぼったことや相場の変動で危険のともなうものであったことなどがうかがえる。

直接、営業資金ではないが（年不詳）の下総国印旛郡八代村八郎左衛門の書状は、同村の伊左衛門に一〇両の借用方を願っているが、「伊左衛門と申者ハ伜下駄やニ御座候間、御返納之儀は差支ニハ相成間敷と存候」と伜が下駄屋を営んでいるので、返金に間違いはないだろうとしている。農業専一のものとはことなって、小営業に従事しているものは、日常的に金銭の出入がある分だけ、返済能力があると判断されているのであろう。この書状には、八郎左衛門の「引請」ていた拝借金の日延べの願いが記載されており、同人が名目金を預かって、周辺に世話をしていたことも想像される。下総国相馬郡川原代村市兵衛の書状では、「毎度誠ニ申上兼候へ共、小子儀も少々貸附致居候処、当月は取立金不寄ニて、何ニとも困入」として、四〇両の借用を願っている。市兵衛は、名目金を運用していたかどうかはっきりしないが、彼が利貸し営業を円滑におこなうためには、「毎度」五郎左衛門家よりの融資が必要であったことがわかる。この場合、八代村八郎左衛門よりもっと踏み込んで、名目金貸付をつうじて重層的に金融編成がなされていたのである。

以上、不十分なものであるが、名目金貸付の背景に、窮迫した農民の年貢未進や夫食確保のための借用というだけでなく、諸営業の発展にともなう資金需要があったことが明らかになったと思う。これを過大視することは危険であるが、いわゆる江戸地廻り経済の発展にともなう商品経済の波は、この地域にもすでに深く浸透しており、市場の変動に対応するための資金需要を生み出していたことがうかがえるのである。

三　名目金の回収と粟田御殿貸付方

五郎右衛門家の名目金貸付は五〜六カ月の短期の融資で、返済は月々の分割返済が一般的であった。江戸の粟田御殿貸付方の廻状によると、数カ月ごとに、貸付金高の取り調べ帳と上納金を出すことになっており、五郎右衛門家に限らず、他のものも貸付金を月々に分割回収して、上納金などを支払っていたようである。同家では、貸し付けがおこなわれると、つぎのような文書が作成された。

「(端裏書)
返納金請取書
常州河内郡生板
鍋子
文右衛門殿
名主
五郎左衛門殿」

一左之返納金之儀は、月々粟田御殿御貸附所え相送り可申候事

塚本好之丞 ㊞

文久三年亥五月御貸附

割印〕　一金弐両弐分也

内

七月四日　　元利之内え

割印〕　一金壱分三朱也　　請取

八月十三日

割印〕　金壱分弐朱也　　元利内納

九月六日

割印〕　金壱分壱朱也　　元利内納

十月廿三日

割印〕　金弐分也　　元利内納

文書の形態は折紙で、返納金請取書という表題が付いているが、本文の表現でもわかるように、金子を渡すさいに貸金額までを書いて発行し、その後、返金がある度に、割印をして受取とした。この文書では、七月から一〇月まで毎月返済がおこなわれているが、他の文書では二、三カ月ごとというものもある。請取では一〇月までに一両三分二朱を返済している。拝借金は二両二分なので、まだ二分二朱と利分が残っている。文書には、十月以降に余白があるから、なんらかの事情で、途中で文書の使用が中断されたのであろう。返済金には「元利内納」とあって、利子分が

ふくまれていた。(8) 名目金は金利を先取りすることが認められていた。この場合、証文の額面から利子分が引かれた上で、実際の金子が貸し付けられ、返済のときに証文の金額を返済することで、元利が支払われた。五郎左衛門家の場合、月々の返済額に利子がふくまれており、利分の先取りがおこなわれたかどうかはっきりしない。また下総国印旛郡の「南羽鳥村拝借人納金巨細書帳」と称する帳簿では、証文・別紙・差金分と貸し付けがわかれていた。一例を示すと

辰十月　　　　　　　　　　　　上福田
金七両弐分　　　　　　　　　　　次郎右衛門
内金五両　証文かし
内金弐分　別紙かし
内金弐両　差金分
平かし

となっており、返済は差金・別紙・証文の順でおこなわれた。「証文かし」については、名目金拝借証文による貸し付けであると考えられるが、ほかについては不明である。この帳簿の裏書には「粟田御殿御内　塚本好之丞」とあって、明らかに名目金の貸し付け返済状況を調査した帳簿であるが、名目金拝借証文によらない貸し付けがあったことがわかるのである。借用金額の三分の二以上は名目金の証文貸しであるが、名目金によらない金融も付随させておこない、これを名目金取り立ての名義で、しかも名目金より優先して回収していた可能性が考えられる。

拝借金返納がとどこおると、日延べ願いが出されるが、さらにこれがとどこおり、在村で取り立てが困難となると、江戸の粟田御殿貸付方が出訴することになる。つぎの廻状は、粟田御殿貸付方の近藤酒造が常陸の黒駒村への廻村に

あたって、村方の貸付所へあてて出したものである。

尚々、大塚氏・田中氏・杉田氏へ申入候、各方御取扱口之内、相滞自然出訴ニも相成候分、証文並差引元利滞勘定書等も此度持帰り可申間、御用意可被成候、以上

尚々、乍御面倒此書面早々御順達可被下様御頼申上候

以手紙得御意候、日増ニ冷気罷成候処、弥御安康ニ奉賀候、然は此度常州黒駒村え致廻村候間、帰府之節各方取扱之御貸付金高名前並上納金等最寄へ差出可被成候哉、左も無之候ハヽ、乍序御立寄可申候哉、此段得御意度、如斯ニ御座候、以上

十月十五日　　近藤造酒

土浦町

御本陣大塚清吾殿方ニて

大塚甚左衛門様

小堀河岸

寺田勘兵衛殿方ニて

田中茂一郎様

馴馬村

太郎右衛門殿方ニて

杉田吉十郎様

千秋村

五郎左衛門方ニて
塚本鴻之助様
同
同　市郎右衛門様

これによれば、土浦町・小堀河岸・馴馬村・宮淵村千秋など水戸街道沿いに粟田御殿貸付所が組織されていたことがわかる。また尚々書の部分にとどこおり分の出訴をのぞむものは書類を用意するように伝えている。近藤の廻村の目的の一つは、おそらく名目金貸付にともなう御殿への上納金の徴収と村方のかかえているとどこおり分の訴訟処理を引き受けることであったと思われる。

訴訟にあたっては、粟田御殿貸付方の名義で村方に問い合わせをおこなう。一例を示せば

「(封上書)
達状
常州河内郡中島村
役人中」

覚
亥八月証文
元金弐拾三両
内金五両納
一残金拾八両

窪田勘右衛門殿知行所
常州河内郡中島村
百姓
伝右衛門
同　伊右衛門

外ニ利滞

同　清　蔵

名主清　兵　衛

□□之もの共、前書之通拝借罷有、返納相滞候ニ付、度々及掛合候得共、埒明不申ニ付、無拠、今般出訴及候間、名前等相違無之哉、問合申候、以上

丑一二月

栗田御殿

御貸附方　㊞

右村

役人中

というものである。この達書でも、出訴された場合の経費や手間を考えると、借用人には相当の圧力になったであろう。村方で話し合いができれば、証文を書き換えて済ますこともあった。そのさい親類が一部を分担して、証文が作成される場合もみられる。どうしても返済ができない場合は、引き当て証文にそって、引き当て地を処分させて回収することになっているが、村方の貸付所では、この点については知ることができない。残された文書では、安政六年（一八五九）五月に名目金を借用して、その年の一〇月と、翌年一二月にそれぞれ一両余を返金した以後、返済がとどこおり三年後の文久三年（一八六三）にそれまでの元利をまとめて完済している例などがあり、実際は、ただちに引き当て地処分に進むことはできなかったと考えられる。

利貸資本にとって、貸付資金を利分とともに、どの程度順調に回収できるかがもっとも重要な問題である。貸付資金の回収がとどこおれば、たとえ証文書き換えで貸付額が表面上増加しても、実際上は意味をもたない。かえって投

下資金が不良債権として固定してしまうため、資金循環に支障を来し、経営が危機に陥る。五郎左衛門家の名目金貸付が、この点でどうであったかは、資金回収に関する帳簿が欠けていてわからない。しかし同家による貸し付けは、証文書き換えで貸付金額がふくれあがったと思われる事例がすくないこと、それにもかかわらず貸付額が全体として増加していることなどから、ある程度拡大していたとみることができる。そのときどき貸金とどこおりの問題を生じながらも、現在残された史料からは、貸付金の循環が危機に陥るというほどの兆候をみいだすことはできないのである。もちろんこのことが拝借人が高利の名目金返済に苦しまなかったことを意味するのではないことには注意したい。

つぎに五郎左衛門家と江戸の粟田御殿貸付方の関係について、簡単にふれて終わろう。慶応元年（一八六五）九月、粟田御殿貸付方はつぎのような、廻状を在村の貸付所に出した。

「（封上書）
　粟田御殿□□
江戸
廻状
　　塚本好之丞　塚本市郎右衛門」

尚々、飛脚□□六名之儀□□頼申上候、且飛脚賃金弐朱ッ、□様々より当人□□可申候、以上

態々以飛脚得御意候、熱気日増ニ能成候処、各様ニも弥御安康ニ可被成御凌珍重奉存候、然は此度別紙之通申入候間、無御順達可被成候、□□迄之分御貸付金高名前書、此度御差出可被成候、併御益上納之儀は別紙之振合ヲ以御上納可被成候、右之段、可得御意□□御座候、以上

九月二日　　　　田辺□□二郎

小林甚四郎様

塚本好之丞様
塚本市郎右衛門　　矢島貞輔様
竹内□兵衛様　　柴権兵衛様
宮本久兵衛様　　次第不同

定

一御貸附金□名前書一ヵ月限、委細相認、翌月上旬之内、幸便ヲ以当方ゑ可被差出候、幸便無之候ハヽ、各方申合順番ヲ立□飛脚ヲ以可被差出□事

一御貸附金証□今般印形□相渡申候間、以後は右印有之紙ニ□例之文言相認メ、貸附可被取扱候、右印無之証文万一相滞□共、取用不相成候間、□其方々□有之候分は出府之□持参被□候ハヽ、致調印相渡可申候事

一御貸附金御寄□納之儀は□被差出候、仮令其□翌□秋相納候ハヽ、正月〆四月返之分取纏可被相納候事

一年始之儀は是迄之通、二月十日可くる之事、伺暑寒は出府之序ニ可被致候事

一出役被相願候節、各方之内逗留中馳走ケ間敷儀無之、一汁一菜之外、無用之事

右之条々写取置、聊相違無之様可被相心得、万一□背之□は、取用申間敷候事

(慶応元)
丑九月

前書之通、今般被仰聞承知奉畏候、及後日御受印差上置申候処、依て如件

塚本好之丞　塚本市郎右衛門　竹内五郎兵衛

矢島貞輔　柴権兵衛　宮本久□　□

虫喰いによる破損が激しいが、ある程度の内容はうかがうことができる。定では、①貸付金高・名前書は一カ月ごとに作成して江戸の貸付方に送る。②江戸の貸付方の印を捺した用紙を渡すので、今後の拝借証文はこれに規定の文言を書いて使用する。印鑑のないものはとどこおりの訴訟を願ってもとりあげない。③決算と上納金の納入規定（破損のため意味不明）。④年始の規定。⑤出役のさいの応接の倹約などが命じられている。

江戸の貸付方は、在村の望みのものを取り立てて、貸付所の経営を認める。五郎左衛門家の例では、御用達というのがこれにあたる。さらに五郎左衛門家の好之丞は江戸へ出て、家来になった。この場合、人別なども村からはずされて、江戸へ移った。武州世直し一揆の打ちこわし対象となった二名は青蓮院宮家来親類と称して貸付所を経営しており、好之丞の例が特別なものでないことを知ることができる。江戸の貸付方は彼らに資金を渡して、貸し付けをおこなわせたが、その外に御用達がみずからの資金を加えて運用した。この場合、江戸の貸付方は在地の御用達がみずからの資金をどの程度、青蓮院名目金の名義で運用しているか正確に把握し、上納金の徴収を確実なものにする必要があった。慶応元年の定は、この点の統制強化をめざしたものである。

①では、従来四、五カ月ごとであった貸付金高・名前書の提出が、一カ月ごととなった。②が今回の改正の中心であったと思われるが、名目金拝借証文にあらかじめ江戸貸付方の印を捺した用紙を使用させることで、貸し付け実態を把握しようとしたのである。こうした用紙は五郎左衛門家では、この年の一〇月の証文より使用がはじまり、明治元年（一八六八）一二月まで認めることができる。様式は、文書の袖の部分に割印が捺されてあり、これによって、江戸の貸付方は証文発行数を把握することができるのである。しかし貸付方の要求にもかかわらず、最後までこの方式は十分定着しなかったようで、慶応元年では一〇月以降、割印のある拝借証文は一一通中五通だけで、同二年では

三八通中一四通、同三年では四七通中一四通、明治元年では一四通中五通と、どの時期も拝借証文のうち、半数にみたなかった。割印の拝借証文は特定の月に集中するというのではなく、同じ月でも割印のある証文とない証文が存在しているから、用紙が不足して江戸から用紙がとどくまでの間、割印のない用紙を使用したというものではない。割印のない拝借証文について、上納金を出さなかったとすると、返済とどこおり訴訟の保障との関係をどう処理していたか問題が残るが、割印による実態把握が相当に限界のある制度であったことは明らかであろう。

江戸の貸付方にたいし、御用達は貸付高に応じて、上納金を出すが、その受取がつぎの文書である。

覚

一金九両壱分　　但 正月より五月迄
　銀拾弐匁三分　　高金五百壱両弐分分

右之通、慥ニ受取申候、以上

丑六月十日　　田辺印

金九両一分余が上納額で、五〇一両余が正月から五月までの貸付高であったのではないかと思われる。これにつづく、閏五月より八月分については、上納額が七両と銀壱匁八分、貸付額が四一五両となっている。貸付高と上納額との関係であるが、五〇一両二分を証文にある年利一二％（月利一％）で、五カ月貸し付けてえられる利子は金一両を六〇匁として計算して、銀一五〇四匁五分である。上納金を同様に銀換算すると五五七匁三分となるから、利子収入の三七・七％を上納金に支払った計算となる。閏五月から八月では、この比率はもっと高くなり、四二・二％であった。青蓮院は名目金の利子収入を一一分して、御殿・諸入用・支配人に各一、銀主に八を配分したといわれる。青蓮院が御殿・諸入用・支配人分を上納金としておさめたとしても、二七・三％程度でなければならないから、基準を大きく上回っている。上納金のなかには、五郎左衛門家の差加金分の上納金のほかに、青蓮院側が預けた資金についての上納分がふくまれているために、高い配分比率を示したのではないかとも考えられるが確認できない(9)。しかし江戸の御殿貸付方は、在村の貸付所の貸し付け状況を完全に把握することができず、報告をこえる貸し付けがおこなわれたから、全体でみると上納金の収益に対する比率は、実際にはずっと低いものにとどまったと考えられる。

おわりに

常陸国河内郡宮淵村五郎左衛門家は、天保一〇年（一八三九）に年貢米八俵を納める中堅の小前百姓であった。文政期より質地金融をおこなっており、明治一〇年（一八七七）には、宮淵村千秋坪で三四石余の高持となったが、村役人に就任した形跡はなく、とくに地主というほどの存在ではなかった。嘉永期より馬喰渡世を営むようになり、安政二年（一八五五）頃よりは、名目金貸付を開始した。

安政二年頃はじまった名目金貸付は、慶応三年（一八六七）には五五八両の証文が確認できるまでに成長し、その範囲は、居村の宮淵村千秋より一五キロメートル程度、常陸・下総の六郡四九カ村におよんだ。

貸し付けについてみると、遊行寺の場合、差加金は遊行寺側で一括して、取扱人にまかせて運用したが、青蓮院名目金の場合、名目金貸付に参加を希望するものが、御用達に任命されて自宅を貸付所として自己資金（差加金）を中心に貸し付けをおこなっていたと考えられる。粟田御殿貸付方は上納金を徴収する反面、貸付金のとどこおりにたいして訴訟処理をおこなうことで、円滑な資金回収を保障していたのである。利潤は、これを一一分して、御殿・諸入用・支配人に各一、銀主に八を配分したといわれる。御殿貸付方の預け金と差加金との比率が確定できなかったのではっきりしないが、五郎左衛門家では、御殿貸付方の配分がかなり多かったと計算できる場合があった。しかし御殿貸付方は、在村の貸付状況をかならずしも正確に把握していたわけでなく、慶応元年よりはじめた割印制度によっても残された証文では、半分も把握できなかったことが明らかである。したがって、実際の貸金額からすると、御殿貸付方が徴収した上納金の配分比率は、低かったと考えられる。それだけでなく五郎左衛門家は、名目金拝借証文による貸し付けの外に、別証文などで資金を貸し付け、回収のさいに有利に計らうなど、名目金の名義を活用したらしいこともうかがえる。

遊行寺の貸し付けが村名主をつうじておこなうもので、高請地を質地としての年貢金融で五年賦の返済という長期の貸し付けであったのにたいし、青蓮院名目金は基本的には百姓それぞれにたいする個別の貸し付けで、村役人の関与も弱かった。また五〜六カ月という短期の金融で、質地ではなく引き当ての形式をとった。貸し付けも年貢納入期にとくに多いというわけでなく、諸営業の運転資金にあてられているものが多数認められた。過大に評価することは危険だとしても、江戸地廻り経済の発展にともなう、資金需要が背景にあり、単純に名目金貸付の展開が農民の没落と停滞化に結びついたとはいいがたい点があることは注意すべきであろう。

このことは名目金が高利貸し的吸着でなかったことを意味しているのではない。むしろ高利貸し的吸着のもとで、諸営業者は多くの場合、没落を余儀なくされたのである。しかしそれにもかかわらず、不断に諸営業に参加するものが増加し、彼らの資金需要が農村金融市場を拡大させる傾向がみられることが、この時代の特徴であり、五郎左衛門家の名目金貸付をささえる条件であったことを指摘したい(10)。

最後に、残された課題について、いくつかふれておきたい。まずなにより同家が名目金貸付に参加した契機と意義について、検討を進めることが必要である。名目金貸付を開始した時期に、同家が村の内外で、貸付金の返済とどこおりをめぐる出入に当面していたことはすでにふれた。これが貸付金経営にとって本質的なものであったどうかという点は、不十分なまま終わらざるをえなかった。また馬喰渡世との関係も重要である。馬喰渡世の「馬売附帳」は安政六年で終わっている。これを諸営業から利貸し経営への転換とみるべきかどうかについて、十分な検討はできなかった。これらは同家のいわば自生的な経営展開が、この時期に、名目金貸付という特権的貸付組織と結合していった意味を問うということになるが、当然このことは、豪農の転化の問題とかかわっているのである。(11) この点を実証的に追究することが、まずなにより重要な課題であるが、その場合も、名目金貸付をただちに、村の窮乏化と停滞をもたらす特権的貸し付けと固定的にとらえるのではなく、諸営業の展開にともなう資金需要にこたえるかたちで成長するものを含み込んでいることに、より注意をはらう必要がある。その上で、明治以降の近代的農村金融市場形成との接点が追究されるべきと考えられる。

つぎに農村金融市場の重層的な構成をどのように総体として把握するかという問題がある。五郎左衛門家の名目金貸付は、短期的な資金需要にこたえることが基本になっており、年貢金融を中心とした質地などの長期的な資金需要とは、本来次元をことにしているものであった。また名目金が村の枠組みをこえて貸し付けられたのにたいし、質地は村役人・地主を中心に村の共同体的枠組みに規定されながら貸し付けられた。そうした場合、両者はかならずしも排除しあうものではなかった。たとえば、名目金の返済がとどこおったとき、引き当て地を処分するにあたって、在村の役人・地主への質地としてあらわれることがありうるのである。そうした場合、名目金貸付が諸営業への貸し付けが顕著にみられるといっても、そこからただちに、商品生産・流通と農村金融の自律的展開に進むのには、問題が残るといわざるをえない。大切なのは年貢と諸営業への金融を両極とする農村金融市場のあり方を構造的に把握することなのである。

また以上の課題をふまえて、名目金貸付の終焉から明治期の展開を明らかにする必要がある。一般的にいえば、地主化の問題であるといえるであろう。

注

(1) 三浦俊明『近世寺社名目金の史的研究』(吉川弘文館、一九八三年) 第一編。
(2) 近世村落史研究会編『武州世直し一揆史料』一巻 (慶友社、一九七一年) 四一〜四二頁。
(3) 三浦俊明『近世寺社名目金の史的研究』(前掲)、第二編第一章「遊行寺祠堂金の構造」。
(4) 福山昭『近世農村金融の構造』(雄山閣出版、一九七五年) 序章など参照。
(5) 以下、ここで使用する史料はとくに断わらない場合、茨城県龍ヶ崎市宮淵塚本家文書である。同家文書の名目金貸付に関する主要な文書は、『龍ヶ崎市史』近世史料編Ⅱ、四九六〜五〇四頁に収録されている。
(6) 北原進『江戸の札差』(吉川弘文館、一九八五年) 二〇頁。ここでは江戸の高利貸しについて説明して、名目金について礼金・筆墨料などの名義での負担が大きく、高利になったことが指摘されている。元金一〇〇両を四〜五カ月借用して、礼金五両が相場であったという史料もあり、これに公認の利子一二〜一五%をつけ、さらに礼金と同額程度の筆墨料をとられるとすれば、実質年利が四割近い高利になるとしている。近世の高利貸しの実態を把握することはむずかしく、ここでも公定利子以上の史料は発見できなかった。
(7) 三浦俊明『近世寺社名目金の史的研究』(前掲)。一二八〜一二九頁には妙法院宮御抱大仏殿名目金、出雲大社名目金の拝借証文が紹介されているが、いずれも返済期日の部分が空白となって、記載されていないので、機能はわからないものの、とくに異例なものでなかったことがわかる。
(8) 馴馬村貸付所の御返納受取書 (龍ヶ崎市馴馬北沢家文書) の返金の部分には

戊一二月貸附
一金拾両也　　　　元金㊞
右内

亥ノ正月廿五日

一元銀百目　受取㊞

り六匁

亥ノ二月廿五日

一同百目　受取㊞

り五匁

とあって、利銀が毎月徴収されたことがわかる。金一〇両を一両銀六〇匁と計算して、六〇〇匁（＝目）となる。これにたいし一ヵ月分の利子一％（年利一二％となる）を計算すると六匁となる。ここでは最初の月にこの利分と元銀一〇〇目を返済している。そこで、元銀は五〇〇匁になるから、つぎの月にはこの利分が五匁となり、これに元銀返済分一〇〇匁を加えて返済している。

（9）　預り金を推定させる上納金文書として、まず

覚

一金高弐百八拾七両分

　内　金七拾両弐分

〆□　□

右、上納□酉正月より同三月□龍ヶ崎砂町弥右衛門迄勘定相済候事

文久元酉年

　五月□日　近藤

　用所㊞

塚本氏え

というものがある。上納金の請求書と考えられるが、内金七〇両弐分が預り金で、貸付金からこれを引いた二一六両二分が差加金ではなかったかと思われるが、〆の部分が破損していて詳細は不明である。つぎに

覚

一金九両弐分弐朱　　子六月より十二月迄
　　銀四匁　　　　　上納

一金弐両弐分　　　　金廿五両分利足
　　　　　　　　　　子正月より同十二月迄

〆金拾弐両弐朱
　　銀四匁

右之通り慥ニ受取候

丑正月十日　　　　　田辺彦次郎

塚本鴻之丞様

という受取がある。これでは上納金のほかに金二五両についての利分があがっている。金二五両が預り金と思われるが、この利子は年利で一〇%計算となっている。青蓮院の場合、利分は一一分の八を銀主が、御殿・諸入用・支配人が各一を配分されたといわれるから、預り金は一一分九が青蓮院に上納されることになる。年利にすると九・八%ほどになるはずであるが、ここでは一〇%となっており、遊行寺の一二分の配分法にあっている。また上納金額は本文中に示したものとあまりかわらない。とすると本文中の丑六月の上納金には預か分の利子がふくまれていないとも考えられる。しかしそうなると利子収入に対する青蓮院の取り分は規定よりかなり多かったことになり、検討の余地が残ってしまうのである。

(10)　山口徹『日本近世商業史の研究』（東京大学出版会、一九九一年）第二編一章「在方絞油経営の実態と特質」では、水戸藩領茨城郡河和田村の豪農平戸家の絞油経営の分析が金融市場とのかかわりに注意されながらおこなわれている。山口は平戸家が商業高利貸し経営を営む本家から別家して、その資金貸し付けのもとで農村加工業を経営した事実や、経営が当時の生産力水準のため、原料仕入資金の安定確保に規定される構造になっていたことを明らかにした。その上で、「農村工業の展開が、貨幣資金流通の存在を必要とし、その形成の基盤を生み出しているが、現実にはそのような貨幣資金流通が存在せず」、本分家という共同体的な関係のなかで資金調達がはかられているとし、これを商業高利貸し資本と小ブルジョア的農村加工業が同一経営内にはらまれている豪農経営の一般的特徴として把握しようとしている。この点からみると、五郎左衛門家の名目金貸付は、農村加工業の展開に対応した共同体的諸関係から一定度自由な新しい農村金融市場を担う側面があったことは、高利とはいちおう別に留意すべきであろう。また共同体的諸関係にとらわれない農村金融市場が形成される上で、特権的な名目金貸付制度が枠組みを提供した可能性も簡単に否定するべきでないと考えられる。

(11)　藤田五郎の豪農の上昇・転化論以来の研究史があるが、近年では、天保期に豪農のブルジョア的経営が幕藩制的市場構造に制約されて限界につきあたり、商業高利貸し的側面を強化したことを強調する佐々木潤之介『幕末社会論』（塙書房、一九六九年）がある。

追記　調査にあたっては塚本太一郎氏、北沢豊氏および、龍ヶ崎市史編纂室・同歴史民俗資料館のみなさんのご協力をえた。記してお礼申し上げる次第である。

付論　名目金貸付の主要な史料は、『龍ヶ崎市史』近世史料編IIに収録したので参照されたい。なお大塚英二「村共同体における融通機能の組織化について」（『歴史学研究』一九八六年度歴史学研究会大会報告、五六〇号、一九八六年、後に同『日本近世農村金融史の研究』校倉書房、一九九六年に収録のさい、論文は再編されたが、この部分は史料を加えて、三一四～二三頁におさめられている。）における青蓮院名目金貸付の事例を見落としていたので、紹介しておくことにする。下野真岡地方の例であるが、文化一一年（一八一四）には年利一五％で、五年賦の返済の拝借証文がみられ、文政五年（一八二二）の滞り出入では、証文書き換えによる無利子一〇年賦の返済に応じている例があるように天保末年までは、村の事情に柔軟に対応する貸し付けがおこなわれていた。しかし嘉永元年（一八四八）と安政二年（一八五五）には、月利一〇％、年利一二〇％という高利の証文が残っており、万延元年（一八六〇）には滞り金の年賦返済をもとめる農民との訴訟もおきた。だが幕府は裁判で年賦返済を認めず、高利貸し資本の農村への浸透が深まり、共同体による融通の論理が侵されていったとしている。利子月利一〇％、年利一二〇％の事例は、ここでも確認できる。ただ龍ヶ崎の場合は、文久元年（一八六一）八月以降は明治まで、年利一二%になっており、長期にわたって高利がつづいたわけではなかった。いずれにしても幕府の天保一三年（一八四二）の利子引き下げ令では、年利一二%を上限とし、これ以上高利の名目金の訴訟はとりあげないとしているので（『日本財政経済史料』六巻下、九〇四〜〇五頁）、このような高利が証文に記載された場合、訴訟との関係がどうなったか、実証的に検討しなければならない課題だろう。名目金貸付は、地域や運用にあたる豪農によりちがいがあったと考えられる。したがって真岡地域の事例を否定するつもりはないが、いっぽうで龍ヶ崎地域のような地域市場の発展にともない高利貸し資本自体の性格変容がみられる場合もあったことを視野にいれる必要があろう。高利貸し資本がその性格をかえずに、高利貸し的性格を強めながら農村に浸透すると把握するだけでは、近代的な農村金融市場への展開がみえてこないのではなかろうか。

第六章　幕末期関東における農馬販売についての覚書

はじめに

近世の馬喰商売については、従来、民俗学の検討がみられたが、歴史学の側からの追究はまったくといってよいほどおこなわれてこなかった。馬の生産および市については、『日本馬政史』(1)などによりよく知られているが、流通、とくに農馬(農耕馬だけでなく農間の輸送稼ぎ用もふくめて称することにする)のそれについては、知るところがないのが現状である。これは馬喰渡世が数匹の馬をひいて農村を歩き、販売するという零細なものであったため史料を残さなかったことに負うところが大きい。宮本常一の『忘れられた日本人』の「土佐源氏」には博労だったものの思い出話を記録しているが、そのなかに(2)

わしは家から三里ばかりはなれた在所のばくろうの家へ奉公にいった。わしの仕事は親方のいいつけで牛市へ牛を追うていくことと、百姓家へ替える牛を追うてあるくことじゃった。今日もくる日もあっちこっちへ牛を追うていく。その牛がまた毎日かわっている。あっちの牛をこっちへやり、こっちの牛をあっちへやる。親方は口上手でウソばかりついて、この牛はええ牛じゃというて、わるい牛をおいてはその家で飼うているええ牛をとりあげて外へ追うていく、まア、山の奥の方の村へ仔牛を追うていって、そこの大けな牛をすこし山から下ったところへおく。その家の牛をそれからまたすこし下ったところへおく。というふうに大けなええ牛を下へ下へ持っていく。そうしておとす牛（殺す牛）は大がい宇和島へ出したもんじゃ。

とその商売のようすを記している。西国のことなので、博労は牛をあつかっているが、商売のあり方はさほどちがいはない。仔牛を市で仕入れて、百姓の牛を取り替えながら地域をまわっており、いたって小規模な営業である。牛を交換するにあたっては当然、牛の健康状態など判断を必要とするから、一定の医療の知識もあり、治療にもあたることもあったが、より専門的には「はくらく」と称された医師がいたという(3)。

ここで紹介する常陸国河内郡宮淵村五郎左衛門家の馬喰渡世は、そうした馬喰渡世の一般像からははずれている(4)。営業したのは嘉永四年（一八五一）から安政三年（一八五六）までの六年間で、嘉永七年の最盛期には年間九七匹、五四四両余を販売した規模の大きい商売であった。同家が馬販売をはじめた契機はあまりはっきりしない。しかし同家は地域の中核的都市の商人でもなかったし、またその馬販売は領主仕法としてはじまったものでもなかった。まったく幕末期の関東農村の経済発展を基盤として自生的に発生した馬販売業であった。この点においても貴重な事例であるといわねばならないが、なにより近世の農馬については、その存在状況からしてよくわからない点が多いので、これを機会にすこしこの問題を考えてみたいと思っている。本章は、その準備作業の一つである。

一　農馬販売の開始

近世では農馬は一般に、耕起に使用されることはすくなく、輸送と厩肥の作成のために飼育された。したがって、農業経営に不可欠というわけではない。しかしある程度経営規模のある百姓は、肥料の確保や日常の農業を営む上で、必要な運送の便を考えた場合、労働力の節約効果が大きいことは明らかなので、所持することが普通であった。また幕末には農業経営ではなく、駄賃稼ぎとして、運送業を営む――これも馬喰渡世と称される。――ものもあらわれたから、馬の需要は増していたと思われる。馬喰渡世については、よくわからないが、つぎの史料は、龍ヶ崎周辺に馬喰仲間の組織があったことを示すものである。(5)

差上申済口証文之事

御知行所、常州河内郡下根村百姓佐兵衛娘すいより、村方惣代之ものえ相掛り、難題被申懸候段、奉御愁訴、且惣代之者より始末御訴訟奉申上候処、月迫之折柄御用多ニ付、追て御呼出し之趣ニて、双方帰村被仰付、一同帰村罷在候中、扱人立入内済示談行届候趣意、左ニ奉申上候

一愁訴人佐兵衛娘すい方にては、親佐兵衛義、農間馬口労渡世罷在候処、年々壱度宛右仲間の者共打寄、観音講と唱ひ、一同集会之上、渡世向諸事取極候例ニ有之、然ル処、親佐兵衛義年番ニ相当り、去戌十一月廿日、集評宿仕候処、其節打寄候人数、博奕いたし候趣ヲ以、後日惣代之ものより被及掛合ニ候得共、全右体之致悪事候覚無之儀ヲ、難渋被申掛候段心外至極、難捨置段申之

一村方惣代多左衛門・半右衛門方ニては、博奕其外之儀堅ク相禁じ、万一賭之諸勝負事宿致し候もの並ニ、五人組手合之もの共迄、夫々過怠相掛ケ候筈、是迄堅儀定書致し置、年々廻り百姓惣代方え預り置、相制来候処、去戌十一月廿日、佐兵衛方ニて、馬口労渡世之もの共、(多)他人数相集メ、酒喰等いたし、其上山林え為忍、博奕相催し候趣ニ付、風聞承り、左候得は、兼て議定も有之候処、相破レ候間、取極之通り過怠料差出候様相掛合候処、同人被申聞候は、博奕相催候義ハ、決て無之趣ニて、取敢不申候得共、右等之もの其儘捨置候ては、議定も相拘り、一同為合不相成事ニ付、已来右様之儀無之、村方安穏ニ相治り、永続ニ相成候様、厳重之御吟味

奉請度段申之

右一件申争帰村中、扱人立入、双方え篤と承り糺候処、愁訴人すい方ニては、全観音講年番ニ相当り宿致し候処、其砌り右馬口労仲間之もの共、酒狂之紛れ勝負事相企度様子相見候間、兼て村方議定も有之事故、堅差止候ニ付、催候義ニは無之候得共、村役人並ニ、百姓代之ものえ届も無之、自儘ニ他（多）人数相集メ、一夜たり共宿致し候段、村方一統え対し無申分、殊ニ其砌り村役人より差留候義も不相用、愁訴仕候段、是又申分無御座、此段扱人ヲ以厚相詫、其余行違之廉々曖人貰請、已来双方共遺恨等無御座、睦敷相突合、議定之通り、堅ク相守り候様一同納得、熟談内済行届き、偏ニ御威光と難有仕合奉存候、然上は右一件ニ付、双方より重て御願筋毛頭無御座候、為後証連印済口証文差上申処、仍て如件

文久三亥年正月

御知行所
右村
百姓　佐兵衛　㊞
組合　市左衛門　㊞
村惣代　多左衛門　㊞
半右衛門　㊞
組頭　茂右衛門　㊞
名主　金左衛門　㊞
猪子村
大惣代

名主
扱人　市右衛門 ㊞

この地域の農間馬喰渡世のものは、観音講を組織して、年に一度、年番の家に集まって、渡世向きの相談をしたというが、このさい村方から博奕をしたと疑われ、問題になったのがこの史料である。水戸街道の近い村なので、この周辺の馬喰渡世のものが集まったらしい。

馬喰渡世の実態については、今後の課題として、つぎにここで問題にする宮淵村五郎左衛門家の馬喰渡世の開始について史料をあげておくこととする。

乍恐以書付奉願上候

乍恐以始末書奉願上候

一佐々木道太郎御代官所、常州河内郡宮渕村古新田字千秋坪百姓五郎左衛門奉申上候、私儀は農業一派ニ御座候処、近年農馬払底ニ付、入用時節ニ相成候得は、奥州筋より馬買出しニ罷越候ニ付、隣村之もの及聞、一手買呉候様被申聞候ニ付、無余儀被頼候処、其外少々づゝ余分ニも買来り候を、馬食渡世之もの、亦は農業出精いたし候もの及聞、売呉れ候様被申参り候ニ付、現金売之積りヲ以、相渡し来り候処、去ル亥年九月十日、同州同郡若柴宿百姓ニて、馬食渡世作左衛門と申者、同所百姓ニて、佐左衛門倅新助と申もの召連れ、慥成もの之由申之、作左衛門請人ニ相立、青毛四才之男馬壱疋、代金之儀は金七両壱分値段取極□売渡し候処、代金之内、当時金弐両請取呉、残金五両壱分ハ、三日之内ニ返済可致旨申之□、相違義も有之間敷候と存、貸遣し候得共、期月相立候ても相済呉不申候ニ付、数度懸合□、漸金壱両請取、残金四両壱分□、是又子年三月十五日迄日延一札取之、相待候得共、一向相済呉不申、無是悲此段村役人え相届ケ□、埒明不申無是悲

今般御訴訟奉申上候間、何卒以御慈悲、右之もの共御召出し逸々御糺之上、滞金不残相済候様、御利解□
被成下置候様、偏ニ奉御願候、以上

嘉永七寅

宮渕村古新田字千秋坪
百姓願人
願人　五郎左衛門　㊞
差添　市郎右衛門　㊞
組頭　四郎兵衛　㊞

（後欠）

実は、同家が馬喰渡世を開始した事情をのべたものはこれしかなく、事情はほとんど明らかにならないが、ともかく幕末期に農馬がすくなくなったので、奥州から直接、買い入れようとしたことが農馬販売に乗り出す契機となったという。買い入れを聞きつけて隣村のものが自分の分も買ってくれというので、余分に買うようになり、さらに、馬喰渡世のものなどが売ってくれといってきたので、現金売りに限って売るようになった。しかし実際は、付けで売ることもあり、このように内金だけで馬を渡したところ、支払いがとどこおって、幕府の代官所に訴え出ようとしたのである。

当時の領主は農間渡世の発展をおさえる政策をとっていた。いかにも自家用の馬の買い付けがいつのまにか、広がったように書いているのは、幕府代官をはばかってのことであろう。実際、最大で年間九五匹も販売している事業が、なんの見通しや決断もなく開始されるわけもない。同家なりの農馬の販売市場の拡大についての見通しにささえられてのことと思われるが、その詳細はわからない。

五郎左衛門家は宮淵村の千秋（古新田）の農民で、同家には文政期より質地証文が残されており、この頃より、利貸し経営をおこなっていた。土地所有では、明治一〇年（一八七七）に千秋で第二位の三四石の高を所有していた程度で、特別地主というほどではなかった。しかしその後、明治二〇年代には地価一万円以上に数えられるようになり、この地域では、有数の地主となっている。幕末では嘉永期に馬喰商売をはじめ、安政期には青蓮院の名目金貸付に転じて、積極的に経営を展開したことが知られている。(6)

二　幕末期の農馬販売

1　農馬販売の概観

五郎左衛門家の農馬販売については嘉永四年（一八五一）からはじまる「馬売附明細帳」が、基本史料であるが、これについては別に、詳細な分析があるのでここでは、要点だけ紹介しておくこととする。(7)

馬販売の状況を示す史料は、「馬売附明細帳」で、二冊現存している。一冊は、嘉永四年三月にはじまり、安政二年（一八五五）八月に終わる。一冊は前者を写しながら、安政三年四月までを記載しており、両者を合わせるとほぼ五年間の馬販売の様相が明らかになるのである。

表24は、その概観を示したものである。これによれば、嘉永四年には六二匹を総額四二二両余で販売したのをはじめに、最盛期の七年には年間販売馬数九七匹で、販売金額は五四四両余となった。その対象となった村は、五郎左衛

表24　五郎左衛門家の農馬販売

年　代	販売馬数（A）	金　額（B）	B/A
嘉永　4	62	422両1分2朱	6.8両
5	61	356両1分	5.8両
6	72	391両2分	5.4両
7	97	544両2分	5.6両
安政　2	97	476両3分	4.9両
3	8	47両1分	5.8両
小　計	397	2238両2分2朱	5.6両

出典　白川部ゼミ報告レジュメ「幕末期関東農村における農間馬喰商売について」所収表より作成

門家の居村宮淵村千秋から新利根川沿いを中心に、利根川の対岸の村むらまでをふくんでいる。水戸街道周辺や江戸・千住などへの販売もあるが、例外的で、近在を市場とする販売であったようである。最初は、二才から一〇才くらまでの馬を販売していたが、最盛期には二才馬の販売が半数以上を占めるようになった。馬の価格は嘉永四年は平均で六・八両で、最盛期の嘉永七年では五・六両とやや安くなっている。これは一つには、当初価格の高い五〜七才馬などがかなり取り引きされていたのにたいし、最盛期にはやや安価な二才馬が中心になってきたためと思われる。馬の生産地である奥州地方では、二才馬を夏から秋にかけて馬市に出し、各地の馬喰がこれを買って、消費地にひいていったというから、最盛期の五郎左衛門家もそうした取り引きを中心にするようになったということであろう。

2　農馬販売の形態

つぎに「馬売附明細帳」の記載様式から馬販売の諸形態を検討することにしたい。

まず、いちばん単純な例である。

四月廿八日　　下町

一金五両壱分也　　惣右衛門殿

青毛八才　丈三寸

入金五両壱分　相済

ここでは、購入者が直接、塚本家から馬を購入し、代金も即日・即金で払っている。ついでながらこの帳簿では、日付・購入者・代金・馬の毛並・馬齢・丈・入金状況などが記録されている。

　このような相対取り引きとともに、広くおこなわれているのは、請人を立てての取り引きである。つぎにその例を示そう。

四月十五日　　かやば

一金七両也　　清左衛門殿

鹿毛五才　丈六寸　　受人

同

源七殿

入金壱両也

五月十七日

入金弐分也

六月□日

入金壱両也

七月廿九日
入金弐両也
九月廿二日
入金壱両也
十月七日
入金三分也　（小計六両一分）

史料には請人とあるが、単純に保証人にすぎない場合と、口入れをおこなっている場合とがある。支払いは月々の分割形式であるが、こういう場合はめずらしく、たいていは二・三回で終わっている。また最終支払いが、購入日より一年以上など極端にはなれていることはない。ただこの例でもみられるように、支払い金額が代金に達しないまま記載が終わっている場合はかなりみられる。

つぎに請人に仲介料（口入料）と思われるものを支払っている場合をみよう。

十二月□□　　　細くさ
一金九両三分也　　五郎兵衛殿
鹿毛六才　丈六寸　　三右衛門殿
同　　金壱両壱分也相渡ス　　甚平殿
入金八両也
相済

この場合、馬を購入したのは細くさの五郎兵衛で、三右衛門と甚平が請人であるが、仲介料を受け取ったのは甚平であった。馬の代金や貢献度にもよったようであるが、この場合の甚平のように仲介料が一両一分という高額になることはすくなく、一分か二分の場合が多かった。馬は価格も高いものであるし、一カ村にそれほどひんぱんに売れるものでもない。したがって同家のような商売が成り立つためには、広い地域に販売網を確保する必要がある。そこで仲介者が必要であったらしく、売買が成立すると仲介料が支払われたようである。請人は全帳簿で一〇五名確認できるが、このうち、一回だけ出てくるものは七一名、二回が一七名で、全体の八三%となっている。いっぽう二一回一名を最高として、八回一名、七回三名、六回三名と五郎左衛門家と深い関係をもった請人が存在した。五郎左衛門家と請人との関係は、全体的には一回限りのことが多く、彼らを組織して強力な販売網を形成するまでにはいたらなかったといえるが、なかには深い関係をもつものもいたのである。請人のなかには、さきにあげた若柴宿の作左衛門のように馬喰がすくなくなかったであろうが、帳簿では確認できない。

広域に販売網が必要な場合、委託販売ということもあった。史料はその例である。

三月廿日　　平おか

重左衛門殿

一金拾両也

鹿毛五才　丈六寸

同

一金八両弐分也

鹿毛五才　丈五寸

一金拾三両弐分也

栗毛六才　丈七寸

此分馬引取
一金七両三分也
あしけ六才　丈五寸
此分馬引取
一金八両也
青毛六才　丈六寸
馬引取
六月四日
入金五両弐分也
入引金拾壱両三分也　　証文かし
□□月十五日
入金五両也
十月六日
入金三両也

平岡村の重左衛門にたいし五匹の馬を預けているが、二匹売れて、三匹を返している。帳簿には委託販売はこれ一例だけである。しかし嘉永七年（一八五四）の訴状には数匹を預けたところ代金の支払いがとどこおったということが問題となっており、ある程度はおこなわれたらしいことがわかる。

つぎに下馬をとっている場合をみよう。

三月十二日　　　　　　　　　　　　　　中谷
一金拾両三分也　　　　　　　　　　　　　徳兵衛殿
栗毛四才　丈五寸　　　　　　　　　　受人
下鹿毛八才　丈六寸　　　　　　　　　　五郎兵衛殿
下金六両也
四月二日
　一金四両也

下馬とは、新しい馬を売るとき、農民の馬を下取りする場合である。これは年に一〇件程度は、おこなわれていた。八～一〇才ぐらいの馬を下馬として出し、四～六才馬を新たに購入することが多い。馬は二〇才ぐらいまで生きるが、労働力としての頂点は五～七才ぐらいであった。もちろん頂点をすぎてもある程度労働は可能であるので、適当な時期にこれを手放して、新しい馬と交換するのである。いっぽう下馬を引き取った側はこれをまた相応の値段で販売することになった。

つぎは、馬の引き取りの例である。

八月廿七日　　　　　　　　　　　　　　左沼
一金七両也　　　　　　　　　　　　　　　八右衛門殿
鹿毛六才
入金弐分也
十月六日

入金弐両弐分也　　此分馬引取

この場合、八月に売って、一〇月に馬を引き取っている。手付けだけで馬を買い、入金ができなくなって、馬を返していようであるが、いっぽうで、なんらかの事情で馬が気に入らなかった場合もみられる。販売から引き取りまでの期間は数カ月後が普通で、一年をこすものはない。馬は他の商品とはことなって生き物であるので、体調や気性の判断などがむずかしく、購入後に問題が生じる場合もあり、取り戻しに応じることもあったようである。冒頭でふれたように馬喰がいわゆる馬喰口といわれるような欺瞞的商売に長じていたにせよ、長い間には、信用にかかわるので一定度のものについては、引き取る習慣があったとみるべきであろう。

最後は、買い馬の例で、馬を購入することもあった。

十一月十七日　　福野

出金八両也　　与作殿

青毛四才　丈五才

相渡ス　相済

ここでは、福野村の与作が馬を塚本家に売っている。請人はなく、即金で支払いがおこなわれている。こうした農馬の購入は数例しかなく、ほとんどは奥州よりの仕入にたよっていたようである。

三　幕末維新期の農馬の存在状況

塚本家による農馬販売についてみてきたが、最後に農馬の存在状況について簡単にふれておこう。

表25　1877年（明治10）現在，国別牛馬頭数

	牛	馬		牛	馬
山　城	頭 4,471	頭 428	越　中	頭 638	頭 11,741
大　和	10,008	1,128	越　後	2,528	45,008
河　内	8,143	29	佐　渡	9,788	451
和　泉	8,984	174	丹　波	24,271	1,182
摂　津	8,642	443	丹　後	8,330	24
伊　賀	6,238	941	但　馬	11,318	69
伊　勢	22,525	5,277	因　幡	10,607	62
志　摩	742	1	伯　耆	21,329	6,540
尾　張	266	2,211	出　雲	23,346	6,915
三　河	1,318	14,773	石　見	29,360	1,780
遠　江	967	9,731	隠　岐	4,397	656
駿　河	2,215	8,719	幡　磨	41,452	1,110
甲　斐	823	22,520	美　作	51,526	3,286
伊　豆	6,326	4,742	備　前	45,576	3,460
相　模	1,006	9,585	備　中	67,796	5,894
武　蔵	965	42,173	備　後	40,055	11,838
安　房	7,858	5,067	安　芸	40,409	4,788
上　総	3,260	27,125	周　防	32,658	10,087
下　総	49	44,718	長　門	35,281	13,362
常　陸	137	58,919	紀　伊	39,924	1,469
美　濃	2,735	30,420	淡　路	11,127	5,413
飛　驒	2,277	7,937	阿　波	22,574	23,325
信　濃	2,510	52,688	讃　岐	35,979	2,434
上　野	168	39,714	伊　予	38,122	27,090
下　野	126	53,170	土　佐	18,172	29,771
磐　城	815	6,114	筑　前	31,890	18,053
陸　前	1,487	63,943	筑　後	392	23,438
陸　中	17,884	89,509	豊　前	21,257	11,678
陸　後	8,185	62,447	豊　後	77,276	37,595
羽　前	3,835	23,986	肥　前	60,666	37,395
羽　後	1,236	73,448	肥　後	52,968	97,345
越　前	2,448	5,998	壱　岐	7,287	68
加　賀	1,017	3,627	対　馬	3,106	3,686
能　登	3,573	9,050	合　計	1,074,645	1,228,068

出典　『日本農業発達史』1,390頁，第2表

表26　1904年の牛馬耕の普及率

	田	畑
茨　城	5.1%	8.4%
栃　木	78.2	27.1
群　馬	88.2	27.1
埼　玉	69.0	14.4
千　葉	21.4	11.3
東　京	33.5	0.0
神奈川	31.2	1.9
全国平均	53.9	32.9

出典　『日本農業発達史』1　404頁
第5，6表より作成

表27-1　馬持と無所持との比較（上野国勢多郡下箱他村）

	家族構成				耕地面積		
	総数		家族員数		田	畑	計
	男	女	男	女			
					反　歩	反　歩	反　歩
馬　持	2.15	2.46	1.08	1.23	2.509	5.809	8.314
無　持	1.61	1.41	1.00	1.06	1.123	2.429	3.622

表27-2

耕地面積別階層	戸　数	馬持戸数	馬持者百分率
2反未満	12戸	0戸	0%
2反以上5反未満	13	1	8
5反以上1町未満	18	8	44
1町以上	4	4	100
計	47	13	

出典　古島敏雄『日本農業技術史』

表25は明治一〇年（一八七七）の国別の牛馬の頭数を示したものである。基本的に、美濃以東の東国は馬が中心で、以西は牛が中心である。東国では、陸前・陸中・陸後・羽後などが馬の多い上位グループを形成しているが、これは馬の生産地帯であったことが大きい。つぎのグループは常陸・下野・下総・武蔵・上野・信濃・越後など北関東を中心にする地域である。なかでも常陸は五万八九一九頭と最大で、下総も四万四七一八頭で国の規模からいえば常陸に匹敵する馬の存在を確認することができる。龍ヶ崎周辺は基本的に農馬の多い地域であったと認めてよいと思われる。

いっぽう、明治三七年についての牛馬耕の普及率を表26に示したが、茨城県で田五・一％、畑八・四％、下総をふくむ千葉県で田二一・四％、畑一一・三％にすぎず、この段階でも牛馬による耕作は進んでいなかったことがわかる。おそらく近世では、この地域では馬による耕作はほとんどおこなわれなかったといってさしつかえないであろう。

農馬は近世では、北陸などで一部耕起のために使われたが、一般には耕起に使用されることはなく、代掻き作業に利用されたにとどまった。馬は牛とはことなって持続力が弱かったので、整備された乾田の少ない東国では犂の牽引には向かなかったし、また近世の犂もこれにふさわしいものではなく、馬や農民の訓練・操作もむずかしかったのである(8)。

それにもかかわらず馬の飼育がおこなわれるのは、一つには厩肥の作成のためであり、もう一つには運送のためであった。耕地所持が一定規模に達すれば、それに必要とされる肥料も多くなり、また農業経営の面でも採草や資材・作物の運搬の必要も増すので、馬を飼う必然性が高まった。古島敏雄は天保期の上野国勢多郡下箱田村の例をあげ、こうした馬所持の階層性について指摘している。表27にみるように同村では、所持耕地一町以上はすべて馬をもち、五反〜一町までの四四％が馬をもっていた。これによって氏は「家族員数多く比較的労働員数がすくなく、耕地を多く持つ家が馬を持ち、これに反する家が馬をもたない」としている(9)。

いっぽう幕末期になり、商品流通が盛んになると、馬は農間駄賃稼ぎなど運送用としての利用が拡大される。原直史は、九十九里浜方面から江戸湾にいたる街道の継ぎ場であった下総国千葉郡野田村について、駄賃稼ぎの馬所持の拡大があった事実を指摘し、一石前後以下の零細持高層の一疋持から二疋持への展開、無高層の馬持化が幕末期の馬の増加の原因であったとのべている。[10] 同村は交通の要衝であり、駄賃稼ぎが本格的に展開したのであるが、一般の農村でも同様な傾向はみられた。表28は常陸の筑波山麓の村の場合であるが、五石以下の下層農民にまで馬所持が広がっていることがわかる。筑波郡小和田村では一〜五石の農民の一五名中七名が馬を持ち、さらにそのうち三名は奉公人を雇用している。この地域では本来ならば、五石以下のものはみずからの生活を維持することもむずかしいのであるが、馬持ちというだけでなく、奉公人まで雇用していることは一定の規模の駄賃稼ぎを営んでいたものがいたことを示している（この場合、奉公人とは通常のそれではなく、冒頭の「土佐源氏」でみたような徒弟的なものであるから、給金は低かったと思われる）。

表28　常陸国筑波郡の村の馬所持

	小和田村	山口村
	明治4年	元治元年
25〜30石	1（1）	
20〜25		1（1）
15〜20		2（2）
10〜15	2	8（5）
5〜10	9（7）	16（11）
1〜5	15（7）	28 ｝（12）
1石未満	3	11 ｝
合　計	30（15）	66（31）

注　（　）内馬数
出典　『筑波町史』下巻、83頁表17より作成

龍ヶ崎周辺では、下総国相馬郡小文間村では、表29のように嘉永五年（一八五二）の同村西方組の場合、五石台にまで馬持ちの階層が広がっていることがわかる。また表30に常陸国河内郡板橋村の明治初年の馬所持を示したが、ここでは五石以下の下層に馬所持が広がっていることがわかる。同村では明治五年（一八七二）五月の調査では馬は二九匹であったが、翌六年には三二匹と増加

表29　下総国相馬郡小文間村の馬所持の状況

	新　田　組		西　方　組	
	天保14年（1843）		嘉　永　5（1852）	
	軒　数	馬　数	軒　数	馬　数
44〜50石	1	2		
30〜40				
20〜30	1	1	1	1
15〜20	5	5	2	2
10〜15	4	4	1	
5〜10	18		7	3〔6石台1名 5石台2名〕
1〜5	26		21	
0〜1	5		18	
0	8		1	
小　計	68	12	51	6

出典　林玲子「江戸時代の取手」（『取手市史余録』6号，1984年）

表30　常陸国河内郡板橋村の馬所持

	戸　数（1）	馬　数（2）	明治5年4月以後の購入（3）
40〜50石			
30〜40	1	1	1
20〜30	7	7	1
15〜20	11	11	3
10〜15	7	5	
5〜10	10	5	1
1〜5	11	3	3
0〜1	0		
0	0		
小　計	47	32	9

出典　板橋北沢家文書
　(1) 明治4年「当末小前持高帳」
　(2)(3) 明治6年「農馬取調書土帳」

した。同五年五月から翌六年までの馬の購入者は九名で、五石以下層はすべてこれにふくまれている。九名のうち、誰が買い換え購入者で誰が新規購入者であるか確定できないが、上層の農民が馬を常時所持することが普通とすれば、上層のものに買い換え者が多く、下層のものが新規購入者であった可能性は高いとみることができよう。つまり板橋村では明治初年段階でも下層農民への馬所持の広がりが進んでいたことが考えられるのである。(11)

以上のように、常総地域では幕末維新期には農馬が多く存在したが、それは馬耕よりは駄賃稼ぎなどの輸送業務の発展にささえられて展開したとみられる。たとえば、銚子の醬油醸造業は江戸積み醬油の生産・販売によって発展したが、幕末期には江戸への販売は後退し、かわって船頭商売や近村からの荷車で買い出して地域で販売するものが目立つようになったといわれる。(12)江戸へ向けて編成されていた江戸地廻り経済が変質し、地域市場の深化がみられたことが、在村での醬油消費拡大の背景にあったといってよいであろう。こうした川通り地域（利根川周辺地域）での地域市場の発展は、地域内での商品流通の発展を促進し、駄賃稼ぎの機会を拡大させた。五郎左衛門家の馬販売の展開もおそらくこうした農馬需要の拡大にささえられていたのであろう。

おわりに

以上、幕末期におこなわれた在村の有力農民による馬販売について紹介してきた。宮渕村五郎左衛門家は判明する限りでは、嘉永四年（一八五一）より奥州から馬を直買し、新利根川周辺の農村へ販売をおこなった。その規模は、最盛期で年間九七四、五四四両余におよぶ、一般の馬喰渡世の営業から隔絶した大きなものであった。

近世の関東では、馬による耕起はほとんどおこなわれず、農馬は主として厩肥の作成と採草や農業資材の運送のために飼育された。農馬は、経営上どうしても必要なものではなかったが、一定の耕地規模の農民にとっては、肥料の確保、労働の節約効果を考えると、有効なものであった。したがって上層農民の多くは農馬を保有することが普通であったが、その数は限られていたから、それ自体は、塚本家のような大規模な農馬販売を必要とするような需要をよびおこすものであったとは考えがたい。

いっぽうこの地域でも、幕末維新期には馬所持の下層農民への広がりが認められる。おそらく、幕末期における川通り地域の地域市場の発展が、商品流通・輸送の拡大をもたらし、駄賃稼ぎの機会を増加させたことが、背景にあったと思われる。五郎左衛門家が奥州直買い馬販売に乗り出したのは、こうした農馬需要の拡大をとらえてのことであろう。

塚本家の農馬販売については、「馬売附明細帳」が残るばかりで、奥州での買い付け・販売までの飼育状況・損益・購入農民の存在状況、販売中止の理由などについて明らかにならない点が多い。しかし農馬の流通については、交通史や流通史上重要な問題にもかかわらず、まったくといっていいほどまとまった研究がないのが現状である以上、こうした一つ一つの史料を確実にふまえていくことがまずなにより必要であるといわねばならない。

注

（1）帝国競馬協会編『日本馬政史』第二、三巻（一九二八年）
（2）宮本常一『忘れられた日本人』（『宮本常一著作集』10巻、未来社、一九七一年）、一〇三頁。
（3）千葉徳爾「博労」（『平凡社大百科事典』、平凡社、一九八五年）
（4）『龍ヶ崎市史』近世史料編II、四八二頁。以下、とくに断わらない限り、史料は龍ヶ崎市宮渕の塚本家文書によった。
（5）龍ヶ崎市川原代、木村家文書（文部省史料館所管）。
（6）拙稿「幕末期関東における農村金融の展開」（『龍ヶ崎市史研究』六号、一九八二年、本書所収）、武藤正「龍ヶ崎実業界一班」（同前）。

（7）白川部ゼミ編「幕末期関東における農馬販売について」（金沢経済大学白川部ゼミナール・研究室編『社会・経済史論集』一号、一九九二年）。

（8）農業発達史調査会編『日本農業発達史』一巻（中央公論社、一九五三年）、第四章。最近の成果として、岡光夫「耕地改良と乾田牛馬耕」（『講座・日本技術の社会史』第一巻、日本評論社、一九八三年）参照。

（9）古島敏雄『日本農業技術史』（『古島敏雄著作集』六巻、東京大学出版会、一九七五年）四九七頁。

（10）原直史「近世両総地域における駄賃稼ぎ」（『人民の歴史学』一一〇号、一九九一年、後に同『日本近世の地域と流通』山川出版社、一九九六年所収）。

（11）龍ヶ崎市板橋、北沢家文書。

（12）篠田壽夫「江戸地廻り経済圏とヤマサ醬油」（林玲子編『醬油醸造史の研究』、吉川弘文館、一九九〇年所収）。

追記　史料調査にあたっては塚本太一郎氏・木村豊氏・北沢家および、龍ヶ崎市史編纂室・同歴史民俗資料館の皆様のご協力をえた。記してお礼申し上げる次第である。

付記　論文執筆後、林英夫編『馬の文化叢書』四巻（馬事文化財団、一九九三年）が出版された。これによっても農馬販売の研究成果はほとんど認められない。

Ⅲ　明治前期の諸営業と地域市場

第七章　明治前期北関東における諸営業の展開と諸階層

——明治一三年、茨城県真壁郡飯塚村連合「地方税額報告書」を中心に——

はじめに

日本の近代化の特質を考えるにあたって、統一的国内市場の形成とその性格を追究することは重要な課題の一つである。このため古くから多くの検討がおこなわれてきた。とくに近年では、一九世紀初頭以来の農村工業の発展が、農民所得の一般的増大と国内市場の拡大をもたらして、近代化の基礎を提供したことを重視する見解が提起され、一定の成果をあげている(1)。

しかしいっぽうで、こうした見解に問題がないわけではない。石井寛治が、日本近代化における国内市場の狭隘性を一面的に強調したり、その反面として順調な拡大を強調する傾向を批判して、「拡大そのものに内在する日本的特質を多面的・実証的」に明らかにする必要があることを指摘していることは重要である(2)。

いずれにせよ、これらの検討をおこなうためには、各地域内での生産・市場構造の全貌を明らかにすることが課題の一つとなろう。本章では、以上の点を念頭に、茨城県真壁郡の一地域を例に明治一〇年代の生産・市場構造について検討する。

明治一〇年代のこの地域については、詳細な「地方税額報告書」が残されており、明治一〇年代前半の諸営業の実態と諸階層の存在形態を地域ぐるみで明らかにすることができる。(3)この地域は、経済的には北関東の後進地帯に属し、開港により衰退した真岡木綿の産地の一つであり、政治的には明治九年（一八七六）の地租改正反対一揆の中心となった。このため原始的蓄積期の地域経済の変化を考える上で、きわめて興味深い事例となると思われる。なおここで諸営業としたのは、分析対象が地方営業税にかかわるものが中心となるためで、とくに農村加工業などに限って使用しているわけではない。地域経済の全体を把握するという本章のねらいからも、そのほうがのぞましいと考えたからである。

一　地域の概観と農業生産

地域の概観　本稿で分析の対象とする第六大区四小区は茨城県真壁町に隣接する地域であった。近世の飯塚・田・伊佐々・羽鳥の四カ村の連合で、明治二一年（一八八八）真壁町に合併されるまでつづいた（以下、同四小区を飯塚村外三カ村連合、省略して飯塚村連合と称することにする）。

近世では真壁町を中心として周辺一帯は笠間藩領に属した。北関東の例にもれず、一八世紀中葉より真壁郡も深刻な農村荒廃にみまわれたが、天保期をすぎると荒廃からの立ち直りも顕著にみられ、干鰯・〆粕の広範な使用や木綿・煙草・大豆・晒木綿生産など商品生産や流通が活発化し、豪農発展の経済基盤も生じてきたといわれる。(4)その中心である真壁町は真岡木綿の集散地として知られ、ほかに酒・醤油醸造・絞油・製粉・石材・陶土器などの生産加工や穀物・魚肥などの取り引きもおこなわれた。(5)

真壁町には、古くから一・六の日に市が立ち木綿や穀物が盛んに取り引きされた。とくに近在で生産された縞木綿の市には、近世前半には市日に奥羽や水戸・烏山などから買い付けに商人が集まった。真壁町の有力な木綿商人は一七世紀中葉には江戸・大坂をつうじ、大和から繰綿を仕入れ、周辺農村に販売するだけでなく、縞木綿とともに奥州の白河・福島・仙台・盛岡、出羽の米沢・山形などに販売した。元禄九年（一六九六）の真壁町の差出帳では、町の縞木綿の問屋は一三軒で、年間取り引き額は七〇〇〇両におよんだといわれる。しかし一八世紀に入ると、木綿織物の主流が、縞木綿より晒木綿（その原料の広木綿）にかわったことで、真壁町の縞木綿市は衰退した。一九世紀になると、晒木綿生産へ転換が進んだこともあり、真岡木綿の有力な産地となるが、幕末には他の産地の成長や開港の影響で、ふたたび衰退して回復することはなかった。(6)

また一八世紀末頃より、「近村ニ小店出来、村方ニテ諸事売買用向足り合候得は、町内へ入込之人薄ク罷成候儀ニ御座候」と村方に農間渡世をおこなうものが増え、町がさびれるようになった。とくに木綿とならぶ重要な産物であった穀物については、町続きの飯塚・伊佐々・亀熊・桜井・山尾・古城・白井・塙世の各村や「町外出口」で商売するようになったため、町内で買うことができず、瓜・茄子まで村方へ出かけて買うようになったという。このため町では伝馬負担にたえられなくなり、寛政六年（一七九四）、近村の商売を禁止するか、町内へ引っ越して商売するか、あるいは町の市日に村方の商売を止めるように命じてほしいと、笠間藩に願い出た。笠間藩はこの願いを預かったまま無視したが、文化二年（一八〇五）真壁町はふたたび、その後近村には小間物はもとより、うどん・蕎麦などの飯屋や旅籠までができ、飯塚・桜井・伊佐々・白井村などには市も立っているとして、穀屋仲間を結成することを願い出た。仲間は米籾・麦・粟・稗・蕎麦・小豆などをあつかい、近在のものも町方に借家をして商売すれば、これに自由に加わることができるようにするとしている。(7) 安政四年（一八五七）、真壁町の願いは認められ、「縁付」（真壁町続きの村）のものが真壁町の木戸外で穀物・綿・木綿渡世をすることが禁止された[8]。このため縁村の穀物・綿・木綿渡世のものは町内に出店を設けて商売することになり、議定書が作成された。しかし縁村の農間渡世商人はこれに反発し、代表者が領主の笠間藩の家老へ内訴して、入牢を命じられるなど紛争がつづいた[9]。飯塚村では、町内に出店を設けたものの結局、長続きせず本宅での商売が復活し、元治元年（一八六四）四名の穀物商が、町内の穀屋仲間から訴えられている[10]。

町続きの村むらに農間渡世が広がり、町の商売を圧迫するという事態は、この地域では広くみられ、下館[11]・土浦[12]でも問題となった。城下町や在町を中心とした近世的な商品流通が、農村の諸営業の発展とこれにともなう新しい流通網の成長で、動揺しつつあったことを示しているといえるであろう。そうした流通の拠点の一つが第六大区四小区であった。

明治一〇年代前半の飯塚村連合の経済状況を概観するために表32を作成した。飯塚村連合は明治一一年の戸数は二四〇戸、人口一六〇九人で、一三年の農産物金額三万九八円余、営業金額六万五四四〇円余の村であった。同一七年の茨城県の「商況調査」では、諸営業金額は実際は報告額の三、四倍もあるとしている報告もある[13]。これはやや極端な例であると考えられるが、飯塚村連合では報告額だけでも、すでに農産物金額の二・二倍に達しており、諸営業の発展がうかがえる。

農業生産　明治一三年の「物産表」により表33を作成した。全体について農業生産の構成をみると、作付面積についても、金額の構成比率についても、米麦雑穀の占める比重が圧倒的であることが明らかである。

米麦雑穀の金額の構成比率は、九一・七％となり、このうちとくに米が六二・〇％、糯米三・六％を合わせると全体の六五・六％を占めた。これにつづくのは麦類で大麦・小麦・裸麦を合わせると一五・六％となり、米と麦類で八一・

二%に達した。米・麦の外には大豆・小豆・粟・稗・蕎麦が栽培されているが、大豆が七・六%、蕎麦が一・七%と高い比率を占めた。いっぽう蔬菜・果実、加工原料、農産加工品では、実綿が四・三%、生茶が三%で、製茶・繭・生糸はいずれも一%にみたなかった。

表32　明治13年(1880)の飯塚村連合の農産物金額と営業金額

	人口 (1)	戸数 (2)	耕地反別 (3)	諸営業戸数 (4)	農産物金額 (5)		営業金額 (6)	地租 (7)	C/B	D/A×100	D/B×100
	明治11年	明治11年	明治11年	明治13年	明治9年 A	明治13年 B	明治13年 C	明治10年 D			
飯塚	428人	73戸	畝 7321.25	35戸	—	円 8829.791	円 38495.809	円 870.035	4.4	—	9.9
田	460	62	8573.12	20	円 2093.9073	8637.254	16667.962	855.528	1.9	40.9	9.9
羽鳥	411	64	10110.22	27	—	9389.185	5963.26	1028.913	0.6	—	11.0
伊佐々	310	41	3366.29	10	1228.737	3242.564	4313.195	344.961	1.3	28.1	10.6
合計	1609	240	29372.28	92	—	30098.794	65440.226	3099.437	2.2	—	10.3

出典　(1)～(3) 明治11年「茨城県より下妻支庁，真壁町屋ヨリ東京両街道真壁郡駅場人馬加助組合御請書」(来栖家文書)
(4)，(6) 明治13年「地方税額報告書」(来栖家文書)
(5) A 田村は「明治九年物産高取調書」(来栖家文書)，伊佐々村は斉藤茂「地租改正反対真壁一揆」(植田敏雄編『茨城百姓一揆』風濤社 1974年) 第6表
(7)「十年地租仕訳書」(来栖家文書)

表33　明治13年（1880）飯塚村連合の農産物

分類	作物	作付面積	生産額	金額	反収	金額の構成比率
米麦雑穀	米	20500畝14	1811石085	18670円475	0石883	62.0%
	糯米	1016.　15	98.　1175	1090.　184	0.　966	3.6
	大麦	4684.　02	573.　0083	2292.　033	1.　223	7.6
	小麦	2676.　02	226.　9584	1513.　133	0.　848	5.0
	裸麦	1412.　00	161.　28	896.　549	1.　142	3.0
	大豆	4291.　00	364.　26	2276.　625	0.　849	7.6
	小豆	413.　00	31.　04	221.　687	0.　752	0.7
	粟	605.　00	35.　3	100.　852	0.　583	0.3
	稗	500.　00	31.　05	46.　575	0.　621	0.2
	蕎麦	859.　15	103.　3	516.　5	1.　203	1.7
蔬菜	甘薯	30.　00	3750斤	16.　875	1250斤	0.1
果実	生茶	35.　00	10400斤	894.　4	2971斤	3.0
加工原料	製茶	——	48斤	15.　36	——	0.1
	繭	——	235斤	211.　5	——	0.7
	実綿	2300.　00	27120斤	1301.　76	118斤	4.3
農産加工品	生糸	——	6斤	34.　286	——	0.1
合計		39322.　18	——	30098.　794	——	100

出典　明治13年の各村の「普通物産表」「特有物産表」（来栖家文書）

しかしいっぽうで、一定の商品生産の発展もみられた。後述するように羽鳥村を中心に多くの水車が設置され、米の外、麦・蕎麦などが製粉されて販売されたと考えられる。また大豆は野田・銚子の醬油の原料とされ、商品化が進んでいた。真岡木綿の原料となった実綿は、開港後の綿布や原綿の輸入におされて不振となっていたが、なお大きな比重を占めていた。開港後、発展した埼玉県入間郡を中心とした綿織物業の原料として利用されたことが、綿作を継続させた条件であった(14)。このほか飯塚・田村を中心に、開港後の輸出の増加に刺激されて、茶の栽培や養蚕・製糸も試みられている(15)。

明治初年の農業生産力の地域構造については、「農産表」などを利用した中村哲の分析がある。[16] これによると、この時期の一反あたりの農産金額による土地生産性の指標は、全国平均四・三円、常陸三・一円であったが、同一基準で計算した飯塚村連合の明治一二・一三年平均は四・一円と、後進的主穀生産地域といわれる常陸のなかで全国平均に近い、高い水準をたもっていたことがわかる。いっぽう同一二年の飯塚村連合の「地益」表によれば、一反あたりの農産金額より工価と肥料代を引いた収益は、米が一円七一銭余である以外は、大麦二九銭余（損失）、大豆三九銭余、綿一七銭余にすぎなかった。概括的数字であるので、細部の検討は無理であるが、こうした低い収益でも、経営がある程度可能なのは、工価部分が雇用労働ではなく、自家労働でおこなわれるためであろう。したがってここでの土地生産性の高さとは、農民の集約的労働投下にささえられている面が大きかったと考えられる。[17]

二　諸営業の展開と市場

飯塚村連合には、明治一三年（一八八〇）をはじめとする詳細な「地方税額報告書」が残されている。以下では、これにしたがって、明治一〇年代前半の諸営業の展開とそこにあらわれる市場の状況について検討する。

飯塚村連合の諸営業者は、明治一三年で総数九二名で、一一年の総戸数二四〇戸の三七・五％となる。「地方税額報告書」では、これを卸売商・小売商・仲買商以下にわけている。卸売商一三名、小売商六〇名、仲買商一二名、その他古物商・飲食店・質屋・打網漁・水車・旅籠・紺屋など延べ数で一一六名となった。営業金額の内訳は、卸売商営業金額が全体の七六・六％、小売商は一五・六％、仲買商は一・六％、その他が六・四％となった。

表34に各部門での営業金額の上位を示した。以下、これにそって営業品目を概観しておくことにする。

表34　明治13年（1880）の飯塚村連合の主要営業品目

卸売商（総額50138円584）			小売商（総額10220円645）			仲買商（総額916円26）			その他（総額4164円737）		
米雑穀	21039円224	42.0%	粉類	1766円99	17.3%	糸綿	362円427	39.6%	古物商	2801円392	67.3%
製造鋳物	11100. 892	22.1	銅鉄物	761. 6	7.5	繭真綿	210. 505	23.0	質屋	1092. 75	26.2
粕干鰯糠	4304. 669	8.6	書籍	653. 46	6.4	繭	184. 535	20.1	飲食店	243. 595	5.9
粉類	3891. 66	7.8	材木	580. 25	5.7	生糸	95. 558	10.4	打網漁	27.	0.6
醤油	2789. 243	5.6	小間物	572. 17	5.6	米雑穀	58. 235	6.4			
糸綿	2031. 935	4.1	馬具	568. 3	5.6	藍葉	5. 0	0.5			
菓子	1318. 512	2.6	米雑穀	445. 97	4.5						
繭真綿	1203. 56	2.4	呉服太物	448. 25	4.4						
種油	663. 537	1.3	荒物	412. 3	4.0						
生糸	532. 13	1.1	干魚干物	401. 36	3.9						
小計	48875. 362	97.6	小計	6610. 65	64.9	小計	916. 26	100	小計	4164. 737	100

出典　明治13年「地方税額報告書」（来栖家文書）

卸売商　卸売商の営業品目は米雑穀・製造鋳物・粕干鰯糠・粉類・醬油・糸綿・菓子・繭真綿・種油・生糸の上位一〇品目で卸売金額の九七・六％を占め、残りは卸売商が兼業的に小売した品目であった。上位一〇品目のうち、連合村内で生産されない移入品は粕干鰯糠で、ほかはすべて村内で生産されている。卸売商はこれらのものを生産・集荷して、村の内外へ販売することを業務とした。

卸売商の営業金額の四二％を占めたのは米雑穀で、とくに米は地租金納化により、農民の手で販売されるようになり、急速に地域市場を拡大させる要因となった。その取り扱いの主要なものは飯塚村の米穀商人であったが、彼らは新たな米穀市場の担い手として、真壁町の商人に対抗しつつ台頭してきた商人であった。飯塚村の米穀商人は、粕干鰯糠の肥料のほかに、糸綿・繭真綿・生糸・種油の集荷販売にあたった。糸綿・繭真綿・生糸などは連合村内で生産されるよりかなり多く、広い範囲から集荷されたと思われる。

米雑穀につぐのは製造鋳物で、二二・一％を占めたが、これは田村の小田部庄右衛門・助左衛門・唯次郎の小田部一族が近世初頭からつづく、鋳物師として生産をおこなっており、これが営業金額のすべてであった。粉類は田村と羽鳥村の卸売商による生産・販売が中心であった。両村では、水車営業が盛んで、水車営業者によって生産がおこなわれたのであるが、田村の場合、米雑穀との兼業、羽鳥村の場合、菓子種生産とをかねることが普通であった。醬油は伊佐々村の田崎庄三郎が醸造業を営んでおり、その生産額は二六五〇円とほとんどすべてを占めた。

小売商　小売商の営業金額は一万二二〇円余で、連合村の農業生産金額と比較すると約三分一ほどとなる。卸売とことなって、日常的な消費物質は村内の小売商から購入したであろうから、これがこの地域の農民の消費水準をある程度反映していると考えることも可能であろう。

小売の上位一〇品目は粉類・銅鉄物・書籍・材木・小間物・馬具・米雑穀・呉服太物・荒物・干魚干物で、全体の六四・九％を占めた。小売品の場合、粉類をのぞいては、一つの品目でとくに大きな比重を占めるものはない。日常生活物資であるので、品目は多様で、その金額も一品目に限れば、それほど大きくならないのは当然である。そこで全品目についての検討が必要となるが、これを整理したのが表35である。もっとも高い比重を占めたのは食料品で四一・六％となったが、米雑穀・粉類はこのうち約半分で、残りは副食品・調味料・その他が占めている。粉類は、単独で小売金額の一七・三％となり、農民のなかにも、購入にたよるものが多かったことが想像されるが、米雑穀については、小売額は四四五円余、七位で、主穀を日常的に購入するものは、まだ少なかった。

表35　明治13年（1880）飯塚村連合の小売品

大分類	小分類	品　　目	金　　額	（%）
食料品	穀　物	米雑穀⑦・粉類①	2212円96	4247円449（41.6%）
	副食品	魚鳥・青物・漬物・豆腐 干魚干物⑩	742. 78	
	調味料	塩・砂糖・鰹節・醤油	519. 495	
	その他	製茶・菓子・煮売・蕎麦	772. 214	
衣料 染料	衣　料	糸綿・繭真綿・生糸 呉服太物⑧	655. 666	658. 48（6. 4）
	染　料	藍	2. 814	
燃　料		種油・蠟燭・薪炭		299. 966（2. 9）
家具・建具		家具・建具		499. 235（4. 9）
雑　貨		塗器・陶器・銅鉄物② 荒物⑨・小間物④・履物		2122. 6（20. 8）
翫具　文具		翫具・紙筆墨硯・書籍③ 三味線糸		1007. 6（9. 9）
そ の 他		材木⑤・馬具⑥・舶来 製造品		1385. 315（13. 5）
合　　計				10220. 645（100）

出典　明治13年「地方税額報告書」（来栖家文書）

食料品についで取り扱い額が多かったのは、塗器・陶器・銅鉄物・荒物・小間物・履物などの雑貨である。なかでも銅鉄物・小間物・荒物などは、小売の上位一〇品目に入っている。雑貨についだのが、その他であるが、これには材木・馬具・舶来製造品など他の項に入りにくいものをふくめた。玩具・文具は総額一〇〇二円余となったが、その大部分は飯塚村の商人古橋藤三郎があつかっていた。とくに書籍は六五三円余で、小売額中三位を占めたことは注目される。衣料・染料では、呉服太物が四四八円余とそのほとんどを占めた。古物商（古着古金古道具商の略称）のあつかう古着は、飯塚村だけでも一一一三円余となっており、まだこの比重が高かったことがわかる。しかし明治一七年の茨城県への移入品の最高は呉服太物で、これにつぐのが古着で、呉服太物の約半分であったから、全体としては呉服太物の需要が広まっていた。(18) おそらく木綿反物の集荷が真壁町の商人を中心とし、飯塚村連合にみられないと同様に、呉服太物商も真壁町が中心であったのであろう。糸綿・繭・繭真綿・生糸などは卸売商や仲買商が取り扱い、小売はほとんど取り扱わなかった。

仲買商　仲買商を営んだのは飯塚村の一〇名、田村の一名のもので、各人の営業金額はいずれも一〇〇円未満と小規模な営業にとどまった。仲買した品目は米雑穀・糸綿・繭・繭真綿・生糸・藍葉などであるが、卸売商の営業金額よりかなりすくない。仲買商は田村の一名をのぞいて、すべて古物商を兼業しており、このほうが営業の中心となっていた。また飯塚村の一〇名は製茶、田村の一名は菓子の小売を兼業としているが、金額は多いものでも二〇円前後とわずかであった。

その他　その他は、古物商・飲食店・質屋・打網漁など営業金額が明示されている業種と水車・旅籠・紺屋など営業金額ではなく経営規模で示される業種とをふくめた。ここで表に示しているのは前者である。その他の営業金額の六七・二%は古物商で一六名が営業をおこない、このうち一〇名が仲買商を兼業していた。古物商は、古着・古金・古道具をあつかったが、業者によって古着か古金に中心をおき、古道具は金額がすくなかった。古物商につぐのが質屋で、各村に一軒ずつあったが、最大のものの営業金額が四五八円余で、大きなものではなかった。飲食店は飯塚村に二軒あり、一軒は旅籠の兼業であった。金額が明示されない業種では、水車が田村で九名、羽鳥で一六名によって営業されていたが、水車の規模は、五〜一〇臼のものが一八と主流を占めた。また旅籠は飯塚村に一軒、紺屋は飯塚村に二軒あった。

最後に、明治一三年の「物産表」および「地方税額報告書」にあらわれない木綿織・醸造業などについて補足しておく。

木綿織は明治九年の物産書上では、伊佐々村で白木綿三〇〇反、田村で三〇反を生産した。[19] 飯塚村連合全体の数価は同一五・六年のものがあるが、一五年では、一一〇戸が年間四一二反、金額にして三〇九円を生産していた。いずれも年間五〇反以下の生産で、余業の規模を出ているものはなかった。販路は真壁町か地遣となっている。同一六年もこれとほぼ同じである。同九年では、伊佐々村だけで白木綿三〇〇反を織ったというが、一五年では一三〇反に減少し、逆に田村が三〇反から九二反へ生産を増加している。飯塚村連合では、糸綿などを集荷するものはいたが、木綿反物を集荷するものはなかった。晒木綿の場合、晒加工の工程を江戸の問屋と結んだ下館などの買次商人がおさえており、買次・仲買・生産者農民の集荷機構が明治初期まで崩れなかったといわれる。[20] いっぽう醸造業については、酒造業が国税の対象であるため、地方税項目にふくまれないが、同九年の物産書上で、田村では酒造業を営むものが一戸あり清酒二二〇石、一一八六円八〇銭を生産したことがわかる。

三　諸営業と村落諸階層

諸営業は、村落諸階層とどのようなかかわりのなかで展開されたのであろうか。ここでは諸営業と土地所有の規模を参考に諸階層の存在形態を検討する。

表36は飯塚村連合全体の諸営業者の営業金額と持高を相関させたものである。表には地租改正反対一揆の参加者も示した。また土地所有では地主小作関係が問題となるが、真壁郡では明治一六年（一八八三）でも、小作地率は一五％と茨城県平均の二七％をかなり下回っているので、所有規模と経営規模の相違はあまり大きくなかったといえるだ

表 36　明治 13 年(1880)前後の諸営業と階層構成

持高小計　営業金額小計

営業金額＼持高	0	0～5	5～10	10～15	15～20	20～25	25～30	30～35	35～40	40～45	45～50	80～85石	
	22	69(11)	67(11)	51(3)	19(1)	8	3	2		3		1	245(26)
5000～6000円				1		1							2
4000～5000	1												1
3000～4000	2				1			1					4
2000～3000			1										1
1000～2000	1△	2	2										5
900～1000				1△	1△							1△	3
800～900													
700～800													
600～700				1									1
500～600			1	1									2
400～500	2	4△△△								1			7
300～400	1	2(1)	1△	1△									5(1)
200～300	2	7△(2)		2		1△							12(2)
100～200	2	1	2	1									6
0～100	3	5	7△(1)	6△△△	1△	1△							23(1)
0	8	48×(8)	53×(10)	37△(3)	16△(1)	5	3	1		2△			173(22)

（ ）内は一揆参加者
×は紺屋
△は水車営業者

出典　明治 13 年「地方税額報告書」に飯塚村では明治 11 年「民費金前半年分割賦」，田村では明治 12 年「民費聚散金割合取立帳」および明治 9 年「物産表」，羽鳥村では明治 12 年「民費聚散金割合取立帳」，伊佐々村では明治 7 年「田畑反別地価総計帳」（田崎家文書）の持高記載などを対照して作成した。また一揆参加者は「見聞筆記真壁郡暴動録草稿」（『茨城県史料』近代政治社会編Ｉ）によった。なお，対照できなかったのは営業者 16 名，一揆参加者 12 名であった。営業者総数は，田村で一名酒造業者を「物産表」で表中に加えたので 93 名となる。

ろう。(21)

持高による階層構成についてみると、五石以下層が無高もふくめて九一名で、全体の三七・二％となり、ある程度農民層分解の傾向をみせるが、五～一五石層も一一八名、四八・二％と高い比重を占めている。飯塚村以外は、農民層分解はそれほど顕著ではなかった。営業金額の規模についてみると、一〇〇〇円前後をさかいに、経営規模の差があらわれている。一〇〇〇円前後以下では、三～四〇〇円以下になると家計補充的な経営になるようである。持高と営業金額の比較では、飯塚村を中心に一〇〇〇円以上の営業金額のもので、無高やこれに近いものがあり、全体に両者の相関が弱い側面があった。各村の諸営業の展開状況には相当の差異があるので、表36からはこれ以上、内容に踏み込むことはひかえ、各村ごとに検討を加えたい。

飯塚村　飯塚村は真壁町の縁村で、町場化が進んでいた。持高による階層構成についてみると、無高のものが一六名、五石以下が二六名と下層農民が多く滞留していたが、一〇石～一五石層が一〇名、五石～一〇石層が二〇名と、なお中層農民の存在も高い比重を占めた。また一五石～二〇石層二名、二〇石～二五石層が一名となり、最高の四四石余のもの一名をのぞいてとくに持高の多いものはいない。

諸営業は主として、五石未満のものによって営まれていた。その規模は、営業金額一〇〇〇円以上のものと、以下のものとにわかれている。営業金額一〇〇〇円以上のものは、九名いるが、このうち八名は米穀商であった。表37に、彼らの営業品目について整理した。その最大のものは、市塚雄七郎で、米雑穀のほか、繭真綿・生糸の集荷にも力をいれている。また粕干鰯糠の肥料もあつかったが、他の米穀商にくらべて比重は小さかった。その営業金額は五八〇四円余で、持高も一一石余と営業金額一〇〇〇円以上の諸営業者のなかではいちばん大きかった。明治一七年の茨城県の商況調査では、水戸・土浦・下館・結城・古河などで、営業金額五〇〇〇円以上のものをあげているが、下館で

表 37　明治 13 年（1880）飯塚村の卸売商

名　前	米雑穀	粉　類	塩	生　茶	干魚乾物	菓　子	醤　油	糸　綿	繭	繭真綿	生　糸	太　物
市塚雄七郎	3895円471		6円85				136円55	5円5		553円56	252円13	65円3
斉藤吉兵衛	2547.08		100					450	125円6			
内田藤助	3810.3	1円92		1円52		円912	2.693	2.8				
中沢政兵衛	1965.85							963.08		650.	280.	
増淵彦兵衛	2730.24				50円							
桜井弥七	1720.82							138.615	215.2			
斉藤とね	1702.585							58.34				
飯島真蔵	1572.608											

名　前	粕干鰯糠	石　灰	種　油	蠟　燭	薪　炭	塗　器	陶　器	荒　物	小間物	履　物	紙筆墨硯	舶来製造品	小　計(a)	持　高(b)
市塚雄七郎	386円058			15円		151円7	218円251	65円	12円	6円	35円5		5804円87	11石67
斉藤吉兵衛	1304.174	21円35						29.856					4578.06	?
内田藤助	162	12.63	500円287		1円685			35.53				13円54	4545.817	0
中沢政兵衛			50										3908.93	?
増淵彦兵衛	1090.39		13		2							10.75	3896.38	0
桜井弥七	1167.495											9.8	3251.93	0
斉藤とね	156.7				15.16			9.75					1942.535	1.222
飯島真蔵	37.852												1610.46	3.442

出典　a. 明治 13 年「地方税額報告書」（来栖家文書）　b. 明治 11 年「民費金前半年分割賦」（同前）

八名、結城で一五名で、結城は古河の七名より多いことを誇っている状況であった。[22] 単純な比較はできないにしても、周辺諸都市の有力商人に匹敵する経営規模をもつものが成長していたことは注目すべきであろう。これにつづく、斉藤吉兵衛と増淵彦兵衛・桜井弥七は、米穀のほかに主として粕干鰯糠をあつかう米穀肥料商であった。いっぽう内田藤助は肥料のあつかいはすくなく種油をあつかい、中沢政兵衛は肥料をまったく販売せず、糸綿・繭真綿・生糸の集荷をしている。斉藤とねと飯島真蔵は米穀商が中心であった。米穀商は市塚をのぞき、確認できるものは無高か、それに近い所持高しかもっていなかった。[23] 米穀商以外で、営業金額一〇〇〇円をこえたのは、小売商の古橋藤三郎で、書籍（営業金額六五三円余）・荒物（同四〇〇円）・呉服太物（同三〇〇円）・紙筆墨硯（同二五一円余）・小間物（二五〇円余）・砂糖（同二〇五円余）以下、塩・履物・蠟燭・漆器・陶器・瓢物・三味線糸・舶来製造品などをあつかい、営業金額二五四九円余、持高七石余であった。

いっぽう営業金額一〇〇〇円以下では、まず質屋を経営（営業金額四五八円余）し、飯塚村で最大の持高四四石余をもつ市塚左一郎が注目される。無高の米穀商に代表される商人的展開にたいし、地主・高利貸し的展開を示しているといえる。市塚以外では、三～四〇〇円台では、古物・仲買商が四名、銅鉄物・家具小売商一名と古物・仲買商が中心となった。二〇〇円台は八名でもっとも諸営業者が集中している。業種構成は古物・仲買商三名、馬具小売商二名、銅鉄物商一名、銅鉄物と魚鳥・青物小売商一名、飲食店一名であった。二〇〇円以下になると、旅籠を営んでいるが、経営金額があげられていないので、兼業している飲食店の営業金額しか表示できなかった一名と古物・仲買商一名をのぞいて、菓子・青物・小間物の小売の零細な営業であった。四〇〇円以下のものは一〇〇円台の一名と紺屋一名が五石～一〇石の持高のほか、いずれも五石以下の持高であった。

田村　田村は六二戸中、無高の四名をふくめて、五石以下は二五名で、全体の四〇・三％を占め、土地所有では飯塚村に近い性格をもっていた。営業金額一〇〇〇円以上は、製造鋳物業者三名と酒造業者一名である。製造鋳物業者では営業金額五九七〇円余、持高二一石余の小田部庄右衛門が連合村内で、最大の営業金額となった。これにつづくのが、小田部助右衛門で営業金額三二二四円余、持高三四石余であった。また小田部唯次郎は営業金額一九二〇円、持高七石余とやや規模が小さかった。製造鋳物の製品構成については、明治九年の物産表では鍋五二〇〇枚（八六六円余）・平釜五一五枚（八八円余）・釜三三〇六枚（一一二〇円）となっている。酒造業者については、国税の対象なので「地方税額報告書」にはあらわれないが、同年の物産表から営業金額をとった。その営業金額は一一八六円で、持高は九石余であった。また営業金額九六〇円余と九九〇円余の、ほぼ一〇〇〇円に近い諸営業者二名は、持高一六石余と一〇石余で水車をもち粉類・米雑穀の卸売商を営んでいた。田村の水車営業者は粉類のほかに、米雑穀をあつかったが、全体に粉類の比率のほうが高かった。

三〇〇～六〇〇円では、水車をもち粉類・米雑穀の卸売商が四名、古物・仲買商が一名、小売商一名となり、水車営業者の存在が目立っている。水車営業者は一名が一〇石余、三名が四石余の持高であった。小売商は無高で干魚乾物（営業金額一九〇円余）・陶器（同一〇〇円余）・製茶（同五〇円余）以下、煮売・菓子・豆腐などさまざまなものをあつかった。三〇〇円以下になると、質屋と水車営業者が各一名ずつで、残りの四名は小売商であった。小売商のうち、持高一〇石余、営業金額二二三円余の小田部三右衛門は干魚乾物・呉服太物・醬油以下幅広い商品をあつかったが、他は煮売・菓子・青物などをわずかに商っているにすぎないものであった。

羽鳥村　羽鳥・伊佐々の二村では、飯塚・田村とはことなって、無高・五石以下層より五～一〇石層のほうが多く、農民層分解はあまり進んでいない。羽鳥村では山付の地形を利用して、水車が設けられ、粉類や菓子種の生産が盛んにおこなわれた。羽鳥村の最大の諸営業者は、営業金額一三四二円余で一〇臼以下の規模の水車で菓子種（営業金額七〇〇円）と粉類（同六二〇円）を主として生産した卸売商の小島熊吉で、持高は無高であった。これについだのは、伊東半兵衛で、持高は連合村内最大の八三石をもち、営業金額九七六円余の粉類・菓子種卸売商を営んでおり、両者は土地所有では対照的立場にあった。明治一二年の水車営業者は一一名（水車は一二基あった）であったが、一三年には一六名と増加した。そのうち三名は一〇石以上のもので、新たに諸営業を開始したためか、その営業金額はきわめてすくなかった。水車営業の場合、中層農民の営業への参加を促す、市場の拡大があったといえる。水車営業以外では、持高一二石余の家具・材木・呉服太物小売商が営業金額五八五円余と比較的大きな営業金額を示したが、他は薪炭・漆器・干魚乾物・古物・材木・青物・菓子などをあつかう小商人と飲食店であった。

伊佐々村　伊佐々村では、醬油醸造業（営業金額二六五〇円余）と質屋（同三〇一円余）などを営み、営業金額三〇二五円余、持高一八石余の田崎庄三郎が飛び抜けた地位にいた。同家は天保期に穀物・質物・醬油渡世をおこない、持高八石余で、組頭となっている。[24]これにつづくのは、営業金額六〇七円余、持高一〇石余の材木・建具小売商で、以下は小間物・古物や干魚乾物・青物・粉類・菓子などの食品をあつかう小売商と煮売りなどの飲食業者など零細な小商人にすぎなかった。また同村では、白木綿織の様相が判明する。これによれば、同村では明治五年には一七三反、九年には三〇〇反の木綿を織った。同五年では三二戸が三〜八反づつ織っているが、耕地五反未満の七戸と、一町七反以上の二戸は木綿織をおこなわず、中層農民が余業として織ったことがわかる。[25]

以上は、明治一三年前後の各村の状況をみたものであるが、これを田村について、六〜一二年の農民層分解の動向のなかで検討したのが、図5である。この間、田村では一五石以上と五石前後以下のものが持高を増し、五石前後より一五石までのものの多くが、持高を減少させた。五石以下のものの持高の増加は、酒造営業者と米雑穀卸商をのぞいて一〜二石で大きなものではなく、増加後も五石以下層にとどまった。この地域でも幕末期より農村復興の進展や米穀の高騰で、質地を請戻す動きが広がっており、五石以下層の持高増加は、こうした動きが地租改正の地券交付で、いっそう進められた結果ではないかと考えられる。(26) いっぽう一五石以上と五〜一五石以下での持高の増減は、その幅が大きく、とくに五〜一五石の中層農民の持高の減少が顕著であった。諸営業者では、二名の鋳造業者が持高を増加した他は、同九年で営業金額一一八六円余の酒造業者と持高一石余で営業金額四〇〇円の米穀卸売商が持高を増加したにとどまり、持高を減少させているものが多かった。インフレーションの進行により、諸営業の展開がみられたこの時期でも、その成長はかならずしも順調ではなかったとみられる。また一五石以上では、諸営業を営まない農民の持高の増加もみられ、地主的展開があらわれていることも注意される。

最後に、明治九年の地租改正反対一揆との関係を検討しておく。同年一一月、米価下落を契機に飯塚村連合を中心におきた地租改正反対一揆は、数日のうちに茨城県の鎮圧のために解体したが、同県那珂郡での蜂起や伊勢暴動など、この年の改正反対一揆の最初のものとして、重要な位置を占めた。(27) 一揆終了後、逮捕されたのは一六五名で、飯塚村二三名、田村一五名、伊佐々村一三名、羽鳥村七名と、飯塚村とともに一揆の中心だった隣村塙世村二一名を合わせると計七九名となり、全体の四七・八%におよんだ。七九名中、取り調べの結果、無罪や炊出しを強制されただけのものなどをのぞいて、造意者（首謀者）・使者・随行者は五五名で、このうち諸営業と土地所有の相関関係のわかるものは飯塚村連合では二六名であった（塙世村の傾向も飯塚村連合とかわらなかった）。これによれば一揆は、五〜一五石を中心とした専業的農民によって組織され、諸営業者の参加はきわめてすくなかったことが明らかである。もちろん飯塚村で営業金額四五九一円余の米穀肥料商の斉藤吉兵衛のように、改正反対訴願参加を呼び掛ける廻状を書いて、一揆の形成に重要な役割をはたしたものもいる。しかし斉藤はその文筆能力を買われただけで、一揆の積極的組織者ではなかった。他のものは諸営業者とはいっても零細な家計補充的なもので、商品作物の流通やその加工の諸営業を

図5　田村の農民層分解

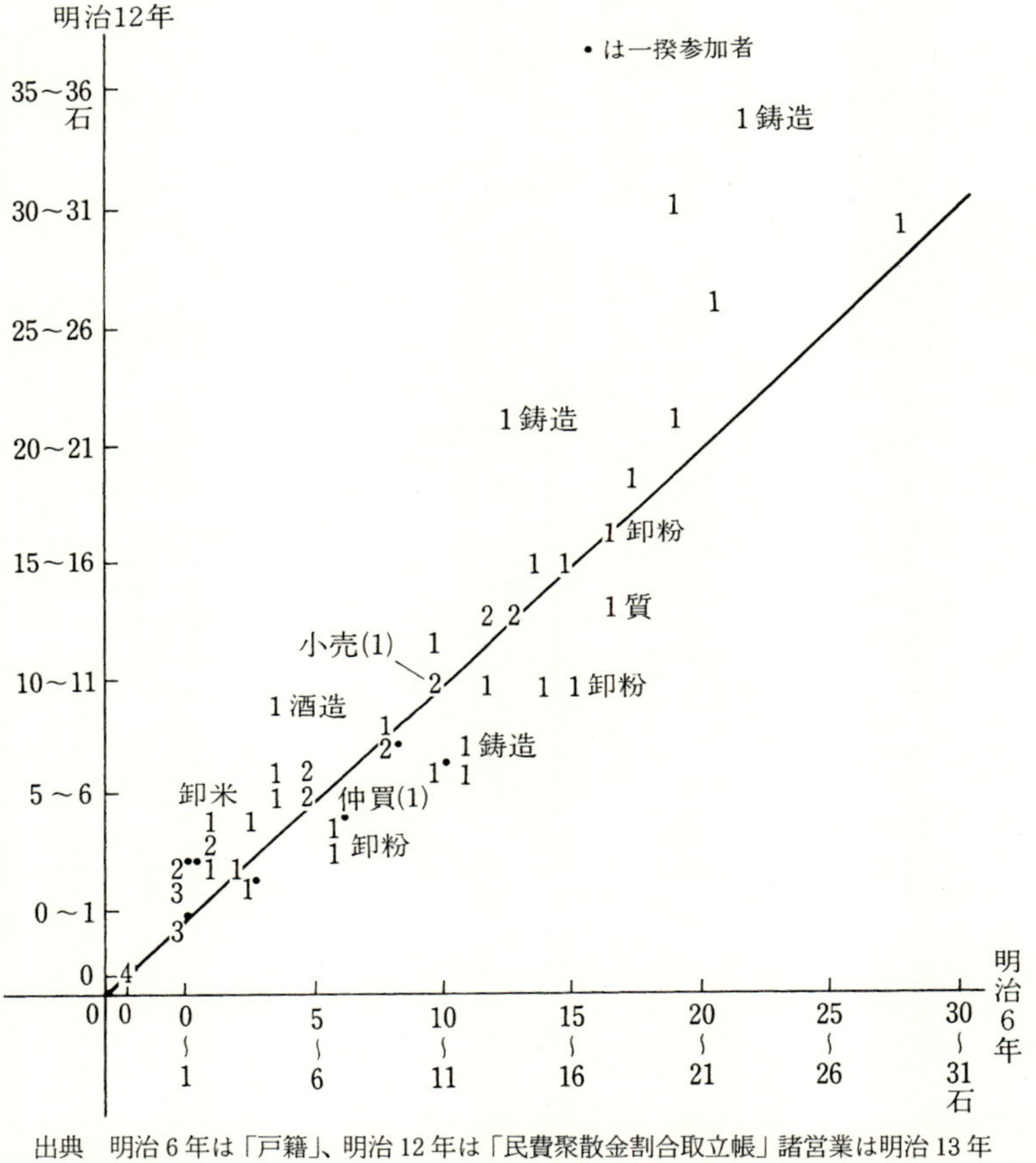

出典　明治6年は「戸籍」、明治12年は「民費聚散金割合取立帳」諸営業は明治13年「地方税額報告書」明治9年「物産表」、一揆参加者は「見聞筆記真壁郡暴動録草稿」(『茨城県史料』近代政治社会編Ⅰ）によった。

営んだ中層農民が、この一揆を指導したことを読み取ることはできない。諸営業にたずさわった豪農は、村落支配者としての立場から、解散を説諭する側に廻り、一揆に参加しなかった。また図5でみるように、田村では一揆参加農民は、一揆をはさんで明治六～一二年の間に持高を減少させているものが多かった。商品経済が深く浸透したこの地域では、それだけに米価下落の影響を深刻に受け、一揆の蜂起をみたのであるが、いっぽうで那珂郡一揆が小営業者により、周到な準備と蜂起計画のもとに組織され、水戸の県庁にせまる勢いを示したのとは大きくことなっていたのである。(28)

おわりに

天保期をすぎると、真壁地域でも商品生産・流通の発展がみられ、農村荒廃の克服が進んだ。こうした動向のなかで、真壁町周辺の縁村でも、米穀商や日常生活用品を販売する小売商が台頭し、真壁町と対抗しつつ、新たな商品流通を展開させた。本章で、明らかにすることにつとめた明治一〇年代前半の経済構造は、こうした展開の到達点を示すものであった。

農業生産では、主穀生産地帯であるため、農産物のなかでも米麦雑穀の占める比重が高いが、水車営業の発達もあり、麦・蕎麦なども製粉されて流通過程に入っていた。また大豆も醬油の原料として商品化が進み、実綿もなお真岡木綿などの原料として栽培された。諸営業の展開は、こうした発展にささえられたものであるが、飯塚村では米穀や肥料商、古物・仲買商や有力な小売商の成長がみられ、新しい流通の拠点を形成した。田村では、鋳物製造や酒造業がおこなわれるとともに、羽鳥村とならんで、水車営業が盛んとなった。また伊佐々村では醬油醸造業が発展した。

さらに各村には、日常生活用品を供給する小商人が輩出し、総体として消費市場の広がりも確認できる。先進地域で麻布の産地として知られる滋賀県小田刈村の場合、諸営業金額の二五％を麻布生産関連が占めているのにたいし、飯塚村連合では米雑穀が三二％を占めており、その構成においては後進性をまぬがれない。しかしそれでも小田刈村の明治一五年（一八八二）の諸営業者一人あたりの平均営業金額が五〇五円余であったのにたいし、飯塚村連合では七一一円余となり、諸営業金額の水準はけっして低くはなかった。(29)

いっぽう諸営業と農民層分解とのかかわりについては、各村とも五〜一五石程度の中層農民がなお多く存在しており、農民層分解はあまり進んでいない。そのなかで営業金額一〇〇〇円以上の諸営業者が成長してきているが、これは近世より一定規模の土地所有をもつ村落支配層が諸営業に進出する場合と、無高の諸営業者に代表されるように、持高がきわめて少ないまま、商人として経営を拡大している場合があった。現状では、その個々の経営展開について追跡することはできないが、田村の酒造業者や伊佐々村の醤油醸造業者、羽鳥村の水車営業者の一部に、中下層農民よりの成長が認められるものの、村落支配層が豪農化する以外は、土地所有を志向せず商人として成長する傾向がみられた。これは荒廃の克服が進んだものの、地主小作関係の展開も未熟で、諸営業者が土地所有に投資する条件が整わなかったことを示している。こうした状態は、同時に労働力配分の上からも中層農民の諸営業への進出を制約している条件ともなった。多くの場合、中層農民は木綿織などの余業をおこなうにとどまった。真岡木綿は天保・弘化期を頂点に、産地間競争や開港による綿布の輸入のため衰退し、この時期には農民の諸営業参加の積極的要因にはならなかった。また田村のみに限られた史料であるが、市場の拡大期においても持高を減少させている諸営業者が多くみられ、その成長がかならずしも順調ではなかったことをうかがわせている。

明治九年の地租改正反対一揆の展開を制約したのは、以上の諸営業と市場の発展のもつ脆弱性にほかならなかった。

こうした脆弱性をかかえつつ、インフレーションのなかで市場が拡大した局面が、同一三年の飯塚村連合の「地方税額報告書」の示すところだといえよう。もちろんここで明らかになったのは、北関東の後進的地帯の事例にすぎない。しかしこうした地域分析が蓄積されれば、日本の近代化と国内市場の形成過程の再検討にはたす役割はきわめて大きいものになることが予想されるのである。

注

(1) 近年のものでは、新保博・斎藤修「概説　一九世紀へ」(『日本経済史』2、岩波書店、一九八九年)、斎藤修・谷本雅之「在来産業の再編成」(『日本経済史』3、岩波書店、一九八九年)の斎藤修の担当部分や中村隆英「在来産業論の発想」(同『明治大正期の経済』、東京大学出版会、一九八五年)参照。
(2) 石井寛治「国内市場の形成と展開」(山口和雄・石井寛治編『近代日本の商品流通』、東京大学出版会、一九八六年)
(3) 本稿で使用する史料は、とくに断わらない限り、真壁郡真壁町田村来栖和夫家文書である。
(4) 長谷川伸三「近世後期北関東農村の構造」(『史学雑誌』八一編九号、一九七二年)後に、「常陸国笠間藩領における農村荒廃とその克服」と改題して、同『近世農村構造の史的分析』、柏書房、一九八一年)に所収。長倉保「関東農村の荒廃と豪農の問題」(『茨城県史研究』一六号、一九七〇年、後に同著『幕藩体制解体の史的研究』、吉川弘文館、一九九七年所収)。
(5) 長谷川伸三「幕末期の真壁」(前掲)。
(6) 『真壁町史料』近世編Ⅱの解説参照。
(7) 同前、三三六〜三九頁。
(8) 同前、三三九〜四一頁。
(9) 長谷川伸三「幕末期の真壁」(前掲)。
(10) 『真壁町史料』近世編Ⅱ、三四二頁。
(11) 『茨城県史料』近世社会経済編Ⅰ、一八二〜八四頁。

(12)　拙稿「天保期における一城下町の動向」（豊田武編『近世の都市と在郷商人』巌南堂、一九七九年、本書所収）。
(13)　『茨城県史料』近代産業編Ⅱ、三五三頁。
(14)　谷本雅之「幕末・明治前期綿織物業の展開」（『社会経済史学』五二巻二号、一九八六年）。
(15)　『真壁町史料』近現代編Ⅱ、解説。
(16)　中村哲『明治維新の基礎構造』（未来社、一九八六年）第三章三―二表。
(17)　北関東で農村荒廃の克服のため、精農的農法が主張され、成果をあげたことは、阿部昭「幕末維新期における手作地経営の存在形態」（『栃木県史研究』一八号、一九七九年、後に、同著『近世村落の構造と農家経営』文献出版、一九八八年）参照。
(18)　山口和雄『明治前期経済の分析（増補版）』（東京大学出版会、一九五六年）二一七頁。
(19)　斉藤茂「地租改正反対真壁一揆」（植田敏雄編『茨城百姓一揆』、風濤社、一九七四年所収）。
(20)　林玲子「下館藩における尊徳仕法の背景」（『茨城県史研究』六号、一九六六年）。
(21)　「明治一六年茨城県統計表」。
(22)　『茨城県史料』近代産業編Ⅱ、三六四頁。
(23)　無高か、これに近い持高しかもたず、営業金額の大きな商人の出自については、現段階では追跡できないが、真壁町の南にある在郷町で、真岡木綿の有力な集荷地であった筑波郡北条町では、幕末に近在の農村から出て借家として酒の小売商岩崎屋を営んだ大塚家が明治中期には多額納税者に成長した例がある。この場合、岩崎屋の実家は近在で知られる地主・酒造業者で、北条商人や県西地方の物資の集散地であった宗道村の河岸問屋と親戚関係があった『筑波町史』下巻、二九七～三〇一頁）。こうした金融・流通の有利な条件が、岩崎屋の発展をささえていたのであるが、同様なことは真壁町周辺の有力商人についても想定すべきであろう。
(24)　斉藤茂「地租改正反対真壁一揆」（前掲）。
(25)　斉藤茂「地租改正反対真壁一揆」（前掲）。

(26) 拙稿「近世質地請戻し慣行と百姓高所持」(『歴史学研究』五五二号、一九八六年、後に同『日本近世の村と百姓的世界』校倉書房、一九九四年所収)。

(27) 一揆については、「見聞筆記真壁郡暴動録草稿」(『茨城県史料』近代政治社会編I)。および斉藤茂論文(前掲)参照。

(28) 木戸田四郎「明治九年の農民一揆」(堀江英一他編『自由民権期の研究』第一巻、有斐閣、一九五九年所収)。

(29) 丁吟史研究会編『変革期の商人資本』(吉川弘文館、一九八四年)三〜五頁。

追記 史料調査にあたっては、来栖和夫氏にご協力をいただいた。また伊佐々村田崎愛之助家文書は同家の許可をえて斉藤茂氏より提供していただいた。記してお礼申し上げる次第である。

補注 収録にあたっては、初出論文のさい紙数の制約で省略した近世真壁町の縁村の展開についての記述を論点との関係で復活した。また、注の表記も全体との関連で改めた。収録した論文では比較的はやい時期に書かれたものである。このため明治前期の地域市場の評価も、消費市場をふくめて、もうすこし積極的であってよかったといまは考えている。たとえば長倉保「関東農村の荒廃と豪農の問題」(注4)で、一九世紀以降における「在方商業」の展開について、豪農主導による発展を認めている。しかしその内容は、真壁町北部の隣村桜井村の明治六年(一八七三)の調査により、経営規模八〇〇円の太物・木材・穀物・荒物営業者、二五〇〇円の酒造・絞油・醸造業者など、わずかに成長していく豪農と五〇円以下の食品・大工など雑業者に隔絶していたと、消極的にしか評価していない。本論もそうした観点の影響をまぬがれていないのであるが、商人的展開や市場の質の変化に分析を深める必要があったといえる。これらの点で未熟さが目立つが、明治前期の地域経済の検討は現在でもすくないし、地方税報告書の分析はほとんどなされていない。幕末維新期の地域市場の到達点として、明治前期の関東の地域市場研究がもっと深められてよいと考えている。この点では、老川慶喜他編『商品流通と東京市場』(日本経済評論社、二〇〇〇年)や岩下祥子「明治前期の陶器業界と関東市場」(白川部達夫編集『関東地域史研究』二号、二〇〇〇年)などのすぐれた仕事があらわれているが、まだ多くの検討が必要であろう。

第八章　明治一〇年代における関東農村の市場変動

――茨城県真壁郡飯塚村連合を中心に――

はじめに

明治一〇年代前半は、西南戦争以後のインフレーションの進行により、米価高騰と地租の相対的下落が進み、農村経済は活況を呈し、小営業が展開した。いわゆる日本における小ブルジョア経済が頂点に達した時期であった。いっぽう明治一四年（一八八一）にはじまる松方財政のもとでは、強力なデフレ政策がとられた。このため米価は下落に転じ、市場は縮小して、農村で展開した小ブルジョア経済の可能性は失われた。こうして農村では、地主制が急速に展開し、都市では政商に主導された資本蓄積が確立していったといわれる。

以上のように明治一〇年代は、日本資本主義の原始的蓄積の転機になったのであるが、この時期の農村経済の動向については、府県統計が十分でなく、実態がつかみにくかった。とくにインフレーションからデフレーションに転じる農村市場の動きについては、ほとんど検討がなされていないのが実状である。そこでここでは、史料として、この時期に作成された地方税報告書の検討をつうじて、インフレーションからデフレーションへの転換が、どのような意味での市場の縮小をもたらしたのかを検討することで、その影響を把握することを試みた。(1)

図６　茨城県真壁郡飯塚村連合関係図

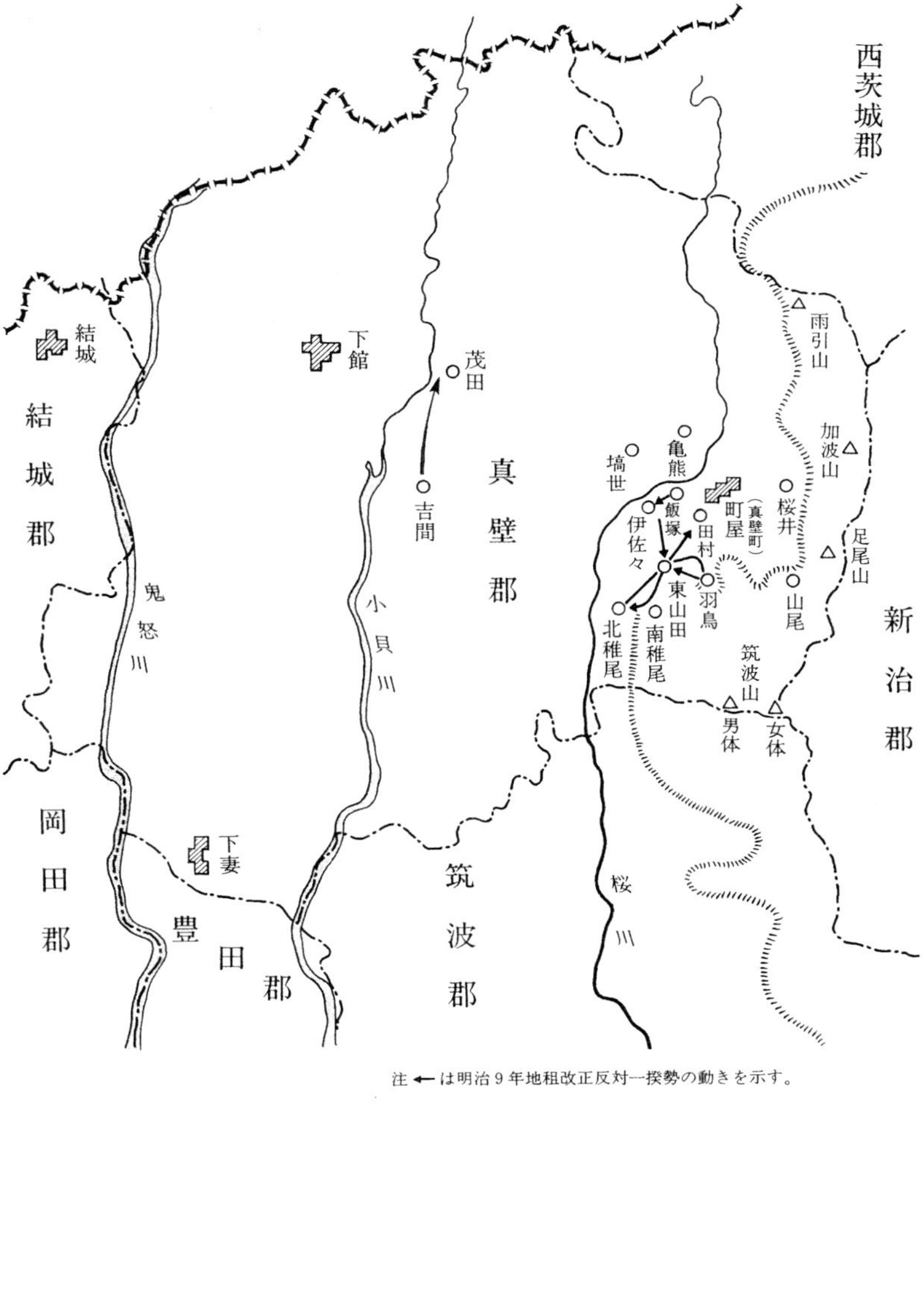

注 ← は明治９年地租改正反対一揆勢の動きを示す。

本章で分析の対象としたのは、茨城県真壁郡飯塚村連合の地方税報告書である。同連合村は、飯塚・田・伊佐々・羽鳥の近世の村落よりなっていた。明治一七年六月、さらに塙世・亀熊の二村落が加わり、塙世村連合と称された。この地域は近世の在郷町である真壁町の地続きで、町場化した部分もあった。また同九年におきた真壁郡地租改正反対一揆の中心として知られている。(2)さらにデフレーションが進行した同一六年九月におきた加波山事件の地元でもある。蜂起は、その志士的無計画性のために短期に鎮圧されるが、デフレーションに苦しんだ農民の間には、これに呼応しようとする動きもあったといわれる。(3)そうした地域の農村市場の動向を明らかにすることは、興味深い課題であろう。本報告はその予備的作業として、地方税報告書の整理分析をおこなったものである。(4)

一　地方税報告書について

ここで地方税報告書といっているのは、営業税・雑税についての報告書で、明治一一年（一八七八）一二月に政府が営業税雑種税規則を制定して以後、各府県で調整がおこなわれて作成されていった。茨城県の場合、同一二年二月三日付で、従来の府県税および民費・府県費・区費を改めて、地方税とするということが通達されたが、その布達には同時に、六月までは営業雑種税の取り調べや県会の法令整備があるので旧例により、七月から地方税とすることが指示されている。(5)その後、「諸会社其他営業人名并税率報告書」と題する調書のひな型が配布された。その様式はつぎのようである。

諸会社其他営業人名并税率報告書

何郡何町村

一何等酒造高何百石以上

一醤油卸売　何ノ誰
兼業
何等　何百円未満　何々小売税
何等　何百円以上未満　何々小売税
何等　何百円以上より未満　何々仲買同小売税
右は本年乙第六十六号ヲ以御布告相成候、地方税規則第拾八条ニ照準諸会社及営業人名、其他各営業上ニ就キ、前年分実際之多寡ニ仍リ、税率等取調候処書面之通、聊相違無御座候也
年　月　日　右営業人惣代
何ノ誰
県令宛
（以下、奥書略）

これによれば営業金額の概略と税額の把握がめざされたのであるが、この年は、実際には営業者数の把握にとどまり、兼業など細部の把握には進まなかったようである。現実に取り調べ作業が進展するのは明治一三年になってからで、後にみるように、真壁郡飯塚村連合では同年一〇月に「地方税額報告書」と題する報告書を作成、県令あてに差し出している。同一五年一一月に出されたひな型では、この報告書を「地方税営業者及ビ商金高等取調書」としているが、翌年これにもとづいて飯塚村連合から出したものは、「明治十六年度地方税営業人報告書」となっており、町村段階ではかなり簡略化された題名をつけることが、おこなわれていたらしい。地方税にあてられるのは国税である地租の

三分一（後に五分二）と戸数割および営業税・雑種税であり、特別に徴収されるのは営業税・雑種税に限られていたので、町村段階ではこのように称することが普通であった。本章でも町村段階の実例を要約する表現として、一般的にいう場合は地方税報告書と称することにする。営業税・雑種税には、酒・タバコなどの国税に組み込まれたもの以外は、すべてふくめられるので、一般の農村では、この点にさえ配慮すれば、まずほとんどの産業が網羅されている。それにもかかわらず同報告書が経済史的分析にあまり利用されなかったのは、実際の報告書が税額が表示されるだけにとどまり、その具体的な営業内容が把握できない場合が多かったためであった。しかし営業内容にふれた報告書が残されている場合があり、今後その発見と事例分析を重ねていくことは重要である。

ここでは茨城県真壁郡飯塚連合村の明治一三年、一六年、一七年（推定）の三段階の比較的良好な史料について、検討を加えることにするが、そのさいにまず簡単に各史料の様式について紹介しておくことにする。

Ⅰ　明治一三年一〇月「地方税額報告書」

営業税・雑種税の町村段階で徴収体制が整ってくるのは、実際は明治一三年頃からであったようで、この頃より報告書がみられる。その記載様式はつぎのようである。

地方税額報告書

真壁郡飯塚村

斉藤吉兵衛（押紙）

六等

一卸売商

米雑穀商金高弐千五百六拾七円八銭

繭　同上　百弐拾五円六拾銭

粕干鰯糠同上千三百四円拾七銭四厘

塩　同上　百円
荒物　同上　廿九円八拾五銭六厘
石灰　同上　弐拾壱円三拾五銭
糸綿　同上　四百五拾円
合金四千五百七拾八円六銭
此税金六円
（中略）
合計金百五拾壱円　　連合四ケ村
内
金百四円　　営業税
金四拾六円　　雑種税
金三拾銭　　打網税
右は十三年度地方税規則第二拾条ニ因リ戸長営業人惣代商議之上、実際調査税額前書之通確定報告仕候也

右営業惣代
明治十三年十月　　伊東半兵衛
同　　田崎包高
同

斉藤吉兵衛

戸長

来栖吉左衛門　㊞

茨城県令人見寧殿

報告は旧村ごとに書き上げられている。ここでは真壁郡飯塚・田・伊佐々・羽鳥の四カ村の営業・雑種税が書き上げられたのである。冒頭の斉藤吉兵衛の名前の下には押紙がなされていて、なぜか印鑑が消されているが、ほかのものにはそれぞれ印鑑があり、各営業人から確認のため印鑑がとられた。帳簿は、一冊に調製されているが、旧村ごとに筆がちがっており、各旧村の代表が調査・作成したものを戸長がまとめたもののようである。最後に、戸長と営業人惣代が商議して、調査をおこない報告を作成したとあるが、実際そのような手続きがとられたとみてよいであろう。惣代は伊東が羽鳥、田崎が伊佐々、斉藤が飯塚、戸長の来栖が田の住人であった。

業種は、卸売商・仲買商・小売商とそのほかの営業である。その他の営業には、古物商・飲食店・質屋・打網漁の商金高が明示されているものと、水車・旅館・紺屋の経営規模で示されているものがあった。惣代たちがどのような調査をおこなったのか、残念ながら推測する史料はないが、この年の場合、商金高は銭単位のものになっており、かなり詳細な調査であったことがうかがわれる。

Ⅱ　明治一六年七月「明治十六年度地方税営業人報告書」

明治一六年度の場合、一三年度とはことなって、卸売商・仲買商・小売商の区別がなくなり、卸小売商として把握されている。記載例は、

飯塚村

百十九等商金高弐千弐百拾円

一卸小売商　　　　斉藤吉兵衛
　内
米雑穀商金高千八百円
繭　同　二十円
粕干鰯糠同　三百円
塩　同　五十円
荒物　同　二十円
石灰　同　拾円
糸綿　同　拾円
　此年税金八円八拾銭

となっている。この報告書には、各営業人の印鑑はなく、惣代が最後に印鑑を捺している。やはり旧村ごとの記載となっているが、すべて同一の筆跡で、明治一三年のように、各旧村の営業人の惣代より報告を出して、一冊につづるという方式をとってはいない。それだけ連合戸長役場側の主導性が強くなっているようである。商金高は円までのものがほとんどである。

Ⅲ（明治一七年）無題

本報告書は表題・後書ともに欠けていて、性格がはっきりしないが、明治一七年度の報告書の案文と推定される。村数は飯塚・伊佐々・塙世・亀熊・羽鳥・田村の六カ村となっている。塙世・亀熊の二旧村が加わっているが、両村が連合村に入って、塙世村連合となったのは、同一七年六月のことだったので、報告はそれ以降のものだったことがわかる。いっぽう同一八年四月一四日に、飯塚村連合から塙世村連合へと戸長を勤めていた来栖吉左衛門が解職されており、それ以降の戸長役場史料は基本的には来栖家には伝来しない。以上の点から、報告書は明治一七年度分と推定される。その記載様式は

飯塚村
営業人
百三十五等
一卸小売商　斉藤吉兵衛
但、一ヶ年商金高千六百円
内
米雑穀
塩
粕干鰯糠

となっていて、商金高総額を把握するだけの簡単なものとなっている。記載から同書が前年分の商金高を書き写して、この年分の金額をそれぞれ調査して書き込もうとしたとも考えられるが、後になると

同
百五十等
一卸小売商　小林嘉助
但、一ヶ年商金高百七十五円
内
製茶　糸綿　繭　藍　古金古道具

と書き込みの余地のない記載が一般的になるので、その可能性はないといえるだろう。

以上、三年分の地方税報告書の様式を紹介した。最後に商金高の年度の性格について、以下の統計との比較の必要のためにふれておくことにしたい。明治一二年のひな型にもすでに明らかなように、商金高はその前年の営業金額を示したものである。同一五年一一月八日付の茨城県の布達では、その年の一月一日の営業者の前年の実績を調査して、一月一二日までに、郡長に報告、郡長はこれを一五日までに県令に報告することになっている。実際には、飯塚村連合にみるように、同一三年では一〇月、一六年では七月に提出されているから、調査には手間がかかったようであるが、その商金高が前年の実績であることにはかわりなかった。そこで以下の分析では、全国の物価統計などと比較する都合もあり、報告書提出年の前年の年を基準に表現することにし、とくに史料をよぶときのみ、何年度の地方税報告書と称することにした。

二　インフレーション期の諸営業

飯塚村連合は、表38によれば明治一一年（一八七八）の戸数二四〇戸、人口一六〇九人で、一三年の農産物金額は三万九八円余、一二年の商金高六万五四四〇円の村であった。農産物金額に倍する商金高があり、商品経済の浸透が大きかったことをうかがわせている。以下、インフレーションの進行した明治一二、三年段階の概況をみておこう。(6)

1　インフレーションと農産物

明治一四年（一八八一）に頂点に達するインフレーションについて、諸物価の比較を全体として示すことのできる史料はない。しかし農産物については、田村と伊佐々の同九年と一三年の物産表がえられるので、これによって農産物価格の高騰を簡単に概観することはできる。表39によれば、同九年から一三年の間に米価は三倍、大麦二・八〜二一・九倍、小麦二・四〜二・五倍、大豆一・七倍、小豆一・八倍となったことがわかる。また全国の農産物価格の上昇率と比較すると、いずれの場合も、全国の上昇率より上回っていた。とくに米では、その差が大きかった。飯塚村連合の同一三年の農産物金額総計の六二%は米であったから、この部分が三倍に高騰した影響はやはり大きかった。同九年には農産物金額に占める地租の割合は、田村で四〇・九%、伊佐々で二八・一%であったが、農産物価格の高騰のため一三年には、田村が九・九%、伊佐々が一〇・六%までに低下した。農民経済は活況を呈するようになったのであった。

2　インフレーション期の諸営業

つぎに明治一二年（一八七九）段階の商金高により、インフレーション期の各旧村の概況についてふれておきたい。

飯塚村　真壁町と地続きで、江戸後期には町場化が進んでいた。商金高は、農産物金額の四・四倍であり、連合村の全商金高の五八%を占めていた。その中心は、一八世紀末より成長した米穀卸売商で、そのあつかう米雑穀は一万九九四四円余で連合村の全商金高の三〇%を占めた。米雑穀卸売商は八名で、米雑穀のほかに粕干鰯糠の肥料と糸綿や繭・繭真綿・生糸、種油などをあつかっていた。飯塚では、このほかに古着・古鉄・古道具をあつかう古物商が一二名いた。彼らは、仲買商もかねており、糸綿・繭・繭真綿・生糸の集荷にあたるいっぽうで、さまざまな小売にも従事していたが、商金高は一戸で五〇〇円以下で、さほど大きなものではなかった。小売もほとんどは農間余業の域を出ないが、一名だけ書籍・荒物・小間物などをあつかい商金高二五四九円余と米雑穀肥料商に匹敵するものがいる。また煮売りや蕎麦ではなく、飲食店二名、旅籠一名がいるものも町場化したようすをうかがわせている。

田　田の集落は、真壁町とはやや距離をおいているため、飯塚ほど町場化しなかったが、商金高は農産物金額の約

表38　飯塚村連合の概況

	人口 1)	戸数 2)	諸営業人数 3)	商金高 4)	農産物金額 5)	a/b
	明治11年 (1878)	明治11年 (1878)	明治12年 (1879)	明治12年 (1879) a	明治13年 (1880) b	
飯塚	428人	73戸	35人	38,495円809	8,829円791	4.4
田	460	62	20	16,667.962	8,637.254	1.9
羽鳥	411	64	27	5,963.260	9,389.185	0.6
伊佐々	310	41	10	4,313.195	3,242.564	1.3
合計	1,609	240	92	65,440.226	30,098.794	2.2

出典 1), 2) 明治11年「茨城県より下妻支庁・真壁町屋ヨリ東京両街道真壁郡駅場人馬加助組合御請書」(来栖家文書)
3), 4) 明治13年「地方税額報告書」(来栖家文書)
5) 明治13年の各村の「普通物産表」「特有物産表」(来栖家文書)

表39　農産物価格の高騰

（1石当りの価格）

	田			伊佐々			全国平均5)		
	明治9年1)(1876) a	明治13年2)(1880) b	b/a	明治9年3)(1876) c	明治13年4)(1880) d	d/c	明治9年(1876) e	明治13年(1880) f	f/e
米	3円438	10円309	3	3円483	10円308	3	4円3	9円46	2.2
大麦	1.371	4	2.9	1.438	4	2.8	1.36	3.58	2.6
小麦	2.722	6.667	2.5	2.772	6.667	2.4	3.58	6.78	1.9
大豆	3.704	6.25	1.7	3.617	6.25	1.7	4.03	5.95	1.5
小豆	4	7.142	1.8	3.889	7.142	1.8	5.55	7.6	1.4
粟	1.25	2.857	2.3	1.348	2.857	2.1	2.37	2.35	0.99
稗	0.625	1.5	2.4	0.364	1.5	4.1	1.07	1.16	1.1

出典　1)「明治九年物産高取調書」（来栖家文書）　2), 4)　各村の「普通物産表」（来栖家文書）
3)　斉藤　茂「地租改正反対真壁一揆」（植田敏雄編「茨城百姓一揆」風濤社, 1974年）第6表
5)　大川一司他編「長期経済統計」8 物価（東洋経済新報社, 1966年）168〜69頁

二倍と高かった。その中心は鋳物業が中世以来おこなわれてきたことで、三名で一万一一一四円と同村の商金高合計の六七%にもなった。そのほかに目立っているのは、九名の水車営業人で彼らのほとんどは卸売商として、米雑穀・粉類をあつかっていた。卸売商としての粉類の取り扱いは連合の中心であった。しかし商金高五〇〇円をこえるものはなく、余業の範囲をこえたものではなかったようである。なお同村には、国税項目の酒造業人が一名おり、同九年

表40　飯塚村連合の商金高の推移

	明治12年 (1879) a	明治15年 (1882) b	明治16年 (1883) c	b/a	c/a
飯　塚	38,495円809 (35人)	23,567円515 (36人)	12,152円661 (34人)	61.2	31.6
田	16,667.962 (20)	16,472.51 (22)	9,790.196 (16)	98.8	58.7
羽　鳥	5,963.26 (27)	6,845.2 (28)	4,334.21 (25)	114.8	72.7
伊佐々	4,313.195 (10)	5,604.453 (10)	3,807.609 (11)	129.9	88.3
合　計	65,440.226 (92)	52,489.678 (96)	30,084.676 (86)	80.2 (104.3)	46.0 (93.5)

注　(　) 内は営業人人数
出典　各年度　地方税報告書 (来栖家文書)

では清酒二一〇石、一一八六円余を生産していた。

伊佐々　同村では、醤油醸造 (二七二三円)・質屋 (三〇一円余) などをおこなった豪農と馬具 (二四五円)・建具 (二三〇円) を中心に、商金高六〇七円余の小売を営んだものが一名おり、この二名の商金高が全商金高の八四%を占めた。

羽鳥　同村では、水車営業人が一六名で、その関連業種に規模の大きい営業人がいた。水車営業人は、田村と同様に卸売商として粉類をあつかうものが三名いたが、彼らは同時に菓子種の取り扱いをおこなっており、田村よりいっそう踏み込んだ商品としての粉生産を展開していたことがわかる。それ以外で、五〇〇円台をこえる営業をしているのは、馬具・建具を中心に五八五円余の営業をおこなったもので、ほかはそれほど目立った規模のものはない。

三　デフレーションの進行と諸営業

明治一四年 (一八八一) をさかいにインフレーションはデフレーションに転じる。全国水準でみると、農産物価格中の米価は、同一四年には一石あたり一〇円八銭にまで高騰したものが、一五年には八円四銭、一六年には五円六三銭、一七年には四円六三銭と二分一以下になってしまった。(7) 真壁郡では、同一四年九円六五銭、一五年七円八七銭、一六年五円三八銭、一七年には四円七四銭となり、ほぼ同様な動向を示した。(8)

こうした動向と並行して、飯塚村連合の商金高も縮小していった。表40によって、連合村全体についてみると、その総商金高は、明治一二年を一〇〇とすると、一五年には八〇・二、一六年には四六と実に半分以下になった。ところでこれを各旧村でみると、かなりその様相がことなったことがわかる。町場化した性格をもった飯塚がもっとも減少の影響が激しく、田がこれについで、純農村であった伊佐々・羽鳥は同一五年段階では、まだ商金高は上昇しており、一六年段階でもそれほど減少は大きくなかったのである。

1　デフレーションの動向と営業品目

明治一二年（一八七九）と一五年の間の市場の縮小については、地方税報告書に品目ごとに商金高が記載されているので、対照して検討することができる。表41にそれを示した。連合村の商金高全体では同一二年から一五年の間で商金高は二〇％減少して、八〇％となった。しかしその細目を検討すると営業品目により、減少には相当の幅があり、デフレーションの進行は一様ではなかった。

表42により商金高一〇〇円以上のものについて、平均八〇％をさらに下回って減少した営業種目と、減少したが平均を上回る程度にとどまったもの、減少せず拡大したものの三つに分類してみると、かなり特徴があらわれていることがわかる。

まず八〇％以下の減少をみたものでは、米雑穀が六一・七％となり、大きく減少した。米雑穀は明治一二年の連合

表41　各営業品目の商金高の推移

		明治12(1879)a	明治15(1882)b	b/a 指数
卸小売業	米雑穀	21,543円429	13,295円673	61.7
	粉類	5,658.65	5,991.48	105.9
	塩	321.565	292.12	90.8
	生茶	1.52	0	—
	製茶	294.549	288	97.8
	魚鳥	134.24	274	204.1
	青物	168.48	195.3	115.9
	漬物	1.67	10	598.8
	豆腐	37.03	20	54.0
	干魚乾物	451.36	241.7	53.5
	鰹節	23.87	27	113.1
	砂糖	231.12	220	95.2
	菓子	1,562.687	1,313.85	84.1
	煮売	175.34	0	—
	蕎麦	58.15	0	—
	醬油	2,854.033	2,790.333	97.8
	酒	0	150	—
	麴	0	19.5	—
	糸綿	2,447.098	1,686	68.9
	繭	525.335	1,315.2	250.4
	繭真綿	1,500.795	805	53.6
	生糸	695.638	130	18.7
	呉服太物	513.55	554.35	107.9
	藍	7.814	58	742.3
	粕干鰯糠	4,304.669	2,470.297	57.4
	石炭	33.98	45.295	133.3

卸小売業	種油	775円993	295円	38.0
	蠟燭	87.41	95	108.7
	薪炭	133.945	160	119.5
	家具	269.235	700	260
	建具	230	602.5	262.0
	漆器	251.71	330.597	131.3
	陶器	338.801	445.893	131.6
	銅鉄物	761.6	160	21.0
	荒物	552.436	1,631.16	295.3
	小間物	584.17	431.7	73.9
	履物	161.97	207.8	128.3
	氈物	34.76	22	63.3
	紙筆墨硯	329.6	259.402	78.2
	書籍	653.46	400	61.2
	売薬	0	5.2	―
	三味線糸	25.28	5.11	20.2
	材木	598.5	1,540	275.3
	馬具	568.3	45	7.9
	舶来製造品	270.855	132.2	48.8
	小計	50,174.597	39,661.66	79.0
その他	古物商	2,801.392	933.1	33.3
	飲食店	243.595	513.338	210.7
	質屋	1,092.75	864.58	79.1
	打網漁	27	17	63.0
	製造鋳物	11,100.892	10,500	94.6
	小計	15,265.629	12,828.018	84.0
合計		65,440.226	52,489.678	80.2

出典　各年度の地方税報告書（栗栖家文書）

表42　明治12年（1879）～明治15年（1882）の商金高指数（明治12年を100とする）

指　数	営　業　品　目
	荒物（295.3），建具（262），家具（260），材木（257.3） 繭（250.4），飲食店（210.7），魚鳥（204.1）
200	
	漆器（131.3），陶器（131.6），履物（128.3） 薪炭（119.5），青物（115.9） 呉服太物（107.9），粉類（105.9）
100	
	醤油（97.8），製茶（97.8），砂糖（95.2） 製造鋳物（94.6），塩（90.8） 菓子（84.1）
80	
	質屋（79.1），小間物（73.9），紙筆墨硯（78.7） 米雑穀（61.7），糸綿（68.9），書籍（61.2） 粕干鰯糠（57.4），干魚乾物（53.5），繭真綿（53.6）
50	
	舶来製造品（48.8） 種油（38），古物商（33.3） 銅鉄物（21） 生糸（18.7） 馬具（7.9）

注　商金額100円以下のものは省略した。
出典　両年度の地方税報告書（来栖家文書）。

村の商金高のなかで三〇%を占めていたのであるから、この変動は全体に大きな影響をあたえた。このことは当然、米雑穀を米穀商人に販売した農民の収入の減少を意味したから、農民経営にあたえた打撃も大きかったわけである。それと並行して、粕干鰯糠の肥料についてみると、米雑穀の縮小を上回って五七・四%へ縮小した。肥料の中心となる干鰯の価格指数は同一三年で一四六・六、一五年で一四九・四とむしろ若干上昇していたから、(9)ここでの粕干鰯糠の商金高の縮小は、実物ベースでも市場が縮小したことを示している。農民の収入減少のための買い控えがあらわれているとみてよいだろう。小間物・紙筆墨硯・書籍・舶来製造品・干魚乾物・銅鉄物・馬具などの減少は、ほぼ農民の買い控えによるものであろう。

　これにたいし生糸・繭真綿と種油・糸綿は

デフレーションの影響だけでなく、産業構造の変動がはらまれている可能性が高い。養蚕・製糸系列でみると、生糸が一八・七、繭真綿は五三・六へと極端に減少しているのにたいし、繭は二五〇・四とかえって増加している。明らかに生糸・繭真綿から繭へとシフトが生じているといってよい。各農民段階で製糸工程までおこなう方式は、この間に最終的に終了して、繭で集荷して工場製糸をおこなう段階に入っているとみられる。製糸会社として、明治一四年に、真壁郡桜井村に谷口製糸所、(10)山尾村に大成社が、一五年七月に同郡関本中町に精糸社が設立されており、急速に工場製糸の時代に入りつつあった。(11)また種油は石油の輸入による消費の減少、糸綿は一八世紀末よりこの地方に繁栄した真岡木綿の生産の衰退が拍車をかけたと思われる。(12)

いっぽう工業製品に属するものは、暫減・現状維持か分野によってはかなり商金高が上昇しているものもある。とくに材木・建具・家具の建築関連部門は、いずれも二・五倍以上となっている。インフレーション期の在村の資金蓄積にともなう、家屋の改善や設備投資の決済がこの時期まで、なお尾を引いていたとみられる。また漆器・陶器・荒物・履物なども増大している。農産物にくらべてこの段階では、工業製品の価格は、まだ上昇しているものが多かった。またインフレーション期に消費経済に巻き込まれた農民の生活が、米価急落と収入の減少に、まだ十分対応できていないということもあったとみられる。なお飲食店が二一〇となっているのは、明治一二年段階で設けられていた煮売り、蕎麦の項目が、一五年段階ではなくなり、飲食店に組み込まれたためで、この分野がとくに拡大したわけではない。

2　デフレーションの動向と営業人

明治一七年度の地方税報告書は、各営業人の商金高の総額しか記載していないので、前項と同様な比較はできない。そこでここでは各営業人の商金高の変遷をおさえながら、注目すべき点を簡単に指摘することにしたい。表43にその主要なものを示した。

まず米雑穀商についてみよう。米雑穀をあつかったのは主として飯塚の八名で、内一名をのぞいては粕干鰯糠をあつかっていた。米雑穀商の商金高は明治一二年（一八七九）を一〇〇とすると、一六年では二一・二にまで減少している。農産物価格が低落していたとはいっても、それを大きく上回る減少であり、実際の米雑穀の集荷高そのものが、減少したといえる。同一二年の八名中二名は営業を止め、一名がそれに近いほどの状態になっており、そのことがいっそう商金高を減少させたようである。

明治一五年まで、大きな商金高の拡大を示した家具・建具・材木の建築関連業は、羽鳥の家具・材木業者と伊佐々の建具・材木業者によって営まれていたが、両者の商金高は一六年には、前年の四分一、一二年からでも約二分一に縮小してしまった。

いっぽう一定規模の商金額をもつもののうちで、全面的なデフレーションの波及のなかで、明治一五年よりは商金高を縮小したものの、なお一二年段階を下回らずにいるものもあった。飯塚の仲買商の一人は、この代表である。彼は一二年段階では、古物のあつかい商金額が三〇八円余とその営業の中心を占めたが、一五年では古物営業は七〇円にすぎなくなり、かわって糸綿三〇〇円、繭真綿三五〇円、生糸一三〇円と織物・養蚕・生糸関連に営業を拡大して、一六年段階でもさほど経営規模を縮小させなかったのである。このほかに一二年段階を維持したのは水車・粉類営業の一部である。水車・粉類の営業は同一五年段階では一般的に拡大している。とくに羽鳥では、その様相が強かった。同一六年段階になると、商金高を減らすものが多くなるが、一二年段階を一〇〇とすると七〇以上でおさまっている

表43　各営業人の商金高の推移

旧村名	氏名	明治12年a	明治15年b	明治16年c	b／a	c／a
〈飯塚の米雑穀・肥料営業人〉						
飯　塚	市塚雄七郎	5,804円87	3,466円327	0	59.7	—
〃	斉藤吉兵衛	4,591.56	2,212	1,600	48.2	34.8
〃	内田　藤助	4,545.817	2,450	1,600	53.9	35.2
〃	中沢政兵衛※	3,908.93	0	0	—	—
〃	増淵彦兵衛	3,896.38	2,428	1,309.5	62.3	33.6
〃	桜井　弥七	3,251.93	660	304	20.3	9.3
〃	斉藤　とね	1,942.535	1,402	570	72.2	29.3
〃	飯島　真蔵	1,610.46	1,823.733	865.516	113.2	53.2
	小　　計	29,552.482	14,442.06	6,249.016	48.9	21.2
※は肥料をとりあつかわず，糸綿商を兼ねている。						
〈家具・建具・材木営業人〉						
羽　鳥	泉　　伊作	585.07	1,300	215.71	222.2	36.9
伊佐々	栗山　金吾	607.62	1,535	347.5	252.6	57.2
	小　　計	1,192.69	2,835	563.21	237.7	47.2
〈繭・繭真綿・生糸・古物営業人〉						
飯　塚	塚田鉄五郎	403.867	958	830	237.2	205.5
	小　　計	403.867	958	830	237.2	205.5
〈水車・粉類・菓子種営業人〉						
田	田中　兼吉	0	172.4	70		40.6
〃	小田部松三郎	0	0	0	—	—
〃	小島　庄助	960	860.2	480	89.6	50.0
〃	小島文四郎	990	1,412.1	979.1	142.6	98.9
〃	植竹勝右衛門	380.22	185.18	183.32	48.7	48.2
〃	田中源三郎	463.56	773.38	418	166.8	90.2

〃	小島　庄吉	428.16	412.5	320.55	96.3	74.9
羽　鳥	荻原庄五郎	634.64	780	500	122.9	78.8
〃	谷口　健治	18.5	104	74	562.2	400
〃	山口　宗吾	240.58	263	85	109.3	35.3
〃	小島　熊吉	1,343.32	1,500	978.5	111.7	72.8
〃	坂入茂兵衛	343.35	350	350	101.9	101.9
〃	来栖利四郎	45.05	60	59.5	133.2	132.1
〃	沼口　弥七	0	90	0	—	—
〃	大関鉄太郎	250.27	580	580	231.7	231.7
〃	風野喜三郎	0	190	190	—	100
〃	酒寄伊四郎	10.5	15	15	142.9	142.9
〃	泉　　粂治	431.07	472	472	109.5	109.5
〃	泉清右衛門	0	0	0	—	—
〃	稲葉兵右衛門	0	0	0	—	—
〃	山口平三郎	0	80	50	—	62.5
〃	谷口昇蔵	75	93	93	124	124
	小　計	6,614.22	8,392.76	5,897.97	126.9	89.2

※各年度が0のものは水車を所持しているが，営業用として使用していないものである。
また明治12年度に営業していない場合，c／aの頃はb／cとして計算した数値を参考のために示した。

〈製造鋳物営業人〉						
田	小田部庄右衛門	5,970.142	6,365	4,300.15	106.6	72.0
〃	小田部助右衛門	3,224.25	4,150	2,000	128.7	62.0
〃	小田部唯次郎	1920	0	0	—	—
	小　計	11,114.392	10,515	6,300.15	94.6	56.7
〈醤油醸造営業人〉						
伊佐々	田崎　庄蔵	3,025.06	3,120.41	2,718.151	103.2	89.9
	小　計	3,025.06	3,120.41	2,718.151	103.2	89.9

出典　各年度　地方税報告書（来栖家文書）

ものがなお多かった。そのなかには、三〇〇円以上の商金高をもち一〇〇をこえているものも三名いたのである。

最後に、製造鋳物と醬油醸造についてみると、製造鋳物では明治一二年から一五年の間に、営業者が一名減少して二名となったが、商金高はほとんど減少しなかった。しかし同一六年には六〇〜七〇に減少している。いっぽう醬油醸造は同一五年一〇三・二、一六年には八九・九とさほど増減がなかった。

おわりに

以上、地方税報告書を中心に、明治一二年（一八七九）より一六年までの茨城県真壁郡飯塚村連合の諸営業の拡大と縮小の様相を明らかにした。同一〇年よりの不換紙幣の発行は、インフレーションをよびおこしたが、そのなかで米穀の高騰が進んだ結果、事実上定額化していた地租負担は相対的に低下し、農民経済は活況を呈するようになった。飯塚村連合では、地租負担率は農産物生産額にたいして田では九・九%、伊佐々では一〇・六%に低下した。こうしたなかで諸営業の展開もみられ、その金額は農産物生産額の二倍におよんだ。

いっぽう明治一四年から本格化するデフレーションのなかで、真壁町商人と対抗しながら一八世紀末以来成長してきた米雑穀肥料商は大きな打撃を受けた。またこれにともない諸営業の商金額も縮小していった。しかしその規模は、業種によりかなり差があった。生糸・繭・真綿などの養蚕製糸関連では、繭の集荷に力点が移りながら、営業規模をほとんど縮小させないでいるものも出た。また鋳造鋳物、醬油醸造、水車・粉類の営業人では同一五年から一六年にかけて、営業規模を縮小させたものの、一二年の水準を維持するか、そこからさほど減少しなかったものもあった。

全国的には、明治一七年にデフレーションは底を打ち、農産物価格指数はややもちなおすが、鉱工業価格指数は一九年まで低迷をつづけ、二〇年より回復して、いわゆる企業勃興期に入った。[13]したがって諸営業の動向も同一七年より一九年の状況までをみきわめなければ、結論を出しがたい。しかし激しいデフレーションのなかでも養蚕製糸関連のように産業の構造変化にともなう編成替えがみられ、これに対応した商人経営の一定の展開がおこなわれたり、水車・粉類でも営業人により拡大した経営を維持したものがいるなど、経済変動に適応していく動きもみられたことは注目すべきであろう。農産加工や工業生産部門は、デフレーションの影響も農産物部門にくらべて緩やかであり、こうした対応を可能としたようである。地主資本だけでなく、そうしたデフレーション期をつうじた構造変動とこれへの対応が、つぎの企業勃興を底辺からささえたのではなかろうか。

松方デフレの影響は、一様にあらわれたのではなく、営業部門によって相当に格差があり、産業構造の変動もともない、これにたいする対応もみられた。また同じ業種でも経営に差が出ており、農村経済の全般的窮乏だけではすまない問題があることが明らかになった。こうした点をふまえて最初にのべた農民の動向を検討する必要があろう。今後の課題としておきたい。

注

(1) 大石嘉一郎『自由民権と大隈・松方財政』(東京大学出版会、一九八九年)の補論・批判と反省はこの間の研究史を整理し、課題を提示している。課題の第一として世界恐慌と松方デフレの関連の研究が進んだことを受けて、それが「具体的にどのような経路をへて、どのような問題関連をもって地域別・産業別に影響されたかについては、ほとんど明らかにされていない。」とその実証的な解明の必要なことを指摘している。世界恐慌の影響のみでなく、松方デフレの進行の性格についても同じことがいえるだろう。この点を意識して、検討した成果に阿部武司「明治前期における日本の在来産業」(梅村又次他編『松方財政と殖産興業政策』東京大学出版会、一九八三年)の綿織業の分析がある。なお松方デフレについて、最近の研究として、室山義正「松方デフレーションのメカニズム」(梅村又次他編『松方財政と殖産興業政策』

前掲)、寺西重郎「松方デフレのマクロ経済学的分析（改訂版)」(同前）がある。

(2) 斉藤茂「地租改正反対真壁一揆」(植田敏雄編『茨城百姓一揆』風濤社、一九七四年)。

(3) 加波山事件研究会編『加波山事件』(崙書房、一九七九年)、一九五四年作成。

(4) 本章で使用した史料は、とくに断わらない限り、現茨城県真壁町田の来栖和夫家文書によっている。

(5)『茨城県史料』近代政治社会編Ⅱ、一三三頁。

(6) 以下、明治一三年（一八八〇）の地方税報告書の分析については、白川部達夫「明治前期北関東における諸営業の展開と諸階層」(『社会経済史学』五七巻一号、一九九一年、本書所収）参照。

(7) 大川一司他編『長期経済統計』八、物価（東洋経済新報社、一九六六年）一六八頁。

(8) 各年次の『茨城県統計表』。

(9) 大川一司他編『長期経済統計』八、物価（前掲）一九四頁。

(10)『真壁町史料』近現代編Ⅱ、解説。

(11)『明治十六年茨城県統計表』一四〇頁。

(12) 阿部武司「明治前期における日本の在来産業」(前掲）では、真岡木綿を松方デフレを期に最終的に衰退していく産業に数えている。

(13) 室山義正「松方デフレーションのメカニズム」(前掲）図5—1。

追記　史料調査にあたって来栖和夫氏のご協力をえた。記してお礼申し上げる次第である。

終章　まとめと課題

以上、江戸地廻り経済と地域市場の展開について検討をおこなった。以下、各論文にふれながら、その整理を簡単におこなって、まとめとしたい。

Ⅰ　江戸地廻り経済の展開と地方城下町

第一章「明和・安永期の関東河岸吟味と土浦」では、常陸国土浦の河岸吟味史料により、その過程を明らかにした。江戸地廻り経済の発展は、各地に新たな商品流通のルートを形成させた。ことに内陸水路が発達して江戸と結ばれていた関東では、それは新河岸の台頭となってあらわれた。そこで古来の河岸は幕府に新河岸の抑制を訴え、運上を申し出た。幕府は、これを機会に新河岸をふくめて関東一円に河岸問屋株の設置をおこない、地廻り経済の展開を掌握しようとした。従来、この河岸吟味の分析は、流通史的な理解を中心としたもので、幕府の経済政策とのかかわりも十分ではなかった。ここでは、宝暦・天明期に幕府は、大坂中心に株仲間を大規模に認可して、大坂の集荷力を維持しようとしたが、関東ではそれぞれの業種に株仲間を認めるのではなく、河岸問屋を掌握することで、目的を達しようとしており、勘定奉行石谷清昌は両者の政策を同時並行的に指揮していたことを指摘した。また幕府、土浦藩、土浦町の対抗関係および関東諸藩の対応のちがいを明らかにして、幕府勘定所が公儀権能をふりかざして関東全域に強権的に統合政策を進めたのにたいし、土浦藩は地所支配というみずからの領有権を再確認しながら町民支配を再編成せざるをえなかったことを指摘した。これはこの時期におこなわれた川船統制において、農民が農間所持の川船への課税に反対して、川船を田畝についたものとし、年貢を支払っている以上、課税は不当であると訴えたことと対応していた。これらはいずれも幕府・諸藩・農民が共有していたはずの幕藩制的土地所有の論理であったが、宝暦・天明期の幕府の経済政策は、あらゆる場面で、こうした論理と摩擦を生じないではいられなくなっていたのである。

第二章「江戸地廻り経済の展開と土浦醬油問屋」では、醬油問屋伊勢屋の経営を分析した。常陸国土浦は、霞ヶ浦に面した土屋氏土浦藩九万五〇〇〇石の城下町であった。最初は農民と伝馬勤めのものが多かったといわれるが、一八世紀初頭頃より次第に商業的発展が活発となった。その先端を担ったのが江戸積み造醬油問屋の活動であった。土浦の醬油醸造は、江戸の商人大国屋が土浦で醸造を開始したことを契機にはじまり、初期には銚子にならぶ産地となった。江戸の商人により、直接産業が移植されるという地廻り経済の展開の典型的事例であった。土浦で醬油醸造がはじまった一八世紀中葉から一九世紀はじめまでは、江戸の醬油市場は一三万樽から一二五万樽へと急成長し、庶民層にまで使用が拡大した時期であった。こうした市場の拡大が、江戸商人の産地編成を生み出したのである。土浦の有力商人伊勢屋は、一八世紀中葉に土浦に来住して河岸問屋・穀物商・酒屋などを営むとともに、造醬油業に進出し、地廻り経済の波に乗って発展した代表的商人であった。その経営の頂点は、天明期にあったが、その生産販売は江戸市場での庶民の醬油使用の拡大に応じる低廉な商品に主力がおかれていた。しかし野田や流山など江戸により近い産地が成長し、同様に低廉な商品を生産するようになると、その圧迫を受け後退せざるをえなかった。ヤマサなど銚子の醬油問屋が価格競争に走らず、品質維持や地方への一定の販売で切り抜けて、一九世紀の江戸市場の成熟のなかで展開の契機をつかんだのにたいし、土浦の醬油問屋の多くは、江戸地廻りの産地間競争のなかで、転機をみいだすことができず後退していったといえる。その後の醬油市場の展開について、ふれておくと、幕末期に江戸の需要は限界に達するが、この頃より、利根川周辺（とくに上野・武蔵の養蚕地帯の成長）の農村経済が発展し、需要が拡大したため、銚子ではこの方面に向けて出荷が増大した。江戸地廻り経済のなかで地域市場が成長したため、江戸問屋を通さず、直接産地間に商品が直売りされるようになったのである。

いっぽう宝暦・天明期をさかいに、城下町商業は停滞をはじめる。多くの場合、城下続きの村が町場化して、城下まで農民が商品を買いに入ってこなくなるという現象があらわれた。こうしたなかで土浦では町人の没落を防ぐために惣町共同体として、資金を積み立てて、小商人に営業資金の低利融資をおこなおうとする制度がつくられた。

第三章「天保期における一城下町の動向」では、この運用をめぐる天保期の町方騒動を分析しているが、それは城下町商業の行き詰まりを示すものでもあった。

Ⅱ　幕末期の豪農商と地域市場

江戸地廻り経済の展開は、幕末期には地域市場の発展という動向を生み出す。江戸地廻り経済は、巨大都市江戸の需要にこたえるかたちで、江戸と周辺地域との間に結ばれた生産・流通関係を基軸として発展した。それは江戸商人による地域の周縁化という性格をともないながら進行し、関東農村の荒廃化を並行させせつつ進んだ側面があった。しかし天保期以降になると、各地域が江戸との結合をこえたローカルな市場を形成し、独自な市場間取り引きを展開しはじめた。ここではこうした新しい市場のことを地域市場と称している。江戸地廻り経済は、一つの巨大な地域市場であった。しかし地廻り経済の成長が、一直線に国内市場形成に結びついていったのではなく、江戸問屋を通さない直売買を媒介にした地域市場の展開が国内市場形成の基礎にあったのである。

第四章「幕末期の江戸地廻り経済と在郷町干鰯商人」では、常陸の在郷町龍ヶ崎の干鰯商人筆屋の経営を分析した。従来、肥料商人の活動では、農民が肥料代金を高利で貸し付けられて、困窮したあげく没落し、商人は地主化すると説かれたが、幕末段階では肥料購入は前貸しではなく即金でおこなわれことが多く、肥料商人の地主化を予想することはできない。また貸し付けられた部分についても、利子は幕府の公定利子にまで低下しており、回収についても焦げ付き部分はさほど拡大しなかった。農民も特定の肥料商人に支配されているわけではなく、そのときどきの判断で購入した。干鰯の購入も、江戸の干鰯問屋の支配を受けず、生産地から直接に即金で仕入れる方式をとっており、江戸を媒介としない地廻り各地域間の直売買が新たな地域市場を形成しつつあった。こうした市場では、肥料商人は商品の品揃え、品質、価格などで他の肥料商人と競合しながら農民を引きつけなければならなかった。肥料商人仲間の競争抑制はあるにせよ、前貸し支配によりかかっているのではなく、他の商人と同じように経営的努力が必要であった。この点で、この地域では干鰯は、限られた商人に掌握された遠隔地商品としての性格では、とらえられなくなっていたといえる。魚肥生産は自然の収奪に依存するため、周縁に拡大して、遠隔地商品としての特質を持続する性格があり、簡単ではないが、干鰯流通に接しやすい地域では、こうした性格を乗り越える傾向もみられたのである。ただこうした直売買市場に接触することのできる農民は、春先に資金を用意できるものに限られる。できないものは在村で、地主・小作関係や本家・分家関係をつうじた前貸しを受けなければならなかったので、肥料販売の前貸し的性格はこの部分に残ったといえる。いっぽう幕末期では、領主や村による肥料購入と販売もあり、幕末期の肥料市場は、その三者の重層により構成されていたというべきであろう。とはいっても直売買市場が成長したこと自体は、一八世紀的な肥料市場のあり方を大きくかえるものとして無視できない重要性をもつのである。

第五章「幕末期関東における農村金融の展開」では、新しく成長した在郷商人の典型として常陸国河内郡宮淵村五郎左衛門家の名目金貸付を分析した。同家は、一九世紀はじめより次第に質地金融をおこない資金の蓄積を進めていたが、明治一〇年代ではまだ格別の地主ではなく、その資本は商業利貸し経営に投下されていた。幕末期では、周辺に干鰯など肥料販売をおこなっているが、肥料商人というほどの規模ではなく、農馬販売から商業金融への展開が中心となった。名目金貸付については従来、村役人を保証人として年貢納入の資金として貸し付け、高利であったため農民の没落を引き起こし、世直し騒動の原因となったと指摘されている。後進地域の貧窮分解型の金融を想定しているのである。しかし同家の貸し付けは個々の農民を対象とし、村役人の関与は強くなかった。担保は質地ではなく引当て形式をとり、五～六カ月の短期融資が基本であった。回収も月々の分割返済という方式がとられた。貸し付けは、年貢納入の資金というだけでなく、諸営業の資金需要にこたえる性格が強かった。地域市場の展開のなかで、新たに成長した商業金融資本の性格をもっていたのである。こうした新たな地域市場の展開に深く農民が巻き込まれていることこそが、世直し騒動の原因であった。

第六章「幕末期関東における農馬販売についての覚書」では、同じく宮淵村五郎左衛門家の農馬販売を分析した。同家は嘉永四年から奥州直買いによる農馬販売に乗り出し、最盛期には一年で馬九七四、五四四両余を販売する従来の馬喰商売から隔絶する規模の商売を営んだ。農馬は当時は農耕用よりは、運送用に使用され、地域市場の展開にともなう駄賃稼ぎの増加が、下層農民に馬購入の意欲をかき立てたことが、こうした大規模な販売を成り立たせた背景にあったのである。

Ⅲ　明治前期の諸営業と地域市場

関東の地域市場の到達点は、松方デフレで地域市場が再編される直前におくことができる。幕末維新期には、畿内先進地域・東海地域ではマニュファクチュア経営が生まれ、商工業村落が出現した。関東では農村加工業を中心とした集落の出現は確認できないが、在来の城下町や在郷町続きの村落の都市化が進み地域市場の中核として成長した。飯塚村連合も真壁町続きで、そうした地域の一つであった。

第七章「明治前期北関東における諸営業の展開と諸階層」では、この時期の農村の諸営業と市場の分析した。茨城県真壁郡飯塚村連合の明治一三年（一八八〇）「地方税額報告書」は、その様相を明らかにしてくれる貴重な史料である。米雑穀集荷の占める比重が大きかったといっても、営業金額は農産物金額の二・二倍となり、飯塚村連合が地域市場の核として成長してきたことがうかがわれる。ここでの有力諸営業者は、それほど土地所有規模をもたず、商人的側面において発展していたものがみられた。営業金額一〇〇〇円以上のものと、多数の五〇〇円以下のものに二分された。五〇〇円以下のものは、仲買や小売商人であったが、小売金額の規模は営業金額の一五％、農産物金額の三四％におよんでおり、消費市場としてみるとそれなりの規模に達していたといえる。小売商人は性格上、それほど個別の規模が大きくないのであるから、その零細性の指摘だけでなく、消費市場全体の規模の把握も必要であろう。

第八章「明治一〇年代における関東農村の市場変動」では、松方デフレ期の飯塚村連合の市場変動を分析した。一八世紀以来成長してきた米雑穀肥料商は大きな打撃を受けて、規模が縮小した。いっぽう生糸などの仲買は、この間、工場製糸の優位が進行して、農村は原料供給の地位に編成替えされたことに対応して、生糸の集荷から繭の集荷へ経営の力点が移動した。しかし鋳造鋳物、醬油醸造、水車・粉類などの農産加工・工業生産部門では、デフレーションの影響は小さく、なかには経営規模を維持するものも出ている。こうしたもののなかには、在来産業型の地域産業として、近代化に対応しながら展開するものがあったのである。

従来は、江戸地廻り経済における地域市場の分析は、豪農経営の蓄積対象ないし、江戸問屋の統合の対象としておこなわれる傾向が強く、地域市場独自の展開はあまり問題にされてこなかった。本書にメリットがあるとすれば、その点の分析を試みたということであろう。もちろん各論文の、分析の対象となった分野や地域も限られている。江戸地廻り経済と地域市場の展開を解明するには、今後、多くの地道な研究の蓄積が必要であるといわねばならない。そのさい地域での商人的展開や市場の質の変化、消費市場の展開などの発展を内在的に検討する必要があろう。さらに地域間格差や商品によるちがいがなお大きい移行期では、より広い文脈でその位置づけが必要である。この点で本書が江戸地廻り経済の展開の新たな検討の素材となれば幸いである。

あとがき

本書は、一九八九年、金沢経済大学経済学部に赴任して、日本商業史を担当することになったことから、折りにふれて書き上げた論文よりなっている。本書に収録するにあたって、明確な誤りを正し、送り仮名や注の統一を計った他、論文・史料の出典を著書などが出版されているものについて更新した以外は、手を加えることはしなかった。反省点などは、付記において示し、序章・終章で全体として位置づけるに止めた。以下、各論文の調査などのかかわりについて、簡単にふれて後書きとしたい。

Ⅰと Ⅲは、主として立正大学在学から大学院生時代に調査した史料をもとに書き上げたものである。ことにⅢの来栖家文書は、偶然調査に訪れた同家で、半分解体中の蔵から取り出して目録作成整理を行った思い出がある。目録作成には筆者も所属していた立正大学古文書研究会の仲間にも協力していただいた。Ⅰの造り醬油問屋伊勢屋の史料は、大学に勤めてから、土浦市立博物館を訪れた際に、紹介いただいたものである。

Ⅱは、茨城県龍ヶ崎市の市史編纂の専門委員として、調査を行った際に得られた史料を分析したものであるが、もう一つの契機は、大学のゼミナールの学生諸君と何か史料に基づいた歴史研究をしたいと思ったことにある。経済学部の学生なので、近世古文書を読む訓練から始めたのでは間に会わない。そこで、帳簿を筆者が原稿に起こして、これを集計して分析するようにし、成果を論集として発表することにした。学生の手に負えない部分を担当することにして書き上げたのが、農馬販売と干鰯商人の分析である。そのこともあって、学生が担当した販売市場に関する部分は、分析を控え目にしている。いずれ原史料から計算し直して、検討したいと考えている。

まず、それぞれの関係者の方々にお礼申し上げる。

本書は、金沢経済大学という場があたえられたことによって成り立ったものである。日頃なにかと支えてくださる教職員のみなさん、そしてなにより学生諸君に感謝の意を述べさせていただきたい。

本書の出版に当たって、北原進先生のお世話をいただいた。先生には学生時代以来、ご迷惑を掛け続けている。この機会にお礼申し上げたい。また突然の申し出にもかかわらず、こころよく出版に応じてくださった吉川弘文館にお礼申し上げる。

二〇〇一年四月一九日

白川部達夫

初出一覧

序　章　江戸地廻り経済と地域市場（新稿）
第一章　明和・安永期の関東河岸吟味と土浦（『金沢経済大学論集』二六巻一・二合併号、一九九二年）
第二章　江戸地廻り経済の展開と土浦醤油問屋（田中喜男編『歴史の中の都市と村落社会』思文閣出版、一九九四年）
第三章　天保期における一城下町の動向（豊田武編『近世の都市と在郷商人』巌南堂、一九七九年）
第四章　幕末期の江戸地廻り経済と在郷町干鰯商人（『金沢経済大学論集』第二九巻一号、一九九五年）
第五章　幕末期関東における農村金融の展開（『龍ヶ崎市史研究』第六号、一九九二年）
第六章　幕末期関東における農馬販売についての覚書（『龍ヶ崎市史研究』第七号、一九九三年）
第七章　明治前期北関東における諸営業の展開と諸階層（『社会経済史学』第五七巻一号、一九九一年）
第八章　明治一〇年代における関東農村の市場変動（金沢経済大学『経済研究所年報』第一六号、一九九六年）
終　章　まとめと課題（新稿）

本書は二〇〇一年度金沢経済大学出版助成金の交附を受けて出版されるものである。

著者略歴
一九四九年　北海道に生まれる
一九七二年　立正大学文学部史学科卒業
現　　在　金沢経済大学教授

〔主要編著書〕
日本近世の村と百姓的世界（校倉書房、一九九四年）
近世の百姓世界（歴史文化ライブラリー六九、吉川弘文館、一九九九年）

江戸地廻り経済と地域市場

二〇〇一年（平成十三）八月十日　第一刷発行

著　者　白《しら》川《かわ》部《べ》達《たつ》夫《お》

発行者　林　英　男

発行所　株式会社 吉川弘文館
郵便番号一一三—〇〇三三
東京都文京区本郷七丁目二番八号
電話〇三—三八一三—九一五一〈代〉
振替口座〇〇一〇〇—五—二四四

印刷＝理想社　製本＝誠製本

（装幀＝山崎　登）

江戸地廻り経済と地域市場（オンデマンド版）

Digital Publishing

2017年10月1日　発行

著　者　白川部達夫《しらかわべたつお》

発行者　吉川道郎

発行所　株式会社 吉川弘文館
〒113-0033　東京都文京区本郷7丁目2番8号
TEL　03(3813)9151(代表)
URL　http://www.yoshikawa-k.co.jp/

印刷・製本　株式会社 デジタルパブリッシングサービス
URL　http://www.d-pub.co.jp/

白川部達夫（1949〜）
ISBN978-4-642-73369-4